本课题的研究得到"北京大学创建世界一流大学计划"经费资助

晚清
各级审判厅研究

李启成 著

北京大学出版社
PEKING UNIVERSITY PRESS

图书在版编目(CIP)数据

晚清各级审判厅研究/李启成著.—北京:北京大学出版社,2004.6
(法史论丛)
ISBN 7-301-07395-X

Ⅰ.晚… Ⅱ.李… Ⅲ.审判机关-研究-中国-清后期
Ⅳ.D929.52

中国版本图书馆 CIP 数据核字(2004)第 038187 号

书　　　名：晚清各级审判厅研究
著作责任者：李启成　著
责 任 编 辑：李　霞
标 准 书 号：ISBN 7-301-07395-X/D·0881
出 版 发 行：北京大学出版社
地　　　址：北京市海淀区成府路 205 号　100871
网　　　址：http://cbs.pku.edu.cn　电子信箱：pl@pup.pku.edu.cn
电　　　话：邮购部 62752015　发行部 62750672　编辑部 62752027
排 版 者：北京高新特打字服务社　82350640
印 刷 者：三河新世纪印刷厂
经 销 者：新华书店
　　　　　650 毫米×980 毫米　16 开本　16.25 印张　245 千字
　　　　　2004 年 6 月第 1 版　2006 年 1 月第 2 次印刷
定　　　价：20.00 元

未经许可,不得以任何方式复制或抄袭本书之部分或全部内容。
版权所有,翻版必究

序

　　行政与司法合一,是传统中国法的特点之一。在晚清法制改革之前,古代中国的审判,一般称为谳狱。各类案件都由知县、知府等行政官员,在州、县、府、道等衙门审理。司法审判不过是行政的一个环节,一种手段。因此,古代既无审判厅之名,也没有职业法官。由晚清法制改革而带来的各级审判厅的设立和职业法官的产生,可以说是中国司法审判史上承先启后、翻天覆地的变革。从此以后,审判厅、法院、推事、法官、审判员以及专职裁判机构和职业裁判人员,以何种手段解决争讼,都融入中国社会,直至今天。

　　但是,在对将近一百年的晚清法制变革的研究中,晚清审判厅的研究,几乎成了盲点。远者如杨鸿烈先生,他的《中国法律发达史》向被法史界推重,道及晚清各级审判厅,则寥寥数行而已。国外,如著名的《剑桥中国晚清史》,根本就不提及晚清各级审判厅。20世纪80年代以来,中国法史研究有长足进步,称得上硕果累累。然而,对晚清各级审判厅,或则阙如,或则寥寥数语。这种状况,实在令人感到遗憾。

　　本书的撰写和出版,填补了中国法史研究中的这一空白。李启成博士,通过几年努力,依据大量第一手资料,重现了晚清各级审判厅——同时又是中国最早的地方法院——成立和活动的全过程。传统的州县衙门审判为什么要改革?清政府为什么会在20世纪初决定成立审判厅?各级审判厅是怎么成立的?在这几年里,全国设立了多少审判厅?审判厅的法官是怎么产生的?新法官是怎样审理案件的?判决书是怎样制作的?它与中国古代判决书有无区别?各级审判厅在运作过程中,遭遇哪些困难?诸如此类问题,本书都依据资料,一一做了比较准确的回答。总之,本书是迄今为止可以让人一窥中国最早法院详情的学术专著。

　　晚清各级审判厅是在当时"立宪"大背景下启动和运作的。"宪政"是舶来品。按照西方国家的宪政精神,宪政国家实行三权分立,司法审判权独立于行政和立法之外,不受行政、立法等权力的干预。

晚清统治者从西方拿来了立宪,并且煞有其事地在立宪清单中规定了各级审判厅成立的时间。但是,我们不要忘记,这种"立宪"是大清皇帝皇位与世系的"君上大权独揽"的立宪。这种"立宪"与西方的立宪不可同日而语。因此,各级审判厅设立时,统治者虽然高唱司法审判独立;执行这种决策的一些官员和学者,诸如沈家本等,也曾真诚的努力为司法审判的独立奔走,新成立的各级审判厅在其运作过程中,也不同于原来的州县衙门。然而,它们维护封建专制统治的工具性如旧,司法审判从属政治权力的性质依然不变。也就是说,各级审判厅并未独立。这是在专制皇权依然故我的状态下,各级审判厅的必然归宿。

审判独立需要宪政保障。没有宪政,不可能产生真正意义上的司法审判独立。晚清各级审判厅的产生和运作尽管有种种困难,但最根本、最大的困难,就是晚清的立宪不是真正的立宪。有真正的宪政,才有可能有真正的司法审判独立。这大概是晚清各级审判厅留给我们的教训吧!

李贵连

2003 年 9 月 5 日

CONTENTS 目 录

前 言	1
第一章　清代传统地方司法	14
第一节　清代传统地方司法审判制度	14
一、清代地方司法机构概述	14
二、清代地方司法的重要特征	15
第二节　清朝地方司法审判中的刑讯问题	19
第三节　清朝地方司法中的幕吏问题	24
第二章　筹设各级审判厅之原因	32
第一节　领事裁判制度的存在——筹设各级审判厅的主因	32
一、列强在华领事裁判权的确立	32
二、领事裁判权与晚清教案	35
三、领事裁判权对清王朝的统治构成直接威胁——以《苏报》案为例	37
第二节　传统司法体系在近代中国的困境	47
一、晚清就地正法制度——非常态司法制度对晚清司法和社会的影响	47
二、西方司法审判思想在近代中国的输入	51
三、对传统司法体系的批判——跨文化交流引起的新问题	54
第三节　近代社会的变迁与司法审判制度的变革	55

CONTENTS 目 录

第三章　各级审判厅的设立及其运作　　58
　第一节　各级审判厅在天津的试办　　59
　第二节　各直省省城商埠各级审判厅的设立　　64
　　一、大理院的建立——筹设各级审判厅的前提　　64
　　二、各级审判厅试办章程　　66
　　三、京师各级审判厅的设立　　68
　　四、东三省各级审判厅的设立　　70
　　五、法部"三章程"的出台　　75
　　六、《法院编制法》及各项暂行章程的颁布　　79
　　七、各直省省城商埠各级审判厅的设立及其内部设置　　81
　第三节　关于设立特种司法审判机关的提议　　86
　　一、设立商事裁判所建议的提出及分析　　86
　　二、设立权限争议裁判所的提议　　91

第四章　法官考试　　94
　第一节　天津试办各级审判厅举行的法官试验　　96
　第二节　宣统二年法官考试　　97
　　一、宣统二年法官考试的进行　　97
　　二、宣统二年法官考试的内容　　103
　　三、宣统二年法官考试的结果　　113
　　四、宣统二年法官考试的影响　　116
　第三节　京师和东北的在职法官考试　　119
　　一、奉天法官考试　　120
　　二、京师法官考试　　122

CONTENTS 目 录

第五章　各级审判厅的判决书研究　124
　第一节　从判牍考察各级审判厅的诉讼程序　128
　　一、影响各级审判厅运作的程序法概述　128
　　二、各级审判厅审理案件的程序——结合"批词"
　　　　和"判词"进行考察　135
　第二节　从判词考察各级审判厅的实体审判　155
　　一、各级审判厅可能适用的实体法　155
　　二、各级审判厅的实体法运用问题——以《判牍》
　　　　中的判词为对象进行考察　160

第六章　各级审判厅所遭遇的困境　174
　第一节　行政干预对各级审判厅的影响　176
　第二节　领事裁判权与各级审判厅的运作　183
　第三节　各级审判厅所面临的经费和人才问题　185
　　一、各级审判厅的司法经费问题　185
　　二、各级审判厅的合格人员缺乏问题　188
　第四节　律师辩护和陪审制度的缺乏　192
　　一、律师辩护思想的输入和争论　192
　　二、晚清的陪审思想　199

结　语　204
参考书目　210
附　录　221
后　记　249

前　言

一、选题的意义

自20世纪初晚清法律改革,近代中国开始大规模移植和继受西方法。此次改革乃中华法系亘古未有之奇变,传统法律和法制逐步被扬弃,而代之以与传统差异极大的产生于欧陆社会文化背景之中的法律体系。其影响之深远,在一个世纪之后的今天,中国社会情况虽然发生了巨大的变化,但这种对欧陆法律的继受仍然在继续着,直接对我们的日常生活产生持续的影响。所以,近代法的研究,尤其是作为中国法近代化开端的晚清法律改革的研究具有重要的学术意义。

学界对晚清法律改革的研究多注重立法方面,其研究不断深化,一个重要的表现就是研究的领域从立法综述走向具体专题的分析,如我国台湾学者对晚清资政院的研究。[①] 相对于晚清立法研究而言,晚清司法审判制度改革方面的研究则比较薄弱,其中的各级审判厅研究基本上还是一片没有拓荒之地。

晚清地方司法改革最主要的成果是在各直省省城商埠筹设各级审判厅,即高等审判厅、地方审判厅和初级审判厅。这些审判厅设立之后,由其推事独立审理民刑案件,取代了传统中国实行了数千年的行政官兼理司法案件的审判模式。民国取代了清王朝,但总体说来继承了这种独立司法的做法,并一直继续进行晚清未能完成在全国普遍筹设各级独立司法机构的事业,且取得了一定的成绩。建国之后,全国普遍建立了各级法院进行民刑案件的审理并一直延续到今天。所以,作为其肇端的晚清各级审判厅是中国司法审判史上值得深入研究的大事。

---

① 台湾大学政治研究所硕士研究生姚光祖先生以资政院会议记录为中心,对资政院创设的背景、过程、运作以及对晚清宪政的作用进行了深入的研究,形成了洋洋二十万言的学位论文,填补了海峡两岸对资政院进行系统深入研究的空白。

尽管晚清筹设各级审判厅并由其推事们独立审理民刑案件,取得了不小的成就,其成果也多为民国所继承,但民国学界对晚清司法改革的关注多集中于中央的大理院,是从立法层面而非司法实践层面进行考察的,所以其对各级审判厅的论述是笼统而模糊的,且不乏主观推论贯串于研究之中。民国去晚清未久,晚清各级审判厅问题未能引起法制史学界的关注①,即使偶有提及,由于在资料方面缺乏仔细的考证,其结论就值得推敲。较早论述各级审判厅的文章是民国元年《东方杂志》刊载的《十年以来之中国政治通览》之司法编。作者首先指出其撰写该文的目的之一是"以为研究最近法制史者之参考",但其基本是按照《法院编制法》的内容来论述各级审判厅,作者将当时近十年中国司法的发展分为三个时期:一是修改旧律;二是以成立各级审判厅为中心的司法独立改革;三是民国成立之后的司法改革。对于晚清各级审判厅,作者则认为,"第二期因欲伪为立宪,遂不得不为司法独立。爰有法院离行政衙门之设置。然因官吏擅作威福之习惯,及司法人才之缺乏,而希望行政官意旨及纳贿嫌疑者到处发觉,以遗司法不能独立之口实。"② 但对于各级审判厅的具体筹设范围和过程以及其实际运作,更重要的是对推事们制作的判词和批词等资料没有进行整理和研究,其指出的问题虽然存在,但其结论失于简单化,难免偏颇。到民国二三十年代,著名法律史学者杨鸿烈先生在《中国法律发达史》中提到,"宣统元年颁布各省省城商埠审检厅编制大纲,是为司法与行政分立之始。然京师以外,未及推行。即以京师法院而论,当创办伊始,法官多用旧人,供勘则纯取旧式,刑讯方法,实未革除。律师制度尚未采用,虽规模初具,亦徒有其名而已。"③杨氏在此并没有注明资料的出处,据笔者推测,当来自江庸在《申报》发表的《近五十年来中国之法制》。④ 其实,司法独立观念早在19世

---

① 如瞿同祖先生就是一个例子,其作为民国著名的法史学家,其研究重点在于传统中国法,尤其是清代传统法制,对晚清、民国则没有涉及。参考《瞿同祖法学论著集》,中国政法大学出版社1998年版。
② 阙庵:《近十年来中国政治通览》之司法篇,载《东方杂志》第九卷第七号,第75页。
③ 杨鸿烈:《中国法律发达史》下册,上海书店1990年版,第919页。
④ 江庸:《五十年来中国之法制》,见《最近之五十年——申报五十周年纪念(1872—1922年)》,上海申报馆发行,1922年。

纪中叶随着领事裁判权的确立就开始输入中国,晚清司法改革筹设大理院和各级审判厅乃该观念第一次上升到制度建构层面。各级审判厅的筹设并非限于京师,到宣统二年底,各直省省城商埠都建立了各级审判厅。这些审判厅的推事们大多具有专业知识,在宣统二年法官考试之后更是如此,其在独立审理案件的过程中,参考法规(草案),结合西方法理,分别发展出了一套民事诉讼程序和刑事诉讼程序;其制作的作为审理结果的判词,较之传统,在形式和内容方面都有质的提高。所以,尽管创立伊始处于传统包围之中,难免有诸多不尽如意的地方,但不能说是"徒有其名"。

另外,诉讼法学界和法理学界也有人提及各级审判厅问题。限于学术领域,这些学人共同的缺陷是遽下结论而忽略据以得出结论的资料。如曾任民国中央大学诉讼法教授的耿习道氏在谈到晚清四级三审制时捎带提及了各级审判厅,"清季司法易制,审检对立,民刑案件分庭受理,于京师设置大理院……于各省设高等审判厅,掌理地方管辖第二审案件、初级管辖第三审案件;于各高等厅下分设地方审判厅及初级审判厅,分别案情轻重,以凭受理,并于各级审判厅配设各级检察厅"①。限于资料,耿氏对于为什么要设立各级审判厅,究竟设立了哪些审判厅,审判厅是如何完成案件审理的等重要内容完全没有提及。蔡枢衡氏作为民国三四十年代著名的法理学家,出于研究司法现状并提出改良方案之目的,提及了晚清各级审判厅问题,如晚清筹设各级审判厅的主要原因在于收回领事裁判权的需要,各级审判厅在审理案件的过程中出现了类似法律规则与社会情形严重脱节的问题等方面,其判断虽基本符合情况,但对产生此结论所依据的材料是缺乏的,至少是不充分的,因而缺乏说服力。② 楼桐孙先生也间接评判了各级审判厅的成绩,"我国设有法院,历史未久,为一种新的制度。但依一般观察,在各种新政中,如议会、警察等,当推法院成绩,比较最为优良。然因经费及人才种种关系,以视欧西各国司法机

---

① 耿习道:《中国之司法》,1932年,第1、22页。
② 参见蔡枢衡:《中国法治诸问题》、《司法革命诸问题》,见氏著《中国法理自觉的发展》,河北第一监狱,1947年,第161—166、205—210页。

关的组织相去甚远"①。对于为什么有此成绩，经费和人才问题到底在多大程度上限制了法院的发展等问题则没有进一步分析。

通过民国有代表性的学人对晚清审判厅的考察来看，法制史学界对晚清各级审判厅缺乏足够的关注，诉讼法学界和法理学界虽附带有所提及，偶尔还根据直觉作出结论，但其据以得出结论的材料严重缺乏，其结论自然没有太多的说服力。所以，整个民国学界对晚清各级审判厅的研究根本谈不上什么起步。

建国伊始就宣布废除清末到民国的"伪法统"，加之阶级斗争观念的影响，使法学研究受到了很大的限制，受到严重削弱的法制史学界把有限的注意力主要放在了传统法领域，就关注传统法这一点而言，与台湾当时的法制史研究有现象上的相似之处。从20世纪80年代开始，有学者开始注意研究近代法。一度被遗忘的各级审判厅又开始出现在法制史著作中。在国内法制史学界有代表性的学术成果，如张晋藩先生总主编的十卷本的《中国法制通史》把大理院和各级审判厅并列，作为晚清审判机关改革的重要内容，并简单考察了高等审判厅的设立过程、范围及其内部设置，对于地方审判厅和初级审判厅根据法律条文作了简略的介绍，还提到了袁世凯在天津试办审判厅的情况。尽管其对晚清各级审判厅的筹设、相关的制度建构以及各级审判厅在中国司法审判史中的地位诸问题缺乏深入的分析和研究，但还是目前法制史学界对于晚清各级审判厅较为详细的论述。②

---

① 楼桐孙：《法学通论》，正中书局1940年版，第122页。
② 张著对各级审判厅进行了宏观面上的概括，"高等审判厅设于京师和各省省城，光绪三十三年最先在天津和北京设立，而后东三省、江苏、山西、河南等地都陆续开办。高等审判厅设厅丞一员，总理全厅事务。内设刑事、民事审判庭。审判庭实行合议制。地方审判厅于京师、直隶府、直隶州各设一所。地方审判厅设有厅长或厅丞，并根据具体情况酌设刑事、民事庭。审判采取合议制与独任制相结合的原则。一审案件由推事一人独任审判。如果案情复杂，经当事人请求或依审判厅职权，由三人组成合议庭审判。二审案件一概由合议庭审理。初级审判厅原称乡谳局，《大理院审判编制法》中改称城谳局，《各级审判厅试办章程》和《法院编制法》则改称初级审判厅。它是当时的基层审判机关，设于各县内，数量不定。初级审判厅实行独任审判。清末地方审判厅最先由袁世凯在天津试办。光绪三十三年二月初一日（1907年3月）天津设立了我国第一个高等审判厅和地方审判厅，后又在城乡设立四处乡谳局。据说各级审判机构试办数月'积牍一空，民间称便'一改以往诉讼久拖不决的情形。"（见张晋藩主编：《中国法制通史》第九卷，法律出版社1999年版，第300—301页）著者以为高审厅仅设于"京师和各直省省城"，则明显疏忽了有的商埠所设立的高等分厅，如天津是作为商埠设立的高等分厅，而不是作为省城设立的高等厅。

近年法制史学界出现了少量研究晚清司法改革的论文，如贺卫方先生的《司法独立在近代中国的展开》①，罗昶、高其才的《近代中国的司法改革思想》②和郭志祥的《清末与民国时期的司法独立研究》③等，其研究重点在于对晚清以来的司法改革思想作宏观叙述以及进行价值评估，晚清各级审判厅乃至整个晚清司法改革都只是其考察的一个阶段。专门写晚清司法改革的论文还不多，韩秀桃博士的《清末官制改革中的大理院》④是重要的研究成果，但其研究集中于大理院，对各级审判厅则没有深入的考察。所以，整个大陆法制史学界对晚清各级审判厅虽有所提及，但也只是停留在概述的阶段，真正的研究还远未开始。

自晚清移植西方方法开始，学界对中国法的研究自觉不自觉地运用了比较的方法。比较的结论不论是强调法律发展阶段上的差异，还是法律发展的路径差别，但不可否认这种比较本身在很大程度上限制了学界对中国法研究的视野。所以，自民国以来的很长一段时间内，有相当多的法制史学家把中国法制史的研究兴趣和重点集中在中国传统法领域，以"中华法系"来总括中国传统法律体系的独特性，这种研究思路对台湾法制史学界一直有相当大的影响。比较有代表性的是陈顾远先生在《中国法制史概要》一书中所阐述的，"中国固有法系有其卓尔不群之精神，独树一帜于世界各大法系之林中"⑤。这种研究路数不可避免地忽略了对中国近代法的研究。⑥陈氏本人也意识到了这个问题，他在给林咏荣先生所著的《中国法制史》写的跋言中就对此作了检讨，"愚著每一问题，皆断自清末，民国法制概行

---

① 何勤华编：《法的移植与法的本土化》，法律出版社2001年版，第35—73页。
② 载《现代法学》1999年第6期。
③ 载《环球法律评论》2002年第1期和第2期。
④ 载《法商研究》2000年第6期。
⑤ 陈顾远：《中国法制史概要》，台湾三民书局1964年版，第7页。
⑥ 比较典型的还有戴炎辉先生的《中国法制史》（台湾三民书局，1966年），戴氏此书乃利用西方法学研究传统中国法的成功之作，他从法源、刑事法、诉讼法、身份法和财产法五个方面剖析了传统中国法，但也基本没有涉及晚清各级审判厅这个领域。其后类似的还有张金鉴先生所著《中国法制史概要》（台湾正中书局，出版时间不详）和李钟声先生的《中华法系》（台湾华欣文化事业中心，1985年）。

割爱。"① 被陈氏视为"足为余著之补益"的林著《中国法制史》,虽然在一定程度上转移了台湾法制史学界专注于传统法的研究路向,但其对晚清各级审判厅的论述仅略略数语,还谈不上对其进行研究。② 之后,台湾学界开始有学者专门开展对近代法的研究,比较有代表性的是展恒举先生、罗志渊先生和黄源盛先生。展氏于1973年出版了《中国近代法制史》一书,专门对晚清以来的近代法进行研究,该书也仅有两处提到晚清各级审判厅:其一是在谈及晚清地方官制改革时指出清廷于光绪三十三年计划"分设审判厅,增易佐治员,命由东三省先行开办,直隶江苏亦择地先为试办,其余各省请旨办理,统限十五年一体通行"③。一是在论及司法机关脱离行政而独立之时提到,"其(指大理院)下设高等、地方及初级审判厅,嗣改为最高法院、高等法院、地方法院三级三审制"④。可以看出,就各级审判厅而言,展氏的论述,较之林氏,并没有实质性进展。罗氏于1974年写作出版了《近代中国法制演变研究》,在论及清末司法机关的演进时,只谈及《法院编制法》,未能对各级审判厅进行研究。⑤ 黄源盛先生开辟了近代法研究中的许多领域,但更多的集中于民国司法审判制度的研究,对于晚清各级审判厅的论述只是作为研究的学术背景提出,虽然其对筹设各级审判厅的各种法规作了比较详尽的论述,较之以往的台湾学界是一个突破,但其局限性也就在于此,即以立法的角度对司法审判进行研究,其结论值得推敲。如黄氏也提到,"宣统元年,颁布《各省城商埠各级审判厅编制大纲》,是为司法与行政分立之始。然京师以外,并未及推行……虽规模初具,亦徒有其名而已。"⑥ 其材料

---

① 林咏荣:《中国法制史》,台湾三民书局1960年版,陈顾远跋言。
② 本来林氏对整个法制史的研究本于法律之变迁,且"恒以政治势力、经济基础、社会背景为依归,学术思潮为之引导",但对于晚清地方司法审判制度的研究则反是,仅谈及其四级三审制:"清末,改采四级三审制,所谓四级即大理院及高等、地方、初级审判厅是也。"(见氏著《中国法制史》之第六章"审判之程序及责任")
③ 展恒举:《中国近代法制史》,台湾商务印书馆1973年版,第74页。此段对各级审判厅的论述是清朝廷改革地方官制的上谕原文,详见《清朝续文献通考》之宪政考。
④ 展恒举:《中国近代法制史》,第106页。
⑤ 罗志渊:《近代中国法制演变研究》,正中书局1974年版,第398—399页。
⑥ 黄源盛:《民初大理院》,见氏著《民初法律变迁与裁判(1912—1928)》,台湾国立政治大学法学丛书(47),2000年,第22页。

和观点都直接来自江庸的《五十年来中国之法制》，缺乏新的突破。

欧美学界也注意到各级审判厅，如有国际影响由费正清教授主编的《剑桥中国史》，在其晚清部分谈到了各级审判厅，认为它"是打算按照中央政府的大理院的模式设立的独立地方司法机关"。这种对各级审判厅性质的评判从字面上看尚属准确，但将它与大理院一起置于晚清行政制度改革的范畴，并认为晚清筹设各级审判厅是晚清地方官制改革中为削弱督抚权力而采取的"仅有的一件重要的改革"①，则有失偏颇。尽管设立各级审判厅有集权中央、削弱督抚权力的意思在里面，但主要的还在于追求改良的司法，为收回领事裁判权创造条件。单纯从中央与地方权力斗争的角度来考察各级审判厅则根本不能对其性质和意义作出准确的评估，更与客观事实相悖。正是由于作者以这种思路来看待晚清各级审判厅，故不可能对其进行详细考证基础上的深入研究。徐晓群（Xu Xiaoqun）在论文《民国时期司法独立的命运》中谈到晚清的司法改革，提到"截止到清朝灭亡，全国共建立高等审判厅、地方审判厅和初级审判厅345所，每个审判厅都配有独立的检察厅。按照西方和日本模式建立的新的法院系统和进行的大规模立法为民国时期所进行的司法改革奠定了基础，并且二者是在同一个方向前进。"②结论虽然大致正确，但各级审判厅到底都在哪些地方设立，其审理案件遵循的是什么程序，在中国司法审判史上到底占据什么位置等问题都没有涉及。

综合国内外对晚清各级审判厅的研究现状，学界对之仅有一些概述性的看法。就是这些概述性的看法，要么基本没有什么根据，要么就是对筹设审判厅的相关法律文件的内容进行文字上的阐述，因此这种看法难免存在偏颇、片面甚至错误之处。

学界对晚清立法的研究相对比较深入，但法律要在社会生活中真正能够起到规范和引导的作用才是完全的法律，此种作用欲充分

---

① 〔美〕费正清、刘广京主编：《剑桥中国晚清史（1800—1911年）》下册，中国社会科学出版社1985年，第456页。

② *The Fate of Judicial Independence in Republican China*, 1912—1937, Xu Xiaoqun, China Quarterly, Volume 0, Issue 149 (Mar., 1997), 4.

展开的重要前提条件之一是法律能够与整个社会的经济状况、社会意识和大众心理等因素大致吻合。司法审判则有机结合了法律规定和社会状况,在某种程度上是法的生命力所在。所以,对司法审判制度的研究有助于"发现"实际的法,具有重要的学术价值。

传统中国法律体系是义务本位的,是专制政体之下的法律,背后所体现的法律意识主要是为专制服务的纲常伦理。这种义务本位的法律与晚清移植的来自欧陆日本的社会本位法律虽然在现象上有类似之处,如团体对于个人的优先、法律与道德的关系等等,但二者精神实质上的差别是巨大的。晚清仍然是农业经济、封建宗法伦理占主导地位,故移植的新法令显然与整个社会意识和大众心理差距极大。到民国时候,新法已经在近代中国移植了几十年,但二者的脱节情况依旧存在,"(法典)与现实社会的情况相较,仍超前有相当一段距离,尤其是近几年来,一般的社会意识,似乎要拉回到唐律时代,而法典则是立在时代的尖端。"① 晚清法律改革过程中发生的礼法之争就是法律与社会脱节这个问题的展开。礼教派一个暗含的观点就是要让法律迁就于社会现实;法理派坚持自己观点的主要理由则是收回领事裁判权达到图强自存之目的,也就潜在地支持了法律改造社会现实的观念。就法律与社会现实的关系而言,基本上是双向互动的,法律欲获得真正的生命离不开社会现实的支撑,同时又具有一定程度地改造社会现实的功能。故无论是礼教派还是法理派都只是片面强调了此关系的一个方面,因此这种争论得以持续并与晚清相始终。

晚清各级审判厅的法官们在审理案件时有没有可能解决当时存在的法律超前于社会现实的问题呢?晚清移植的新法虽来源于西方以及学习了西方的日本法,但从整个人类文明的发展而言,它始终包含了文明发展的结晶,在不同的文化体系内还是有其共通之处的。所以当时的法官们有可能解决此一矛盾。其解决之道总会在新法规和社会现实之间流动,如果更接近新法规一方,可以将其认为是以法

---

① 王伯琦:《法律上学说与实务的距离》,见《王伯琦法学论著集》,台湾三民书局1999年版,第223页。

律改造现实的方式裁判案件;如果较接近于社会现实,则是以法律迁就现实的方式进行裁判。从理论上而言,法官在此过程中要发挥较大的作用。

法官在司法审判中的作用因社会发展的不同历史阶段而异。在封建专制时代,法律的本质是命令,是义务,司法难免具有恣意、专断和非理性的特征,法官的威权对于当事者来说即是法律。出于对专制擅断的矫枉,罪行法定原则得以确立,法律逐渐与道德分离,法律的中心聚焦于立法,法官的作用被严格限制在通过三段论的逻辑推理仅仅宣告判决上面。此种机械的法官宣示论在19世纪末20世纪初得到了改变,其据以改变的一个基本事实则是法律,尤其是立法的速度与社会发展难以保持一致,法官机械地适用法律难免会与社会发展情况脱节从而不利于社会的发展,与社会意识脱节的"合法"判决常常会有失公平,而司法相对于立法具有更大的社会适应性。因此,司法被赋予充当法律规则与社会情况之间的调适器。这一阶段的法官必须以自己的法学修养和对社会情况的判断,根据法律精神选择性地适用法律,作出能促进(至少不能阻碍)社会发展而又能保有实质公正的判决。故迄今为止法官在审判中的作用经历了法官至上、法律至上和法律之下能动司法三个阶段。

晚清移植的法律主要是西方法律发展到社会本位的立法,与此相适应,处于法律之下能动司法阶段的法官必须恰当地运用裁量权裁判案件。所以,对各级审判厅的法官群体进行考察就变得更有必要。这些法官是通过什么样的选拔机制选拔的?他们受到的是什么样的教育?等等,就成为不可回避的问题。

晚清成立各级审判厅的动机对于各级审判厅审理案件也有一定的影响,其在哪些地方设立?在设立和运行的过程中遭遇了些什么样的困难?这些法官们在审理案件的过程中遵循的是一种什么样的程序?有没有发展出一套固定的程序?和传统的行政官审判案件有哪些程序上的区别?他们究竟是以什么样的方式在适用那些既存的实体法?他们审理案件的模式对民国乃至当今有没有影响,有多大的影响?等等诸如此类的问题,都是研究晚清各级审判厅所需要解决的问题。

鉴于学界的研究状况和各级审判厅在中国司法审判制度变革方面的重大意义，故确定了晚清各级审判厅作为研究题目。

二、本课题的基本资料来源和研究方法

晚清限于人力、物力的匮乏，在为废除领事裁判权的功利驱动下，到其灭亡之时，只是在各直省省城商埠设立了高等、地方和初级审判厅，由这些审判厅的推事接替了行政官员独立审理民刑案件，其管辖区域仅限于省城商埠及其部分近郊。晚清至今，不过短短百年，但中国社会经历了太多的战争和动乱，故关于晚清各级审判厅研究的资料保存很少，缺乏系统的整理。而该课题的研究对于晚清司法改革乃至整个近代法律改革都是不能回避的问题。因此，我将尽量运用可能见到的资料来进行本课题研究。主要资料来自于三方面：(1) 1912年上海法学编译社出版的《各省审判厅判牍》中的批词、判词、统计表格等；(2) 第一历史档案馆馆藏法部和大理院档案里关于各级审判厅部分以及辽宁历史档案馆馆藏奉天高等审判厅检察厅、盖平区、西丰区法院档案；(3) 晚清新法规汇编：《大清光绪新法令》、《大清宣统新法令》和《大清法规大全》。

理论和研究方法是分析问题、解决问题的有力工具，是系统化的思维法则，是指导思维的技术，但运用某个理论进行研究和某个具体课题的研究方法则必然受制于三个因素：一是研究对象的特定时间段和空间领域；二是特定的资料性质；三是研究者自身的知识积累和偏好。

各级审判厅这个研究课题决定了其发生场景是20世纪初的晚清社会。而其资料的散与乱是进行研究工作面临的第一个困难。科学的结论首先要建立在可靠的资料上面，所以用历史文献学的方法进行资料的梳理与考订是进行研究的前提。试举一例：北京第一历史档案馆馆藏法部档案有法部举叙司关于举行京师法官考试第一次和第二次的最优等、优等和合格名单，并且还附有试题及应试者的答案,而该档案则只笼统注明是宣统年间,具体时间则不详。① 我当时就产生了疑问:这次考试到底是不是宣统二年在京师举行的全国法官考试? 如果不是,那么就还有另外的法官考试。如果有另外的考试,又是哪些人参加,与全国性法官考试分离的动机何在? 之后又发现了奉天法官考试第一次和第二次最优等、优等和合格的名单,注明的时间也是宣统二年。② 这说明京师和奉天的这两次考试属于性质大致相同的考试。但笔者的疑问还是没有解决。最后在《大清宣统新法令》里发现有"补行试验之举,原以审判得人起见,惟已设各审判、检察衙门,与甫议筹设者不同。现有之推检各官,练习已非一日,职务各有专司,则考验办法未可与初试为吏者相提并论"③ 的规定。至此,基本可以断定京师和奉天的这两次考试是针对在职法官的,只在这两个地方举行是因为在全国统一的法官考试之前,只有京师和东北成立了各级审判厅。这种解释基本上是合理的。但我仍然不敢遽下结论,又将此前奉天的《法官官册》中的法官名单与此次奉天应试名单对照,发现很多应试者在该《法官名册》之内。到这里,完全能够肯定该档案是在职法官考试档案,考试时间因此也确定下来。更可以明确的是,档案整理人员将此次在职法官考试的第一场和第二场误以为是两次考试。由此,通过对该资料的考订与分析,对于晚清法官考试制度就会有较准确的认识。所以,运用历史文献学的方法进行资料的梳理是本课题研究的第一步。

晚清出于撤废领事裁判权的需要而移植的西方法进入中国并与中国传统的法律体系产生矛盾冲突,推动了中国法律近代化过程,各级审判厅是该过程的产物并在此过程中运作。而该过程既包含中西法律文化的冲突,又包含中国固有法律体系的历史阶段性演进,其复杂性蕴涵于特殊性中。这就决定了尽管国外的相关理论,如社会学研究方法、语义学、现象学、阐释学等社会科学研究方法和法律文化

---

① 见第一历史档案馆藏法部举叙司档案,编号 31431。
② 见第一历史档案馆藏法部举叙司档案,编号 31457、31468。
③ 《法部奏考验京外已设各审判检察衙门人员酌拟办法折》,见《大清宣统新法令》第27册,第42页。

比较、纠纷解决等理论对本课题的研究有借鉴意义,但是这些产生于西方社会的理论远远不能解释各级审判厅的运作机制和推事们的判决思路和风格,西方的研究方法也不大可能全盘适用于各级审判厅研究中面临的具体问题。鉴于我所搜集的比较丰富的判决书资料,故本研究还将运用以判决书为主,并与法规法理结合的方法进行研究。

法理是法学研究积累到一定阶段之后与特定时空结合的产物。中国法律近代化的发展历程与法律移植有不解之缘,开始是出于维护国权和法域而被动接受西方法,近来虽意识到自身的不足而开始主动学习,但移植的性质没有变化。中国近代法学发展的高峰当为20世纪三四十年代的民国时期,虽然当时学者批判了此一时期法学的幼稚与贫困①,但此种批判的本身说明了法律学者开始自觉进行反思,当为真正创新意义上的法学发展的开端。只有创新的法学存在,才可能产生适合于本国的创新的法理。从这个意义上来讲,晚清并不存在自己的法理,有的只是移植的外国法理,是机械的模仿而非创造。但创新的法理出现则非突然,有一个逐渐积累的过程。创新的法理植根于社会,判决中运用法理一方面可以使判决富有生命力,另一方面则借判决成为活的法理而得到进一步发展的机会。法规是立法者活动的结晶,既包含了立法者活动的记录,也蕴涵了立法者的创造,但此种记录和创造能否达到立法者的预期规范效果,则取决于司法活动对法规的适用和执行,即司法对立法的评估。这个评估过程就有可能是创新的法理逐步积累的过程。判决书是司法者审理案件的结论,是其将法律体系中的规则适用于案件事实所得出的结果。一份完整的判决书必然包括案件事实、引用法律的理由及判决主文三部分。判决主文虽具有客观性,但案件事实的确定和引用法律的理由却具有主观的性质,法官的法学素养、生活阅历乃至社会意识形

---

① 蔡枢衡先生进行的批判是一个突出的例子,认为"形式主义、超形式主义的外语观及其实践,彼此互为因果,互相结合"是当时法学贫困的主要原因,其表现是"对象模糊,是民族自我不存在,是法律意识机械化、主观化和神秘化,是意识与主张间及主张与实践间互相矛盾,而无关联"。见蔡枢衡:《中国法理自觉之发展》,第119页。

态都会在其中发生作用。具体到晚清,法理是一种机械模仿,法规多为草案且与社会现实存在极大的差距,所以对判决书的研究更具重要意义。晚清社会本位的立法和传统中国的法意识又为各级审判厅的推事们提供了较大的自由裁量空间,他们对大量案件的裁判使得其制作的判决书必然蕴涵丰富的内容。故以各级审判厅推事们制作的判决书为中心,结合晚清移植的法理法规进行研究,是可望在一定程度上深入分析法律与社会实际的关系问题,也有助于分析法官在处理法律与社会脱节问题上所采取的办法和应秉持的态度。

综上所述,本课题专注于晚清各级审判厅,主要的研究方法:一为用历史文献学的研究方法进行资料的梳理;一是以判决书为主,结合法规和法理进行分析。

第一章　清代传统地方司法

第一节　清代传统地方司法审判制度

一、清代地方司法机构概述

司法最重要的功能是解决纠纷,从这个角度出发来分析清代的司法,就机构而言,清代在司法改革以前,不存在专门解决纠纷的司法机构。司法与行政机构合二为一,大部分研究清代司法的学者们认为是"行政兼理司法",也有学者为强调司法在清代的重要地位,认为是"司法兼理行政"①。但不管怎样,清朝的司法机构与行政机构没有分离是一个不争的事实,行政机构的复杂性导致了司法机构的繁复。

清代的地方司法机构,包括州县以上各级行政机构,但办理案件的责任和权力都赋予了各级行政机构的正印官。州县为第一级审判衙门,其司法方面的职责主要有以下两个部分:一是审理徒刑以下的轻微刑事案件和户婚田土钱债等民事案件,这些案件,州县官可以自己审结,只需把这些案件记录在循环簿上,按月申送督抚司道查考。另一部分是徒刑以上的重大刑事案件,州县官在正式审理这类案件之前必须进行检验、通禀、传唤、拘提、缉捕、看押、监禁、保释等工作,然后在查明案件事实的基础上,引用《大清律例》的相关条款,写出以作为判决初步意见的看语为核心的招解详文,然后与人犯一齐送到上级官府复审。府为第一级复审衙门、道为第二级复审衙门②、按察

---

①　民国著名的法制史学者谢冠生先生认为,"中国古代司法组织,与其谓行政官兼理司法,毋宁谓以司法官兼理行政之更切实际。"谢冠生:《中国司法制度概述》,见《中国政治思想与制度史论集(二)》。

②　府和道并不是必经的一级复审衙门。大部分地方遵循由府而道的复审顺序,也有一些地方的案件,根据各级衙门管辖的地理范围,大致按照便民而减少拖累的原则规定由哪一级官府担任第一级复审衙门。见郑秦:《清代司法审判制度研究》,湖南教育出版社1988年版,第36—38页。

司为第三级复审衙门、督抚为第四级复审衙门。至此,徒流案件可以审结,由督抚按照一定时期向法部报告。死刑案件则仍需报告给三法司,呈请皇帝作最后裁决。此乃清代传统地方司法机构及其审理案件的一般程序。

二、清代地方司法的重要特征

(一) 法官的绝对权威

中国自秦汉大一统帝国建立,确立了一套基本制度以后,在近两千年里基本没有什么本质的变化。清代的地方司法制度,直接承袭于明代,远溯及汉唐。各级地方行政主官都是直接受皇帝的委派,在中央的监督之下负责地方的治理,司法即是作为治理地方的主要任务之一而由行政主官负责。皇帝的最高权威一直在制度上得到了确定,到清代更得到了前所未有的加强,皇帝的命令即是法律[①],违反该命令即为严重犯罪,罪犯将被处以极其严厉的刑罚。负责审理案件的行政主官是代表皇帝来管理所辖地方,在该管辖区域具有绝对的权威。虽然在国家的法典里面规定了一些裁判案件的程序,实际上这些程序在多大程度上能够被遵守则很不确定。这将在下面进行分析。就审理案件的实体方面而言,行政主官集起诉、侦查、审判等权力于一身,尽管皇帝极力限制其裁量权并将该条文撰入国家刑法典,但行政主官还是有机会按照自己的主张有倾向性地裁判案件,即日本中国法制史学者高柳贤三所指出的,"司法官的裁判重心放在自己具体妥当的认识上,并不把法规当做最高惟一的标准"[②]。

清代的法意识形态亦秉承传统,对案件审理质量的评价标准最好是天理、人情和国法三者兼顾。国法作为国家生活的标准,本质上合乎人情又超越人情;天理是自然和社会的普遍法则,本质上是合于国法而又是超越国法的;人情是人对正义所保有的一种本能感觉,一

---

① 这种说法可能存在争议,虽然并不是所有的皇帝命令都成为法律,但其不容违反的性质已经使之具有了法律的部分特征,在实际上跟法律一样起作用,有时其作用甚或在法律之上。

② 转引自蔡枢衡:《中国法理自觉的发展》,第91页。

方面是天理和国法的反映,但又常常与国法和天理产生冲突,而且人情本身因为个人的经历和地位的差异常常又是不确定的。所以,三者之间的关系既是相互吻合又是相互矛盾的,吻合是偶然,矛盾是必然的。在三者的矛盾之处,负责司法的行政主官就自然依据自己对天理、国法和人情的理解作出判断。

清代的法律是建筑于封闭的农业经济之上的,法学研究的萎缩导致整个法律体系处于相对较低的发展水平,反映在法律条文的编纂上,是极具体而欠缺抽象和概念化基础上建构的体系。有清一代,尽管例的增长速度惊人,但法律规定仍然不能跟上社会的变化,类推适用被大量使用,导致很多案件的结果处于一种不可知的状态下,从而也增加了官员的权威。

清代主要还是一个农业社会,文化教育的垄断程度极高,大多数人(潜在的案件当事人)基本上是文盲或者半文盲,对于国家的法律条文不可能有多少了解。而封建国家对权力的垄断又使得那些民间熟悉法律的"讼师"遭受国家政治体制的排斥而不能对官员们形成某种制约。既然这些潜在的当事人对法律规定不能把握,他们眼中的法律就是行政官员的判决,也无从知晓裁判范围之外的法律,这样官员们就可以凭借其权力增加权威。

综上所述,清代地方司法中的行使司法审判权力的行政主官在专制政体之下相对于案件的当事人或潜在的当事人来说具有绝对的权威,虽然不乏以民为子、清正廉洁的司法官员,但作为官员整体在审理案件时的恣意、武断随处可见,制度建构所期待的公平正义在制度运行的过程中损耗殆尽。

(二) 司法审判中对程序的漠视

尽管在国家的成文法里面比较详细的规定了各级地方官员对案件审理的程序,从诉讼的提起、案件的管辖、司法官员的回避、被告的传唤与拘提、如何进行刑讯、对证据的搜查、对案犯的羁押、如何运用和获得包括证人证言、书证和勘验在内的证据、讯问笔录的制作、裁判、上控乃至执行都有相应的法律规定①，但这些规定在多大程度上能够得到遵守值得怀疑。

首先，传统司法体制虽然允许讼师的存在，且其活动有愈趋活跃的趋势②，但官方意识形态对讼师总是持贬斥态度。故其在司法审判中所起的作用是有限的。它不可能像律师那样代表双方当事人，利用自己的专业知识在法庭上进行辩论，其活动基本是在法庭外进行。所以，"当事人之间对立的利益诉求就无法上升为一种不同法律理由之间的深入对话，律师参与所能够对于证据规则发展的推动也不可能出现"，这种"没有对抗的司法"③ 严重限制了程序在中国司法审判中的发展。

其次，负责审理案件的行政官员代表皇帝进行地方的治理，司法系属于地方治理范畴。既然是地方治理，重点追求的就是实质上的公平和正义，程序只是审理案件的通用方法而没有自身的价值。行政主官常常按照一己之喜好超越程序来完成对案件的审理。④

再次，上面提及的法官绝对权威也导致对程序的漠视。程序的产生和发展是为了说理或者辩论的需要。在法官具有绝对权威的司法审判制度中，说理或者是辩论必然受制于这一绝对权威，不可能得到充分的发展。所以，这种司法官绝对主导的司法体制不可能重视程序，更不可能发展出一套高度合理的、具有独立价值的程序。

中国传统司法体系对程序的漠视虽然自古皆然，但西方法律体系自古希腊、罗马时期就注重程序的公正，并在长期历史发展中形成了传统。随着资产阶级革命的兴起，权利保护意识的增强，西方法律发展到近现代，对程序的重视程度日益增加，程序法愈益完善，这与中国的情形截然两样。随着两种法律文明接触的加深，中国司法审

---

① 参考雷禄庆：《中国法制史》下册，台湾商务印书馆1972年版，第611—625页。
② 〔日〕夫马进：《明清时代的讼师与诉讼制度》，见滋贺秀三等著，王亚新、梁治平编：《明清时期的民事审判与民间契约》。
③ 贺卫方：《司法独立在近代中国的展开》，见何勤华主编：《法的移植与法的本土化》，法律出版社2001年版。
④ 清代循吏蓝鼎元在《鹿洲公案》中记载其作为地方官解决民间纠纷、审理案件，从中根本不能发现统一的程序。其解决问题的方法往往出人意表但达到预期的效果，从而为人称道。参见《蓝鼎元论潮文集》，海天出版社1993年版。

判对程序的漠视在对比之下,问题就更加严重了。这必将成为司法改革的动力之一。

(三) 地方司法审判的民刑不分

清朝的地方司法审判权力掌握在各级行政主官的手里,负责对所有案件的审理,没有近代法意义上的民事和刑事案件的分划。由于学界对中国古代有无民法尚存争议,同样对于民刑案件的区分也是一个有争议的问题。从强调中国法律体系发展独特性的角度来探讨此问题,是在不承认西方法律体系的前提下展开的,谈民刑案件的划分不存在太多的意义,因为它是以取消问题而不是解决问题的方式来回答问题的。但从比较的角度来观察,虽然并不具有完全的科学性,但有其学术意义。因为,晚清司法改革以西方法为模式的价值取向使得各级审判厅在制度建构方面实行了民刑分离审理案件的机构设置。欲认识此种变革的真正意义,这种比较则是不可缺少的。

清代地方司法程序是将所有的案件分为州县自理案件和其他须上级复审的案件。如果以判断罪之有无和理之曲直为标准来区分民事和刑事案件,那么州县自理案件包含了所有的民事案件和一部分刑事案件。清代的经济主要是农业经济,生产规模和交换范围狭小,因为宋明理学的影响宗法组织比较发达,基本上能够实现宗族内部的自给自足。经济形式和宗法组织使支撑民事诉讼发展的民事法律关系被限制在承嗣、婚姻、田宅和钱债等有限几个方面,即通俗所说的"户婚田土",而且这种民事法律关系一般不会超出宗族的范围。

这些在"户婚田土"范围内的"细故"和刑事案件之间并没有绝对的判断标准。如果以近代西方法的眼光来看,只有州县自理案件中属于"户婚田土"范围的一部分案件才能称之为民事案件。"户婚田土"内的案件也包含了纯粹的刑事案件,如婚姻内之抢夺、奸占及背于礼教、违律嫁娶,田宅内盗卖、强占,钱债内费用受寄,等等。就是那些纯粹的民事案件,为了达到息讼的目的,处理该案件的州县官也经常使用轻微的刑事威慑手段。所以,二者之间的界限根本是不存在的,至少不是那么明晰。

由于"细故"范围内的案件受制于农业经济形态和宗法家族关

系,所以这些法律关系里面蕴涵了千丝万缕的血缘和地缘关系。正是由于"两造非亲即故,非族则邻,情深累世,衅起一时"①,为了维持家族邻里之间的和睦,从根本上消除诉讼的根源,保证家族乃至整个社会的稳定,官方一般采取调解息讼的方式解决争议,最好不要诉诸公堂。为此,地方官员充分利用族长、乡绅、乡保等力量尽量"调处",调处的原则是双方让步,大事化小,小事化了,从而最终达到将潜在的诉讼消灭于无形。这种调处虽然含有自愿的成分,可能更多的是强制性的,因为调处的背后有政权、族权等支撑。当事人纵有道理,但碍于亲友的面子、摄于族长的威严、考虑亲友邻居之间的舆论及害怕诉讼的困难而隐忍的例子层出不穷。这种以"息讼"作为解决民事纠纷的价值取向无形取消了诉讼的争执标的——权利,从而在这种民事法律关系之中不可能发展出一套与严格的刑事案件相区分的一般性的民事诉讼程序。缺乏明确民事诉讼程序的结果就是民事案件不可能从刑事案件里区分开来。

　　清代民刑案件没有明确划分的特点使得原本范围及其狭小的民事法律关系更加萎缩。可望寻求于国家政权的司法公正大打折扣,权利观念的淡化使得司法官员的权威高高在上,司法的武断而非公正、恣意而非理性的特点更为突出。这种状况的改变要到晚清司法改革中大理院和各级审判厅的设立才能实现。如果没有外力的影响,这种变革因为传统社会的价值取向导致的权利意识的淡化在当时很难发生。

　　下面谈一谈清代地方司法审判中游离于法定制度但却对其产生了实质性影响的两个问题——刑讯和幕吏问题。

第二节　清朝地方司法审判中的刑讯问题

　　刑讯在古代社会具有其存在的合理性。盖当时国家对社会的控制比较弱,加上科学技术的不发达,证据的收集与保存比较困难。司

---

① 《牧令书辑要·治讼》。

法官员要对其审理的案件负责,那么口供就成为理想的证据,刑讯就在所难免。关于案件结论和口供之间的密切关系,明代的王又槐说得再明白不过了,关于州县官对刑事案件进行第一审,"案之先叙供,而后加看者,乃先案后断之法也。夫作看不难,而叙供实难。供果明净简练,则看易成。供若驳杂牵混,则看难成。供与看原两相符合,善办案者,叙供之时,即以布置看语,及其作看,则一线穿成,毫无驳杂。"① 作为审案初步结论、供上司参考的"看语",与口供的关系密切如此,甚至在叙供之时就已有"看语"的腹稿,先入之成见渗透其中,如果案犯口供与此成见不吻合,在司法官员看来,罪犯即是撒谎,以图欺蒙官员,减轻罪责,对犯人进行刑讯在官员们看来就具有了合法性与道德上的正当性。清代审讯犯人允许刑讯,法定刑具有竹板、夹棍和挢指。② 本来按照法律规定,对犯人使用刑讯的权力只限于正印官,正印官不能纵容捕官和差役对犯人私自刑讯。如《大清会典》里规定:"凡强盗重案,交与印官审鞫,不许捕官私行,审讯、审捕等役私拷取供,违者,捕官,参处;审役等,于本衙门首枷号一个月,杖一百,革役。"③ 法律规定如此,实际情况可能与此多有不吻合的地方。清朝受儒家仁政思想熏陶的很多官员都对广泛存在的刑讯问题表示了关注。如黄六鸿就规定了十七项考讯禁止条款。④ 孙中山对清朝的刑讯作了描述:"前清起自草昧之族……及其罹刑网也,则又从而锻炼周纳以成其狱,三木之下,何求不得?彼虏不察,奖杀励残。杀人愈多者,立膺上考,超迁以去。转相师法。日靡吾民之血肉,以快其淫威。试一检满清史馆之记载,其所谓名臣能吏者,何莫非吾民之血迹泪痕所染成者也。"⑤ 尽管孙氏此言政治宣传意味较浓,难免有片面和夸大其词的地方,但清朝广泛存在刑讯当是不争的事实。19世

---

① 王又槐:《办案要略》,见《入幕须知五种》,台湾文海出版社,第511页。
② 《大清会典事例》对这些刑具的形状、尺寸作了具体规定,并对犯人使用不合规定的刑具和私设刑具规定了相应的处罚。见《大清会典事例》,第723卷。
③ 转引自那思陆:《清代州县衙门审判制度》,台湾文史哲出版社1982年版,第135页。
④ 关于此条款的具体内容参见黄六鸿:《福惠全书》,第11卷。
⑤ 孙中山:《通饬禁止刑讯文》,见沈云龙主编:《民国经世文编·法律二》,文海出版社。

纪一位观察过中国司法过程的外国人就认为:"在一个把起誓当做毫无价值的东西的国度里——许多人可以花十美分就能找到为自己作伪证的人,只要你有钱,除了用刑别无他法弄清事实真相。过程无疑残酷异常,但它能保证后果。"此书作者举了一位在印度从事司法工作的英国绅士办案的例子来证明在适当场景运用刑讯的作用,"摆在他(英国绅士)面前的诸多案件使他确信证人是在撒谎,但却无能为力,无法验证。其实只要稍用拶指,抑或是一顿鞭打,便能真相大白。"①虽然在中国漫长的传统社会里,刑讯有其存在的合理性与必然性,在两种文明接触的初期,而且有外国人观察到刑讯的某种合理性,但这些外国人的观察是建立在对中国传统司法制度缺乏深入了解与思考的基础上,其结论难免是对所描述对象的一种误读,况且原先具有合理性的东西,随着时代的变迁和参照物的变化,其合理之处也就慢慢变得不合理,甚至成为难以忍受的东西。刑讯制度在近代就面临这样的情况。

在传统社会,尤其在明清两朝,早就有官员和学者从儒家正统观念立论,在体制内批驳了刑讯,尽管不能找出恰当的制度来代替,但却力图将它限制在一定的范围内。根据台湾学者那思陆的考察,明代吕坤为官,在处理如何应用刑讯时就规定了五不打、五不轻打、五勿就打、五且缓打、三莫又打、三怜不打、三应打不打、三禁打。② 到清代,很多地方官仍然把吕坤的经验奉为圭臬。自19世纪五六十年代以来,随着西方包括司法审判制度在内的西方法律文明输入中国,渐渐有一批眼光开阔的知识分子在新的参照物的照耀下,从体制内外开始了对以刑讯为核心的中国司法黑暗的批判。作为中国留学生之父的容闳自幼就读于教会学校,弱冠之年负笈美国,及至学成归国,根本没有机会在感性方面见识中国传统官府的刑讯,后归国见时任两广总督的叶名琛随意杀人,遂认为,"叶之戮人,不讯口供,捕得即杀,有如牛羊之入屠肆……似此不分良莠之屠戮,不独今世纪之中无

---

① Field, Henry M., From Egypt to Japan, sixteen edition, New York, 1890, pp.379—380.
② 参见那思陆:《清代州县衙门审判制度》,台湾文史哲出版社1982年版,第137页。

事可与比拟,即古昔尼罗王之残暴,及法国革命时代之惨剧,杀人亦无如是之多。"① 叶之所以肆意屠戮黎民,撇开当时太平军兴起的紧张局面外,当以平时刑讯逼供长期熏染大有关系。因为惟有此因果关系,非常时期才以无口供而杀人。

西方法律文明中的权利观念传入中国之后,对于刑讯的思考与批判在体制外展开才有了可能。"权利"一词在近代中国的出现于19世纪60年代丁韪良氏主持翻译的《万国公法》。其后一二十年间,虽然"权利"一词在近代中国没有真正流行起来,但"权利"的观念却一直在对近代中国产生影响。② 美国传教士傅兰雅(John Fryer)的《佐治刍言》于1885年首次出版,出版后多次重印,在晚清知识界产生了较大影响。其中,权利观念是其传播的主题之一,如谈到律法的功用时就说,"然有此律法,究能保护百姓,不受权势胁迫之苦。"对于司法审判,傅氏指出:"查法国所立律法,内言百姓必令自主一条,最为郑重。然国内从未设立一简便之法,能令百姓可免无辜久禁狱中者。若英国则早设此律法,其百姓因案被禁,必于若干日内提至审问堂,讯其有无罪状,如无罪即当堂开释,其有罪者,立即科以刑罚,不使有久禁囹圄之累。从前俄、奥等国,常有人被禁多年,遂不知所以被收之故。其初或为国王并官长拿禁,延搁不问,后国王与官长均已物故,而接办者无案可查,遂莫知其被禁缘由,此诚国中弊政也。"该书还首次提到了西方的陪审制度,云:"其审问时,必另派本处绅士十二人,与问官会审,其人有罪、无罪,必由十二人拟有定断,然后官可照办,但被告者若于十二人内指明何人与有仇隙,则问官必另派一人,盖必十二人俱为被告所佩服,方能会审。此律法已经行之数百余年,故国中从无冤抑不伸之事。"③ 在西方司法体制里,陪审制度不仅是作为保障被告的权利而创设的制度,而且其规定的程序本身就包含了被告的权利,因为"被告者若于十二人内指明何人与有仇隙,则问官必另派一人,盖必十二人俱为被告所佩服,方能会审。"在任何社

---

① 容闳:《西学东渐记》,中州古籍出版社1998年版,第95页。
② 参见李贵连:《话说"权利"》,载《北大法律评论》1998年第1卷。
③ 傅兰雅:《佐治刍言》,上海书店出版社2002年版,第35—37页。

会,普通人都有成为被告的可能,保障被告的权利也就是保障了普通人的权利。因为有此权利观念,故在西方人看来,关于中国的刑讯,可怕的不是刑讯的残酷和犯人的痛苦,而是司法官员对此的麻木不仁。因为"他(指司法官员)不像个残酷的家伙,倒像一位很有教养的人。"①正是在西方法治和权利观念的影响下,中国开始有人意识到刑讯不是某些人道德品性问题,而是一个制度的问题。典型的如张之洞执笔的《江楚会奏变法三折》中的第二折《整顿中法十二条》,他认为在传统司法制度下,"滥刑株累之酷,囹圄凌虐之弊,往往而有。虽有良吏,不过随时消息,不能尽挽颓风。"浙江巡抚增韫在宣统元年的奏折中指出:"秦、汉以降,郡县守令皆以行政官兼任司法,而酷吏之严刑峻法,每锻炼周内入狱,以矜其能,而论者又恶其不仁。然此非独其人之过,盖以一身兼行政、司法,适足以为酷吏之藉也。"②所以"外国人来华者,往往亲入州县之监狱,旁观州县之问案,疾首蹙额,讥为贱视人类。"总言之,"民虽犯法,当存哀矜。供情未定,有罪与否,尚不可知,理宜详慎"③。严复更从法治的高度解释这个问题,认为"彼西洋者,无法与有法并用而皆有以胜我者也。自其自由平等以观之,则其捐忌讳,去烦苛,决壅弊,人人得其意,申其言,上下之势不相悬隔,君不甚尊,民不甚贱,而联若一体者,是无法之胜也。自其官工兵商法制之明备而观之,则人知其职,不督而办,事至纤悉,莫不备举,进退作息,皆有常节,无间远迩,朝令夕改,而人不以为烦,则是以有法胜也……苟求其故,则彼以自由为体,以民主为用。"④ 19 世纪末,孙中山在考察了清王朝的司法制度后认为,"民事诉讼是公开的受贿竞赛;刑事诉讼程序只不过是受刑的代名词——没有任何预审——对被告进行不可名状的、难以忍受的严刑拷打,不仅对可能有证据的嫌疑犯是如此,而且对被任何一个兵勇或地位较高者告发的人

---

① Field, Henry M., *From Egypt to Japan*, p.379.
② 《清末筹备立宪档案史料》下册,中华书局 1979 年版,第 876 页。
③ 杨家骆主编:《清光绪朝文献汇编》(第 11 册),第 4744—4747 页。
④ 胡伟希选注:《严复集——论世变之亟》,辽宁人民出版社 1984 年版,第 30 页。

也是如此。"总之它"对我们共同的人性来说是一大耻辱"①。

刑讯问题是中国传统司法制度下产生的一颗大毒瘤,从近代以来,国人先从体制内进行了批判,力图将它限制在一定范围内。随着西方法律文明的传播和影响的扩大,尤其是其中的权利观念的影响,国人开始从体制外进行批判工作,从而成为晚清司法改革获得合理性的一个重要方面。

第三节 清朝地方司法中的幕吏问题

幕吏包括刑名幕僚和吏役,对清代地方司法产生了实质性的影响。两者就起源而言,胥吏早于刑名幕僚,而且刑名幕僚的出现在一定程度上是为了对差役在司法方面的消极影响所作制约的一种权宜之计,久而久之才形成一种不成文的制度。②

在清代,吏役包括胥吏③和差役。由于每级政府只有中央任命的几名主要官员,要处理本级衙门大量案件中的具体事务,光依靠这几名主官是远远不够的,实际上吏役成为"官衙的事务承包人"④。从理论上,乃至在法律规定上,吏役是受控制于主官的。然而实际情况可能不是这样。

首先是胥吏地位世袭化和主官任期制产生的影响。作为各级胥吏首领的经承,经常拥有一定数量的徒弟。其中那些得师傅赏识的

---

① 孙中山、埃德温·柯林斯(Edwin Collins):《中国之司法改革》,载《中山大学学报》1984 年第 1 期。
② 如日本著名的史学家宫崎市定认为,"(幕友是)作为权宜性的手段而发展起来的惯例,这就是官衙的长官完全委托私人,使与胥吏一起处理事务,并使之监视胥吏的做法。这种私人可分三类:第一是幕友,第二是门生,第三是家丁。"见宫崎市定:《清代的胥吏和幕友》,载《日本学者研究中国史论著选译》第六卷之明清部分,中华书局 1993 年版。
③ 也有学者将此称为"书吏"的,如吴吉远先生在研究清代地方政府的司法职能时就将之称为"书吏"(参见吴吉远:《清代地方政府司法职能研究》第二章,中国社会科学出版社 1998 年版)。日本学者宫崎市定则将类似的此部分人称之为"胥吏"。"胥"之一字,有"小吏"一义。《周礼·天官·冢宰》:"冢宰,胥十有二人,徒百有二十人。"《新唐书·牛仙客传》有云:"仙客本胥吏,非宰相器。""胥吏"一词,当为小吏之总称。吏的主要任务是办理文案工作,但并不是其全部工作,故将此部分人称之为"胥吏"较为妥当。
④ 参见宫崎市定:《清代的胥吏和幕友》,载《日本学者研究中国史论著选译》第六卷之明清部分,第 508 页。

徒弟或与师傅有血亲关系的徒弟就能够受到师傅的特别照顾。一般来讲,主官对吏役内部的职位安排基本是不加干涉的,主官只是要求经承完成其所分派的任务就已足够。所以,作为师傅的经承在自己隐退的时候自然倾向于把自己的职位传给所钟爱的弟子。因为这种职位继承方式的存在,故有学者将胥吏的内部组织描述为"基尔特组织"的类似。① 而与之相对的是,中央为防止地方官员长期在一个地方任职形成尾大不掉乃至割据的局面,一般都规定了官员的任期和本地的回避。这两种情况的结果是造成官员对地方情况的隔膜和胥吏对当地的熟悉,法律所规定的地方权力分配发生了逆转,官员不得不借助胥吏的力量来了解自己的辖区,并依靠胥吏进行地方的治理。此其一。

另外,科举制度发展到明清两代达于盛时。明清科举考试的八股化随时间的推移逐渐窒息了此种考试制度原本具有的活力,就考试的实际内容而言,"为了中式,士子只须熟记几篇课艺文章,娴习若干写作技巧,便足应付,连四书五经也不必精读,至于其他一切学问,包括法学在内,更是无关紧要,因此悉受忽视。其中最受忽视的大约就是法学,所以科举考试中制义、诗、论、表、策都变得与法学无关,甚至明显就是根据法律而拟的'判',也改成了以经义为凭的道德性决断。更不幸的是,到了清朝中叶,这一项考试竟被取消了。法学既与考试出仕脱了节,士子怎么还会去学法律呢?"② 既然此种做官考试制度造成应考人员不用学法的后果,那做官之后为实际需要再去学法,估计大多数人的兴趣不在这方面,即使勉强去学,可能也是力所未逮。况且就官员们的价值观而言,正如刚毅所说,出身科举的官员"溺于制举帖括之业,苟且简陋,于律令格式每多阙焉不讲。间有博学多闻者,亦且鄙为申韩家言,不屑措意,一委之于幕客吏胥"③。既然官员在做官之前不学法,做官以后无暇也不屑于学法,关于审判断案的具体知识也就付之阙如。当然也有极个别官员是例外,但是就

---

① 参见宫崎市定:《清代的胥吏和幕友》,第509页。
② 张伟仁:《清代的法学教育》,载贺卫方编:《中国的法律教育之路》,第172页。
③ 刚毅:《审看拟试》之自序。

官员群体而论,这种判断大致与事实切合,故官员们在司法事务方面就不能不倚重胥吏。

胥吏既然不是朝廷任命的官员,限于这个团体所受的"基尔特式"教育和较低的社会地位,其道德约束能力当然有限,而他们又有较大的行使权力的机会,如果缺乏操作性较强的制度性约束,产生极大的弊端乃事之当然。虽然《大清律例》规定了关于胥吏违法的处罚,甚至这种处罚还是相当严厉,而且官员们也力图约束胥吏的行为,但是胥吏较低甚至没有法定的薪水,只此一点,就足以使法定处罚流于空文。因为胥吏严格按照法律行使官员们的委托权力,非但自己不能好好营生,更有养家糊口之实际困难,所以他们往往无视朝廷法度,铤而走险。虽然这种行为在整个社会的价值判断上得不到认同,但在胥吏团体里面却往往能够得到认可,从而在团体内部相互勾结,蒙蔽官长。这样官员和胥吏之间在理论上会不自觉地形成了一个约束与反约束、控制与反控制的"运动链条",实际情况可能更为严重。首先,是胥吏在数量上比官员庞大得多。其次,官员对胥吏的约束的动机在于做官的责任,而胥吏反约束的动机在于获利,在"理"和"欲"的斗争中,就中人而言往往是"欲"处于上风,况且如前边谈到的官员对辖区的治理要倚重胥吏,所以在这个"运动链条"上,胥吏往往不战已胜。清代这方面的史料随处可见。如《鹿洲公案》记载:雍正年间,容城县知县李钟俾因惩罚吏役过严,六房书吏及三班衙役一齐散去,搞集体罢工,以此要挟主官。①

胥吏获取了官员们委托给他们的权力,而国家法律和官员个人又不能对之进行有效的约束,因此产生了极大的弊端。尤其是差役,他们的危害众所周知,但因他们为官府不可或缺之人,故官府亦无可奈何。雍正朝的河南巡抚田文镜就讲:"捕役一项较他役为最黠,原系积年惯盗,改恶作良而则充当捕役,地方官不得已而用之。"② 故民间有"阎王好见,小鬼难缠"之类的谚语。吴吉远先生认为,"州县衙

---

① 《鹿州公案》上卷之《五营兵食》,载蓝鼎元:《蓝鼎元论潮文集》,海天出版社 1993 年版。

② 田文镜:《请停分缉协缉疏》,载贺长龄等编:《皇朝经世文编》第 42 卷。

门的差役处于清代国家专制权力结构的最低层次,是专制权力下法制最直接、最野蛮的体现者"①,是符合实际情况的。胥吏的弊端主要就在于敲诈、鱼肉百姓,而百姓从胥吏身上更直接体会到天子的权威,因而敢怒不敢言,从而潜在地影响了国家的安定和官员辖区的治理。"人民凡须吏役办事,一一皆须付钱,称为'差房陋规',名目繁多,而各项需索,并无定额,任由吏役择肥而嗜。公事如何处理,全凭得钱与否,及所得多寡而定。"②

鉴于吏役产生的弊端,官员们设想了很多防范措施,如换班制度、封锁衙门制度等等。③这些防范措施或者由于其本身的不严密,或者限于人力、财力的困难,实行起来有相当的难度而起不到很大的约束作用。其中比较成功的是幕友制度的实行。官员聘用幕友,原因之一在于"官员事忙,而且未必具备充分的知识和经验,难以确实管束(吏役),只有依赖幕友,加以检点制约。"④ 幕友制度产生的另一个重要原因在于前面述及的主官法学知识的匮乏,而幕友由于自身的教育体制和方法,一般具有司法方面的法律知识和经验。而司法又是官员们的一个重要职责,官员们的考成和升迁更是与其职责内案件的审理关系密切,所以官员们乐于聘用幕友处理司法事务。其结果是牧令"仅凭幕友之节略以审案"⑤。

关于幕友制度,从其产生之时起,历代学者都对此作了深入的研究。⑥

---

① 吴吉远:《清代地方政府的司法职能研究》,中国社会科学出版社1998年版,第88页。
② 张伟仁:《清代的法学教育》。
③ 官员对胥吏的管理与防范也是煞费苦心,关于告诫胥吏的官方文书很多。如民国时期编纂的《续四库全书总目提要(稿本)》里就有《儒胥必知》一卷,该本刊刻于朝鲜,里面多告诫胥吏的条文。于此可见胥吏的危害之大和防范之必要,在中国影响之下的朝鲜同样有这个问题。见中国科学院图书馆整理:《续四库全书总目提要(稿本)》第19卷,齐鲁书社1996年版,第267页。
④ 张伟仁:《清代的法学教育》。
⑤ 程含章:《通饬各官熟读律例》,佚名辑:《皇朝经世文编》卷二十一,载沈云龙主编《近代中国史料丛刊·三编》第二十八辑,第273册。
⑥ 由盛康、盛宣怀等编辑的《皇朝经世文续编》120卷中,将幕友冠于吏胥之首,从此种编排可以看出幕友制度已经引起了当时学界的重视。但此种编排似乎混淆了幕友和胥吏的不同性质,归乎一类有其不妥当之处。

法史学家瞿同祖、张伟仁,历史学家郑天挺[①],都著文研究了清代的幕友。晚近学人,如那思陆、郑秦、吴吉远诸先生都对此问题有自己的研究。对此问题的研究还超出了海峡两岸的范围,日本法史学者宫崎市定、滋贺秀三也进行了研究,并产生了一些有分量的成果。就法制史研究的其他领域相比较而言,关于清代幕友的研究,其受重视程度和研究成果都走在前面。因研究视角的不同,本书对于幕友制度拟在两个方面进行思考:一是幕友制度有没有完成其代替长官监督、牵制胥吏,防止胥吏为害的功能;一是本此意图建立起来的幕友制度,在一定程度和范围内监督、替代胥吏的部分职能的同时,又产生了哪些负面作用,此种负面作用是否孕育了晚清地方司法改革的正当性。

先来考察第一个问题。我以为幕友起到了监督、牵制胥吏的作用,对胥吏的危害有一定的限制,而要确实控制胥吏的危害则势所不能。首先,幕友乃官员私人聘用的,既称之为"友",应是合则来,不合则去,与官员的地位相对平等,能够保持一定的独立性。其次,关于幕友的教育,尤其是法学教育,构成了清代社会法学教育的最重要部分。[②] 由于幕学教育没有正式的机构和培养制度,一般由现任幕友将自己的经验和专业知识传授给所收的学生,学生也会在师傅的教导下帮助师傅办理业务而提高自己的水平。如果学成之后,有机会为人所邀入幕,就基本具备了法律方面的专业知识和实践经验。幕友接受主官的委托,处理司法方面的事务,监督、牵制胥吏,由于专业知识和实践经验两方面的优势,加之主宾关系的融洽而获得主官的信任,使得幕友较之主官更不易受胥吏的愚弄和摆布,从而可能起到一定的监督作用。

---

① 这些前辈学人关于这个方面的论文主要有:瞿同祖:《清代的刑名幕友》,载《瞿同祖法学论著集》,中国政法大学出版社 1998 年版;张伟仁:《清代的法学教育》,载贺卫方编:《中国法律教育之路》;郑天挺:《清代的幕府》,载《中国社会科学》1980 年第 6 期。

② 张伟仁先生在《清代的法学教育》一文中大致表达了此种意思。该文的主要篇幅都在谈幕友的法学教育,并指出:"清代官员、书吏、状师、代书、差役、保甲、绿营兵丁及一般民众,指出他们或多或少都需要法律知识,但是笔者目前还没有见过直接的,详细的,有关他们如何接受法学教育的资料——可能因为笔者的疏陋,也可能因为当时并没有存留多少这样的资料下来。"既然资料的情况是如此,此种结论当不会失之偏颇。

就第二个问题而言,虽然幕友起到了一定的监督作用,但是又产生了两个方面的副作用。一是幕友易与胥吏勾结,共同蒙蔽主官。一代名幕汪辉祖就有这样的看法:书吏、差役收入菲薄,如所取陋规仅为谋生,则官法亦不能禁止,自不必过分禁止。如吏役犯事,情节不是特别严重的,幕友不要特别追究,不应"恃其明察,一丝不肯放过",如果这样做的话,只能是"枝节横生,累人无已"。只有在吏役吓诈、剥削、舞弊、弄法等情况严重时,才应加以过问。其方法也多是一些消极性的方法:如鉴于多金一差,必多一需索,就决定不轻易差金,以此防止差役需索。① 这种方法,无异于因噎废食。像汪辉祖那样具有较高道德素质的幕友毕竟是少数,汪辉祖在自序中就说他不是求利,而是为了求名。更多的幕友则是为了养家糊口,是为利而不为图虚名,就更容易与胥吏勾结。比如胥吏犯事,情节严重与否,在很多情况下并没有明晰的界限,其是否应该查究则取决于幕友的自由裁量,从而为幕友与胥吏作弊提供了较大的活动空间。二是替主官幕后决定司法案件的幕友乃是主官私人聘用的,与朝廷不存在直接的关系,其履行职责只向该主官负责,对朝廷不承担任何责任。幕友因为主官的信任而获得主官委托的权力而又不承担相应的法律责任,这种意义上的权责分离暴露了清朝司法制度建构上的缺陷。还有,幕友只是受主官的委托但实际上是掌握司法权力的人,但还不是正式的司法官员,朝廷没有正式赋予他们司法权力,他们也不从朝廷那里领取俸禄,这就存在一个名实分离的问题。中国古代的思想家早就意识到名实分离对于治理国家产生的危害,"名不正,则言不顺;言不顺,则事不成;事不成,则礼乐不兴;礼乐不兴,则刑罚不中;刑罚不中,则民无所措手足。"② 瞿同祖先生在研究清代的幕友时就注意到:由于幕友不是朝廷正式的司法官员,不能参加庭审,当然妨碍幕友对案情的掌握,从而影响对案件的审理。据瞿先生提供的材料表明:清代名幕张廷骧就认为其不能参加庭审,阻碍了他直接的观察和调查,

---

① 见《佐治药言》之"省事"、"检点书吏"和"戒己甚"篇目及《续佐治药言》之"勿轻易金差"篇目。
② 《论语·子路》。

不可能知悉所有的案件细节。所以,才有像汪辉祖那样的不得已之举,即常常站在公堂屏风后面聆听重大案件的审理,一旦感到词证可疑,即要求长官再讯,并劝说长官要有耐心,不要轻易使用刑讯。① 这种情况就像清代宫廷中的太后垂帘一样,也不是司法体制中的常态。产生幕友隐于屏风之后的尴尬之举,原因在于幕友制度本身的名实、权责的背离。即便是如此,对事实的调查分析,和正式的司法官员参加庭审相比,仍然有差距,对裁判公正是有影响的。

欲在传统的司法体制内解决此问题是不可能的。其理由在于:在传统的政治制度和价值观念里,司法权力只是皇权的一部分,而且附属于行政权力,司法权力的行使集中体现在裁判案件上面,官府裁判案件的主要关注点集中于刑事案件,尤其是比较严重的刑事案件,断案严格说来属于行政治理的范畴。由于中国传统上不存在近代法意义上的"权利"观念,断案并没有必然包含"伸张权利"的主观意识。断案所产生的重要结果之一即是对罪犯的处罚,它主要是基于罪犯的行为危及了正统的纲常观念和国家的政治秩序,从而破坏了天人之间的和谐,附带的才是弥补受害人及其亲属的损失。对受害人及其亲属来说,请求官府断案最重大的意义也只是伸冤。② 传统中国法的报复主义法观念以及广大民众的清官情结就是这种审判机制的必然产物。所以在反映观念的仪式里,只能由皇帝任命的正式官员才可以在堂上坐而断案,为民做主伸冤。尽管案件的实际裁决权力可能掌握在幕友的手里,但皇权及其所体现的名正言顺攸关,幕友不可能像近代司法官那样坐堂问案。即使这种制度有碍于司法公正,也不能从根本上加以改革。

在考察了传统中国的地方司法体系及其存在的刑讯和幕吏这两个最大问题之后,以现代西方法理来考察,其不合理性是明显的,而

---

① 参考瞿同祖:《清代的刑名幕友》,载《瞿同祖法学论著集》,第438页。
② 伸冤意识与权利维护意识尽管在某个阶段、某些特定场合所导致的结果大体相同,但二者存在本质的差异。在中国传统中,"冤"往往与"枉"连在一起,其义略同,"枉"则与"直"相对,如《论语·为政》有:"举直错诸枉,则民服;举枉错诸直,则民不服"一语,后引申为没有受到公正待遇之义,又《吕氏春秋·仲秋》有云:"命有司申严百刑,斩杀必当,无或枉桡。"故冤者,乃在尽义务之后没有受到正当待遇之谓也,属于义务范畴统辖之下的观念,以此与权利观念迥殊。

且可以说它是一种无法忍受的司法制度。但是,在传统社会观念之内来考察,"清代法律制度,一方面具有高度道德化的理想和话语,另一方面它在操作之中比较实际,能够适应社会实际和民间习俗",是"这个制度能够长期延续的秘诀",刑讯和幕吏等问题作为传统地方司法制度的毒瘤最多孕育了改革的力量,但如果没有外部的力量来刺激,此种改革发端及进行则可能无从谈起,更不可能在20世纪初的晚清肇端。而自中国步入近代社会以后,中国社会的发展逐步受到了外来力量的影响。就司法而言,此种力量一直在酝酿,直至20世纪初,此种力量方突破瓶颈,与原有的内在力量一起,共同促成了晚清司法改革。

第二章 筹设各级审判厅之原因

中国自近代以来，列强在中国的影响逐渐扩大。就司法言之，通过多个不平等条约，列强从中国获得了领事裁判权，破坏了清政府的司法最高主权。自清政府意识到其危害后，领事裁判权问题一直是政府的一块心病。列强索取并继续享有领事裁判权的最堂而皇之的理由，是中国法律体系的落后而产生的野蛮司法。在晚清国力不足以用强力收回的情况下，改革自身的司法体系以模范列强，成了其惟一的选择。清末地方司法改革、筹设各级审判厅是庚子以后清政府面临空前严重的统治危机而采取的应变措施之一种，是整个宪政改革的一部分，其改革的主要动因在于收回治外法权，以司法改良达到司法权的统一，以图兼具攘外安内之功效。但传统司法体系由于西方法文化，尤其是其西方司法审判观念和制度的输入，其固有的弊端更加彰显；社会矛盾的激化，使得一些非常规的司法审判制度，如就地正法得以广泛推行，更暴露了传统司法的野蛮性质；而近代社会在西方冲击之下发生了巨大的变动，使传统司法体制渐渐不能满足社会的需要。这些都是晚清进行司法改革，筹设各级审判厅的重要原因。本章将对这些因素进行分析。

第一节 领事裁判制度的存在
——筹设各级审判厅的主因

一、列强在华领事裁判权的确立

在近代中国，领事裁判权与治外法权二词，基本上可以互换使用。①

---

① 根据台湾学者展恒举先生的考证，"至光绪年间，始有治外法权之名词，再后至民国七年与瑞士订约，始改称领事裁判权，以别于国际公法上之外交特权，下加括号，声明即系治外法权。可知无论在字面上讲，或从档案研究，治外法权与领事裁判权两个名词，都可适用。惟治外法权，易与国际公法上之外交特权相混，民国七年以后之条约文字，常用领事裁判权，甚少用治外法权，盖由于此。"见展恒举：《中国近代法制史》，台湾商务印书馆1973年版，第94页。

但二者是有重大区别的。① 如此,方可评判外国人在近代中国所享有的这种国际法上的特权。在鸦片战争以前,清政府对涉外案件的处理已经引起了列强的不满,认为中国的司法不公,甚至还是野蛮的。随着清政府在战争中的失败,列强开始向清政府试探获取领事裁判权的可能性。较早显示出领事裁判权迹象的是道光二十三年(1843年)清政府与英国签订的《议定五口通商章程》,其中第十三款规定:"凡英商禀告华民者,必赴领事处投禀,候领事先行查察,勉力劝息,使不成讼。如有华民赴英国官署控告英人者,领事均应听诉,一律劝息……遇有诉讼,不能劝息,又不能将就,即移请华官,公同查明其事;既系实情,即应秉公办理。英人如何科罪,由英国议定章程法律,令领事照办。华民犯罪,应治以中国之法律。"观条款内容,将之称为领事裁判权为妥。当清政府同意条约内该条款时,绝没有想到它正在让与的就是后来称之为领事裁判权的那个具有重要意义的东西,还认为此种方法乃免生事端之良方,因此没有什么反对意见。所以,《中美望厦条约》和《中法黄埔条约》就基本沿用了中英条约里关于领

---

① 较早谈到治外法权和领事裁判权区别问题的是光绪三十四年学部奏覆新刑律草案有碍礼教的奏折,"依属地主义,除君主、大统领、公使之家属从官,及经承认之军队军舰,有治外法权,其余侨居本国之人民,悉遵本国刑律管辖,不应由各国领事裁判。是所当收回者,为领事裁判权。"(李贵连:《沈家本年谱长编》,第275页。)民国三十年代,出于收回领事裁判权的需要,对于领事裁判权及其治外法权的研究成了当时学界研究的一个热点问题,出现了一批学术水平较高的学术著作,主要的有:1923年东方杂志社编辑的《领事裁判权》、1926年上海商务印书馆出版的《领事裁判权与中国》、1929年吴颂皋著《治外法权》由上海商务印书馆出版、1930年梁敬錞的《在华领事裁判权论》由上海商务印书馆出版、1934年李定国著《中国领事裁判权问题》、1937年孙晓楼著《领事裁判权问题》、1939年钱实甫著《领事裁判权》。之后关于领事裁判权与治外法权的专书就不多见了。虽然这些著作都有自己的特点,但笔者以为能够代表三十年代乃至整个民国学界关于此问题的最高学术水平的当是梁敬錞的《在华领事裁判权论》和吴颂皋的《治外法权》。这些著作大都谈到了领事裁判权与治外法权二者之间的区别,如吴著在序里面就明确指出:"至如许多人当做领事裁判权就是治外法权,那可说是误解治外法权的性质使然。"(第5页)对于二者的关系,吴氏更指出:"领事裁判权本身固然不是一种'治外法权',但至少是旅居东方国家的外国侨民享有治外法权的惟一媒介。吴氏就把领事裁判权称之为"非法的治外法权",以此与国际法上的治外法权相区别。此说大致不差。梁氏早年留英学法多年,著本书时任最高法院法官,其观点基本代表了当时司法实务部门对此问题的看法。综观梁著,全书统一用"领事裁判权"一词,不用"治外法权",也间接表达了梁氏的关于此问题的观点;而且梁氏在其著作开篇就讲:"国际法上所谓的治外法权,本指外国元首或代表他国元首之外交官,不受驻在国之管辖而言,与一国人民在他国中得仍受其国之领事裁判者大异。故学者对于前者,称之为治外法权,对于后者,称为领事裁判权,以示区别。"(第1页)因此民国二三十年代,学界基本解决了这两者的关系问题。

事裁判权的条款。① 在随后清政府与英法俄美四国分别签订的《天津条约》和《中英烟台条约》里有更具体的规定。在此前后,欧美各国,相继与中国订立商约,纷纷援引所谓"最惠国待遇"条款,获得领事裁判权。在近代中国享有领事裁判权的国家共有19个,遍及欧亚美三洲。列强在华领事裁判权的确立,使清政府丧失了对外国侨民的司法管辖权,司法主权的完整性和最高性不复存在,来华外国人得以利用此一特权欺压中国人,清政府却无法给予制裁。

列强在华领事裁判权确立以后,不仅没有受到主权国家的限制,而且在随之而来的中外交涉之中逐步扩大。此种扩大主要体现在两个方面:一是上海租界内会审公堂和工部局领事法庭的设立;二是英、美、日等列强在中国设立的专门法院。②

产生领事裁判权的原因,尽管主要是列强武力威胁的直接结果,但中国传统司法审判制度与西方列强的审判制度在内容和形式方面迥异,在列强看来,接受中国的司法审判乃不可容忍的事情,遂产生了确立领事裁判权的要求。民国学者在这方面进行了深入研究,如吴颂皋认为,产生领事裁判权的原因在于三方面:宗教的歧视;文明先进的成见;国势的衰弱。③ 梁敬錞氏归纳欧洲人在中国确立领事裁判权的根据有三:1. 中国法制不完备,审判案件,恒以肉刑榜掠,如犯罪人业已死亡或业已遭逃者,每有连坐之制,滥杀无辜。2. 中国裁判官无法律知识,道义之心甚薄,甚至以贿赂为案情之出入。3. 中国视外人为夷狄,谓须以夷狄之法治之。④ 两位学者的归纳是符合实际情况的。

---

① 《中美望厦条约》第二十一款规定:"嗣后中国民人与合众国民人,有争斗、词讼、交涉事件,中国民人由中国地方官捉拿审讯,照中国例治罪;合众国民人由领事等官捉拿审讯,照本国例治罪。但须两得其平,秉公断结,不得各存偏护,致启争端。"《中法黄埔条约》也有类似规定,限于篇幅,从略。见王铁崖编:《中外旧约章汇编》,北京三联书店1957年版。

② 关于领事裁判权的实质和扩大,李贵连先生在《沈家本传》里有详细的考证和分析,兹不赘述。参见李贵连:《沈家本传》,第175—177页。

③ 吴颂皋:《治外法权》,第179—189页。

④ 梁敬錞:《在华领事裁判权论》,第3页。

二、领事裁判权与晚清教案

第二次鸦片战争以后,"自中外订约以来,各国入华贸易,并兼传教,其人渐众,其事亦渐多"①。这样就有教案的产生,其管辖则"地方官之责也"②。这些进入中国民间社会的传教士及其多数教民,多置中国朝廷法令于不顾,实际对民间社会产生较大规范作用的风俗习惯更对他们不起作用。因为此类风俗习惯原本没有权力和制度的保障,仅靠舆论和行为惯性得以遵行。传教士与中国民众之间基本上不存在相同的思想意识,从一开始就置身于社区公众舆论和行为惯性之外。教民们本身就有游离于此种约束的动机存在,在传教士们的影响和鼓励下,遂逐渐脱离了此种约束范围。因此,中国普通民众与传教士和教民的交往缺乏共同的既定规则和产生共同规则的思想基础。③ 教士经常依靠超宗教的政治权力,尤其是利用因领事裁判权而产生的司法豁免权压制中国普通民众,民众为抵制西方价值观的传播,维护文化传统和既有规则,教案遂比比而是。④ 问题的关键是作为国家司法权代表的地方官对此的心态。本来,地方官从心理上对产生于同质文化的普通民众所秉持的风俗习惯比传教士所宣扬和鼓励的那一套更为认同,但因弱势朝廷和国家的存在,他们在司法中容易放弃公正的立场和固有的司法理念,不能不偏袒洋人。否则官

---

① 《筹办夷务始末》,同治朝,卷71,第32页。
② 何德刚:《客座偶谈》卷三,上海古籍书店1983年影印本,第12页。
③ 美国学者周锡瑞对19世纪末的鲁西南和苏北地区的传教和教案进行了研究,认为这些远离省城的两省交界地区,在民族国家未能建立之前,必然出现一些权力真空。这种权力真空状态为野心勃勃的天主教派——安治泰领导的天主教圣言会提供了在该地区建立和稳固传教据点的机会。教民数量不断增加,部分原因是教会吸收了一些违法分子(自1860年以来基督教传教工作在中国取得合法地位以来,这种情况比较普遍)。不法之徒被教会的保护伞所吸引,因为急于招收教徒的传教士是不受大清法约束的。在这种情况下,教民与土匪的界限越来越模糊,教案遂不可避免了(转引自(美)柯文:《历史三调:作为事件、经历和神话的义和团》,江苏人民出版社2000年版,第17页)。
④ 关于教案的危害,沈家本曾发出过沉重的慨叹:"教案为祸之烈,至今而极,神甫、牧师势等督抚,入教贱愚气凌长官,凡遇民教讼案,地方暗于交涉,拙于因应。审判既失其平,民教之相仇益亟。盖自开海禁以来,因闹教而上贻君父之忧者,言之滋痛。推原其故,无非因内外国刑律之轻重失宜有以酿之。此惩于教案而不得不改者也。"(转引自李贵连:《沈家本中西法律观论略》,见李贵连:《近代中国法制与法学》,北京大学出版社2002年版,第324页)。

位可能不保。光绪二十七年(1901年)河南巡抚于荫霖上奏连文渊之事就是一例,"有署淅川厅同知候补直隶州知州连文渊署任一年,官声尚无异议。惟于夏间民教滋事之时未能竭力弹压,以致外人借口,办理亦有未合。当即饬司先行撤任,应请旨将该署同知连文渊交部议处,以示惩戒。"①《清末教案》一书中,有很多地方官员都是因为对教案的处理不当,亦即是没有答应洋人的要求而使得事态扩大被处分。② 有这么多官员因此受处分,地方官员们为自保官位起见,自不能不偏袒洋人。③

地方官为了保住自己的官位从而迎合外人,中国当事人一方就必然处于被不公平对待的位置,肯定会激发他们对官员和洋人的不满情绪。此种情况必然产生两个后果:一是革命党人以此为根据宣传清政府官员们与洋人勾结欺压民众,证明清政府是洋人的朝廷;二是此种不满情绪的积累,必然会有爆发的一天,义和团运动就是比较重要的事件。事实证明,这两种情况都对清王朝构成了致命的威胁。欲从根本上消除此类威胁,在洋人不会主动放弃他们在中国获得的领事裁判权的情况下,惟一的办法就是我们自己改良法律和司法,消除洋人继续保有领事裁判权的口实,从而收回这种不应该给予外国人的司法特权,以图减少教案,消除民众的不满情绪,也可以借此回击革命党人的宣传。所以,频仍的教案从一个方面孕育了清政府改良法律和司法、筹设各级审判厅的动机。而教案又与领事裁判权联系在一起。

---

① 朱金甫主编:《清末教案》第三册,中华书局1996年版,第5页。
② 如湖南衡山人陈梦坡(范)即是在江西知县任上因教案而去职,移居上海,对官场的腐败十分气愤,希望"以清议救天下",于是接替日本人承办《苏报》。
③ 比较典型的一个例子是1897年发生的巨野教案所引起的后果:在德国政府的强大压力下,清政府答应自筹资金在传教士被害的村庄和其他两个地方修建教堂,并在教堂门口题刻"敕建天主堂"字样,数名地方官遭解职、弹劾或调任,作风保守但忠于朝廷的山东巡抚李秉衡被解除职务,并永不叙用。李秉衡任巡抚期间虽然坚决反对传教士胡作非为,但对巨野教案的发生并不负任何直接责任。另外,巨野教案还为德国提供了长期以来求之不得的借口,侵占了胶州湾并把山东作为其势力范围。周锡瑞认为"(该事件)引发了从根本上影响中国历史进程的一系列事件。"(参考(美)柯文:《历史三调:作为事件、经历和神话的义和团》之第一章"义和团运动的起源")

三、领事裁判权对清王朝的统治构成直接威胁——以《苏报》案为例

晚清内忧外患,朝廷应付此种局面非常困难。在专制制度之下,人民虽然被剥夺了言论自由权,但不能消除人民对朝廷腐败统治的不满,一有合适的机会,此种不满情绪定会变本加厉地发泄出来。由于领事裁判权的存在,在各通商口岸的租界内,清王朝的政治和司法权力管辖不到,就在这所谓的"国中之国",为那些对清政府不满的人们提供了一个相对宽松的环境,有了一定程度发泄对清朝廷不满的自由。在租界内,资产阶级改良派和革命派都办了自己的刊物,宣扬自己的主张。对这些反对派在租界内的活动,清朝廷恼火但又无可奈何。受此刺激,清政府以强力收回权力的企图在庚子一役中成镜月水花,而且差点因此社稷倾覆,其自强之道,惟有改良法律和司法,得到外国允许,以收回领事裁判权。此种微妙情况,在1903年的苏报案里表现得比较显著。

下面就以苏报案为例来说明这个问题。苏报案的案情本身及其审理过程相当复杂。苏报案一发生就轰动全国,各地报纸,尤其是上海本埠的《字林西报》、《捷报》等,甚至连海外的夏威夷、东京等地的报纸都关注过这个案件。下面我将利用当时的报刊关于苏报案的报道资料和台湾关于苏报案编辑的相关史料,结合上海市档案馆编辑整理的《工部局董事会会议录》(即《工部局档案》)里面的材料,勾勒此案件的审理过程,以明了清政府与租界当局关于引渡的交涉,阐明清政府对于领事裁判权的恼火但无奈的心理。

《苏报》最先为日本人所创办,后来由曾任江西知县的陈范(字梦坡)接手。陈范因教案问题去职,感于官场之腐败,希望能通过办报以拯救中国,这就决定了该报所发表的言论会走在时代的前列。该报在租界内,按照领事裁判权的规定,是清政府的司法权力无法触及到的,其言论自由在法律上可以得到一定的保障。所以就有"因陈梦坡善听人言,而主持论坛者得其人,其宗旨本别异于各报,其所主张

者,由变法而保皇,由保皇而革命"①。《苏报》所持观点转向革命以后,新开辟了"学校风潮"专栏,专门刊载南洋公学等校退学事件的消息,鼓动学生起来造反;又与爱国学社相约,每日撰著论说一篇。因此,该报引起了清政府的注意。到1903年5月底,陈范更聘请章士钊为主笔,由此,《苏报》更刊登了不少宣扬革命的文章。其中著名的有:5月27日刊登的《〈革命军〉序》;6月9日刊登的《读〈革命军〉》和《介绍〈革命军〉》。6月29日,章炳麟的《驳康有为论革命书》经章士钊节录后以《康有为与觉罗君之关系》为题在《苏报》上发表。《苏报》的文章一经刊出,香港《中国日报》、厦门的《鹭江报》等纷纷转载。这种情况,使清政府极为震惊,决心将《苏报》及其相关的撰稿人置之死地。②清政府于是以《康有为与觉罗君之关系》一文中有"革命之宣告,殆以为全国所公认,如铁案之不可移"等文字,乃宣扬革命、诋毁政府、图谋不轨的证据,通过上海道以十万两白银交结美国在上海公共租界的总领事古纳(后因报界舆论,没有收受),故古纳以"外人之租界,原非为中国有罪者避难之地,以大义论之,当将反抗满洲政府之诸领袖,如今之苏报一案诸人,一律交华官听其治罪"为理由,并认为,"该会党之举动,疑与长江一带匪徒,暗相联络,使非治以重罪,恐其势力不久扩张,必有害于各国商务及骚动全国,而外人之居于中国者,亦将罹其危难",故签字由工部局捉拿一干人等。6月30日,章炳麟被捕。7月1日,邹容主动到巡捕房投案。7月7日,《苏报》馆被封闭,财产被没收。

苏报案发生以后,由于它是在租界内发生的重大案件,按照上海公共租界的管理规定,该案在公共租界内的会审公堂审理。被告委托外国律师埃利与洛夫特斯·琼斯进行辩护。据工部局档案记载,工部局董事会多次讨论此案件。下面拟对相关记录摘要录出,以见工部局对案件审理的重视程度,尤其是它对案件管辖和审理结果的主

---

① 罗家伦主编:《中华民国史料丛编·苏报案纪事》,中国国民党中央委员会党史史料编纂委员会藏本,台湾文物供应社1968年版,第1页。
② 参考张宏儒主编:《二十世纪中国大事全书》之《苏报》案辞条,北京出版社1993年版,第15页。

张给清王朝构成的威胁。

1."会上宣读了本案被告辩护人埃利与洛夫特斯·琼斯的信。来信要求董事会立即致电公使团,说明本案实情,<u>并极力主张对案犯的审判和惩办必须在公共租界内执行</u>。该项电报的草稿,已经诸董事传阅通过,并同意立即送呈一份抄件供领事团参考。"(1903年7月22日)

2."董事会讨论了本案被告辩护人埃利与洛夫特斯·琼斯的来信,信中催促早日审讯案犯,如不审讯,应予释放。尽管董事会对来信的提议不以为然,但认为必须对本案进行干预,因为现在对被告并未提起具体指控,而被告在未经审讯情况下已监禁相当长时间。因此决定致函领袖领事,<u>要求中国官方早日在会审公堂指定审理本案的日期。总董表达董事会的意见说,未经会审公堂的审讯,决不将被告向中国官方引渡。</u>"(1903年8月5日)

3."董事会获悉,所拟致领事团要求早日审讯被告的信,尚未发出,因为英国代总领事认为,在发送这样的函件之前,应该接受萨道义爵士的意见,他本人认为,这信不会导致好的结果。会议决定在英国公使对这个问题未表示意见之前,暂缓行动。"(1903年8月12日)

4."总董在谈到上次会议记录时说,他曾向萨道义爵士提出是否要请领事团去劝使中国官方加紧对本案的审理。公使的意见是请董事会目前对此事尚不采取行动。在此情况下,会议决定不发所拟之信。"(1903年8月19日)

5."会上宣读领袖领事的来函,集中转达了驻北京公使团领袖公使寄给他本人一封信的原文,提及董事会关于《苏报》案写给公使团的信。领袖公使说,公使团一致认为,在司法问题上,董事会无权干预。为此,会议决定在复信中指出,在《苏报》案中,董事会未曾提出司法问题;所提之意见旨在有利于租界全体居民,这是董事会<u>应该而且直接关注的行政管理问题</u>。"(1903年8月26日)

6."会上提交了被告辩护人埃利与琼斯的一封信,信中要求董事会立即采取步骤:或者对羁押犯进行审讯,或者及早释放。会议决定即此致函领事团。"(1903年10月28日)

7."总办说,关于这个事件他已晋见了领袖领事,领袖领事同意如在下星期二之前尚无两江总督的回复,他将代表领事团电请总督立即作出决定。<u>董事会诸董事一致认为,不能无限期地维持现状,在一定时间内若得不到满意的答复,如指定审讯日期,董事会有责任将羁押犯交保释放。</u>下次会议将进一步考虑此事件。"(1903年11月11日)

8."会上宣读了领袖领事的短简,领袖领事在短简中预计开会时会及时收到总督关于本案问题对他电报的答复。然而,通过英国陪审官却得知,道台已奉命为审理本案立即指派一名代表,该代表的任务是以可能找到的任何定罪理由惩办罪犯。"(1903年11月18日)

9."领袖领事通知董事会,确定本月三日审理本案。总董说,据他获悉,本案将如会审公堂平常案件那样进行审讯,上海县令届时将出席审讯现场。"(1903年12月2日)

10."董事会在提到英领事陪审官已表示欲下令释放两名在押的证明无罪的囚犯时,有人报告说,此两名囚犯表示希望获准居住在公共租界,而不愿被送往日本或别的地方。"(1903年12月9日)

11."董事会满意地谈到本案的实际了结以及由于英国陪审官的陈述而作出的令人满意的安排。"(1903年12月16日)

12."会上特别提到两名正在等待会审公堂正式宣判的案犯已从中央捕房转送到监狱医院,暂许给予某些特殊待遇。"(1903年12月23日)①

从该档案的记录看出,工部局董事会为争取该案在租界内的会审公堂审理,尽力抵制了清王朝对案件的直接管辖要求,并且通过督促领事团,从而向驻京公使团表达了其态度,最终使该案得以按照工部局董事会的要求进行审理,该案的审理结果也让该董事会满意。但该档案并没有告诉我们领事团和驻京公使团之间对于苏报案的处理问题上各国的态度协调及其最终统一意见于在租界内审理该案的

---

① 上海市档案馆编:《工部局董事会会议录》之中文译文,第十五册,上海古籍出版社,第613、617、619、627、628、629、632、634页。引文内的序号、时间和下划线为笔者所加。

过程,也没有反映清政府为争取案件的管辖与各国驻上海领事和驻京公使团乃至列强政府的交涉,故须结合其他材料,求得此一事件的真相。

晚清上海公共租界的政权运作机制不同于清政府专制集权的官僚政治,采用了西方资本主义国家立法、行政、司法三权分立的政权组织形式,实行由纳税人会议、工部局和领事团共同参与运作的地方自治制度。纳税人会议乃租界中的"小议会",工部局是租界的行政管理机构,领事团享有在租界内的外交权、司法权和行政监督权。但由于租界是因领事裁判而成为"国中之国"的,所以有学者指出:"工部局曾屡次表示其行政地位不受代表列强之沪领事团之制裁,然在事实上已屡屡证明列强对于公共租界实握有最后之处断权。"① 具体到《苏报》案,先由于美国驻沪领事古纳签字抓人,工部局巡捕执行了此命令。但是,对于该案件究竟是在租界内由会审公堂审理还是将一干人犯引渡给清政府处理,工部局与领事团乃至驻京公使团的态度存在很大的差异,工部局一直主张该案件必须而且应该由租界内的会审公堂按照租界内的法律审理,不能将人犯引渡给清政府,并为达致此结果而作了不少的努力。其努力甚至遭到驻京公使团的指责。上海《捷报》曾发表《论北京总公使致上海总领事函》,文章指出:"工部局及各领事,并未有欲得治理华人之权,而于此信未到之前,工部局亦未尝于租界内外,侵其权之属于会审处及华官者。而观各公使之意,则以为彼诚有之。"② 参照工部局档案的相关记载可知,此事即为上引该档案之第5条。所以,传统观点大多所认为的清政府为了遏制民主革命的发展,勾结上海公共租界工部局而制造了《苏报》案

---

① 参考徐公肃、丘瑾璋:《上海公共租界制度》,上海人民出版社1984年版,第150页。
② 罗家伦主编:《中华民国史料丛编·国民日日报汇编》第一辑,中国国民党中央委员会党史史料编纂委员会藏本,"外论"第24页。

的结论①虽然不是完全错误的,但至少对工部局的评判是不合乎历史实际的。

《苏报》案发生后,清政府极力活动,希望能够将该案一干人犯引渡,以此震慑那些借助租界发表不利于朝廷的言论的维新党人和革命党人。时任署理湖广总督之端方曾密商于湖广总督张之洞,认为:"苏报专主杀满。四川巴县邹容所著《革命军》一册,章炳麟为之序,竟敢直书列圣庙讳,其悖逆语言不能胜计,为臣子者所不忍闻……此事关系太巨,不立正典刑,不能定国事而遏乱萌。请公密商政府,速加断定,务令逆徒授首,不使死灰复燃。"张之洞则进一步指出了维护清廷稳定与领事裁判权之间的矛盾关系:"查历年以来,上海租界工部局遇事侵我主权,不遵条约,不有公理,视为固然。闻此次上海洋人私议,深虑此案中国必向其公使及外部理争,一经揭破,恐将工部局历年攘夺之权从此减削,可见外人亦自知理曲。我能趁此极力争回此项治权,将来再有缉拿匪犯之事,便于措手。利益所关甚钜,所包甚广,其有益尚不只此六犯一案也。"为达到目的,张之洞申言,只要能够引渡,愿以监禁免死之法处置此六人,并明确表示"此正专为收回主权计,非鄙意不欲重办此六犯也"②。清朝的态度和立场是如此,列强各国及其驻华公使、领事又是如何看待这个案件的呢?

上海道曾与美国驻上海领事古纳密谈,以白银十万两要求该领

---

① 学界关于该案的论述多持此观点,前面提到的《二十世纪中国大事全书》之《苏报》案辞条就是一个例子;程道德主编的《近代中国外交与国际法》一书也持有类似观点,"被清政府勾结公共租界工部局,以'痛恨政府,心怀叵测,图为不轨'的罪名查封。"(见程道德主编:《近代中国外交与国际法》,第89页。)其实,这件事情的经过和工部局的态度,民国学界大致已经求得了真相,解决了今日学界还在误解的问题,比较有代表性的是李剑农先生的叙述:"癸卯年四五月间,清商约大臣吕海寰受王之春嘱托,函告苏抚恩寿,谓上海租界有所谓热心少年者在张园聚众议事,名为拒法拒俄,实则希图作乱,请即将为首之人密拿严办。苏抚立饬上海道向各国领事照会拿人。各国领事业经签名许可,而工部局独不赞成。上海英文泰晤士报著论嘉许工部局能主持公道。吕海寰指名逮捕者为蔡元培、吴敬恒、陈范、章炳麟、黄宗仰等。西报对于此事记载甚详,因此被拿者闻之,多向工部局报告姓名居址,工部局允予特别保护。但至闰五月初,苏抚上海道称奉清帝谕旨,向租界交涉甚力,遂由租界当局分派中西警探多名,赴爱国学社拘拿章炳麟、吴敬恒、蔡元培。吴、蔡外出,仅捕拿章炳麟一人;又赴苏报馆捕拿陈范。陈亦外去,捕去司账员陈吉甫一名。邹容闻讯自往捕房投到。蔡元培走柏林,吴敬恒走伦敦,苏报被封,爱国学社亦解散。"(李剑农:《中国近百年政治史》第二册,第139页)

② 参考李贵连:《清季法律改革与领事裁判权》,载《中外法学》1990年第4期。

事同意将一干人犯引渡,美领事批准了逮捕人犯的要求,后由于报界舆论的指责和压力,美领事没有接受此项贿银。稍后,报纸又登载"上海道曾送洋三百元,惟捕房并未收受"①的消息。尽管如此,美总领事致函上海道,代表了列强驻上海领事团的意见:"外人之租界,原非为中国有罪者避难之地……如今之苏报一案诸人,一律交华官听其治罪。"在公共租界实际占据主导地位的英国领事也于七月四日参与了美领事与上海道的密谈,会后,英国会审翻译翟某在会审处宣言会审公堂并无权力审理该案,实际上反映了英领事的意思。到此,清政府所希望的引渡问题似乎可以顺利解决。但不久事情发生了变化,时任英国首相的巴尔福在下议院发表言论,称其已经命令英国驻华公使不要将一干人犯移交给清政府审理。这个消息马上传布出来,在上海引起了巨大的反响,很多报纸登载了此消息,英国驻上海领事及其驻京公使态度发生了变化。对于英国首相的表态,激怒了法国,法国国内有舆论认为:"总之,英首相无若是无上之权,足以裁判此事,而今也竟断言之,岂不甚异? 彼表白其意见可也,遽而下令何为哉……事近专擅。"②因此,在北京的公使团里面,英国公使反对引渡的意见并没有站到上风。此时,清政府正极力与公使团谈判,欲与西方列强签订逮捕维新党和革命党的条约。英国在上海的报纸《泰晤士报》披露了此谈判所反映的意图,"试观近日苏报讼案起事之初,北京政府亟欲与西人订约,使章邹诸人交诸华官。幸西吏深知中国官场之阴谋,不如前此之疏忽,不信中国之欺诈,故苏报一案,官吏虽欲酷肆刑戮而不可得。而政府今日犹急欲与西人订约,使归还亡命之人,如香港、日本等党人获罪而逃往者,政府得拘之以归。然则政府欲订此约者无他,不过将诛锄新党,使国民俯首帖伏,无所举动,不敢游历文明之邦,聚集志士,发愿以救同胞耳。"③清政府与公使团谈判发生逆转并最终没有结果且不能引渡本案一干人犯的一个关键因素,就是此时美国国务卿海约翰发来命令,要求其驻华公使康格与

---

① 罗家伦主编:《中华民国史料丛编·国民日日报汇编》第一辑,"外论"第1页。
② 同上书,第6页。
③ 同上书,第16页。

上海总领事古纳不得将苏报诸人交与华官。英美两国政府的态度直接左右了北京公使团的意见，清政府谋与列强签订逮捕维新党和革命党人的谈判自此结束，对苏报案一干人犯的引渡最终遭到失败。

为什么英国政府一直反对引渡本案人犯，坚持由会审公堂进行审理，其后美国政府也表态支持英国政府的做法？原因固然是多方面的，但主要有三点：一是英美两国在公共租界的势力最大，诚如上文张之洞所指出："深虑此案中国必向其公使及外部力争，一经揭破，恐将工部局历年攘夺之权从此减削"，并进而影响其在华领事裁判权。在这个方面，工部局在其中起的作用不容低估。二是列强对中国司法的不信任。此种不信任一直贯串中国近代社会始终，前面谈过的领事裁判权的确立就与这种不信任大有关系。此种不信任在本案前不久清政府对沈荩案①的处理得到了强化。此种对司法的不信任表现为：太后命令即为法律；审判官员屈从权势而不敢据法律力争；刑罚的极端野蛮，不容于文明社会。如《泰晤士报》有《论沈荩》一文，指出："接驻各国使臣警报，谓各国执政大臣，观于此事，逆料中国居大位者，将有不得久安之势……日前英外务部大臣萨斯唐曾于上议院论及此事之非，而拟慎重于苏报一案，亦甚洽舆情……此次沈荩之死，实使欧美各国大臣，有异常之感触，恐本届清太后七旬之寿，各国之来庆祝者，将不复如前之踊跃矣。"② 于此可见沈荩案与苏报案的关系。三是在沪乃至全国、世界各地的新闻舆论界对苏报案的同情，尤其是其引渡一节。反对引渡就是支持文明审判，支持引渡就以沈荩案为例说明其乃支持野蛮、不人道审判。西方的言论自由、要求

---

① 沈荩曾经在武昌湖广总督衙门担任书记，秘密参加了唐才常领导的自立军起义，事后流亡到日本。因其与北京达官贵人交游很广，于1902年回到北京，担任日本某家报纸的记者。一年后，因某政府官员告发其参与自立军，慈禧太后遂下诏将其逮捕，刑部审判仅走过场，太后遂命令在狱中捶毙。行刑过程十分残酷，自四点开始，用竹鞭捶背，血肉横飞，犹未断气。沈荩曾向行刑官员请求勒死以免受苦而没有被允许，至晚八时而气始绝。当时一说沈荩之所以被杀，在于其祖护日本而仇视俄罗斯，曾经发密电揭露《中俄密约》之事而激怒慈禧。当时就有人认为："按中国律法，非贼如宦者必不处以如此之刑，而清太后竟然行之，则其言可为法律矣。如此惨刑，实为昏暴。使审判者而能据法律以争之，则虽处斩，亦何碍。然此，非俟诸他日自由战争之后，盖不能见于今日中国也。"（见罗家伦主编：《中华民国史料丛编·国民日日报汇编》第一辑，"外论"第8页）

② 罗家伦主编：《中华民国史料丛编·国民日日报汇编》，第一辑，"外论"第13、14页。

文明进步的意识形态成了报界反对引渡的有力武器。如《字林西报》刊载的《革命魂》一文指出:"苏报诸君子发为议论,著于报端,而千万人观之,则其舆论之表同情者,极不乏人。使以苏报之人加以极刑,是适令中国之有志者愤激而图举义也。吾知在狱诸君,必可获免。出版自由,中国亦向无厉禁,使有意外之事出于租界,而以诸人交付华官,则外人素持公理之名誉,恐有损伤。外人在租界一日,即有一日应得之权利。中国人在租界一日,即有一日应受外人保护之权利,而华官固不得过问也。"① 正是这三个方面共同的作用,使得苏报案最终在会审公堂审理,而使清政府引渡一干人犯的企图落空,其欲与列强订立关于逮捕维新党人和革命党人的条约也没有了可能。

引渡不能成功,案件还要在租界内审理。作为原告的清政府还须履行必要的法律程序,不得已接受了英国律师、南洋法律顾问达鲁芒德(Drummond)的建议,遵循西方各国习惯,聘请了律师达鲁芒德(Drummond)和库柏(White Cooper)为其出庭辩护。这也确实让清政府难堪,因为捉拿、审判两名罪犯,还要朝廷出面,向会审公廨起诉、告状,而会审公廨在名义上属于中国的司法机构,也就是由中央政府向自己的下属机构告发几位臣民,请求下属机构对几位臣民定罪量刑,间接肯定了独立司法的价值;另一方面,聘请律师辩护,实际上是对有"讼棍"之嫌的律师加以肯定。这是对清政府的又一刺激。

通过该案,清政府虽然意识到革命党人在租界内宣传革命,但用尽心思,仍不能严厉镇压,直接原因就是领事裁判权的存在,因而改革司法审判,设立各级审判厅就成为政府的当务之急。

晚清列强通过不平等条约获得了领事裁判权,并在随后的条约和司法实践中将其逐步扩大,对清王朝的统治产生了巨大的危害,厥有二端:一是随着国际法观念的传入和民族独立意识的增强,领事裁判权对国家最高司法权的破坏成为主权国家不能容忍的事情;一是领事裁判权妨碍清政府处理教案和镇压反对派。列强继续保有领事裁判权的最冠冕堂皇的理由是他们认为清朝的法律及其司法太过野

---

① 罗家伦主编:《中华民国史料丛编·国民日日报汇编》第一辑,"外论"第 20 页。

蛮,不合于西方列强的文明标准。欲保护西人在中国的传教、经商等各项利益,舍坚持领事裁判权无由。庚子拳变,清政府曾试图借用民众的力量以武力收回列强在华领事裁判权,结果遭到惨败,险些社稷将倾。既然武力不足以收回,惟有参照列强的标准,按国际接轨的方式改良本国的法律和司法以争取列强的承认,就成为清政府的惟一选择。

1899年,日本政府经过将近三十年的努力,终于以和平的方式成功地收回了领事裁判权。① 值此前后,英国政府首先表达了鼓励中国改良法律和司法的意见。1902年9月5日订立《中英续订通商航海条约》,规定"一俟查悉中国法律情形及其审断办法与其他相关之事皆臻妥善,英国可放弃其治外法权之时,英国即允弃其治外法权。"此一条款乃张之洞力争而得,因此对之寄望甚高。他在《致外务部》的电报中,就向朝廷表达了这层意思:"查日本三十年前始创修改法律管辖西人之谋,商之于英,赖英首允,彼国君臣从此极力设法修改,有志竟成,至今西人皆遵其法。今日本遂与欧美大国抗衡,以中国今日国势,马使竟允此条,立自强之根,壮中华之气,实为意料所不及。"② 随后美国和日本在与清政府的续订商约中都表达了类似的意思。有此刺激,复有此契机,仿照西方筹设各级审判厅进行民刑案件的独立审理将呼之欲出了。所以,晚清司法改革的主要动力来自于领事裁判权对清政府维护其统治所构成的巨大危害,列强适时表达其态度恰恰构成此改革的主要契机。

---

① 列强在日本的领事裁判权始于1618年(长庆十三年)与英国订立的条约,规定"英国水手、船员等有违例者,均归其船长裁判。"到1853年与美国订约时,更明白确立了领事裁判权。随后,西方列强大多在日本都确立了此一司法特权。明治维新以后,日本政府先后于1871、1885、1889年三次提议废除,均遭到列强拒绝。1894年(明治二十七年),日本首先与英国订约裁撤领事裁判权,其中规定了三个前提条件:1.条约于五年后实行。因为条约要实行,须假以时日,才能观察该国法律及所有手续的完备程度。2.日本必须改正法典,且实行一年以上的时间。欲冀完善之法律、正当之裁判,非施行一年以后,不能使列强信任。3.日本须加入万国著作权同盟和万国工业财产保护同盟。以上三条,日本朝野同心,上下一致,悉行遵守,列强乃于1899年(明治三十二年)7月同意放弃在日本的领事裁判权。

② 《张之洞全集》第十一册,河北人民出版社,第8853页。

第二节 传统司法体系在近代中国的困境

领事裁判权的存在及其对王朝本身构成的威胁是晚清司法改革的主因,但是在传统司法体系内部也孕育了改革的动力,主要来自两个方面:一是就地正法制度的实行和滥用;一是西方法文化,尤其是其司法审判思想的输入,使得传统司法体系固有弊端的放大和凸显。下面分别论述这两个问题。

一、晚清就地正法制度——非常态司法制度对晚清司法和社会的影响

"就地正法"是指官府将罪犯抓住以后,在当地立即斩首,不必事先取得皇帝的同意,只须事后向皇帝奏闻即可。按照清朝的传统司法制度,死刑案件是由皇帝作出终审裁决,称之为死刑复核制度。此制度的存在并正常运行,可以保证皇帝牢牢控制对全国臣民的生杀予夺权,从而有效维护皇帝的绝对专制权威。就地正法的出现,是与皇帝的死刑复核制度相矛盾的,在王朝的正常时期,是不允许也是不大可能形成一种制度的。晚清"就地正法"作为一种制度出现,按照《清史稿·刑法志》的说法,是"始自咸丰三年。时各省军兴,地方大吏,遇土匪窃发,往往先行正法,然后奏闻"[1]。这一制度,对于清政府镇压国内反抗和实现"同光中兴"起到了巨大的作用,但这只是紧急情况下的临时应变措施,是一种变态而非常态的司法制度。它理应在动乱基本结束之后立即停止实行,但是"沿及国变,而就地正法之制,迄未之能革"[2]。在八国联军侵华期间,就地正法一度普遍适用。[3] 这是就地正法制度的一般情况,国内学界的研究比较深入。[4] 但它是怎么构成了晚清司法改革的重要动因呢,下面试加分析。

---

[1] 《清史稿·刑法志二》。
[2] 同上。
[3] 参考李贵连:《沈家本年谱长编》,第112页。
[4] 陶保霖先生的《论就地正法》和李贵连先生的《晚清"就地正法"考论》是学界研究此一问题的有代表性的学术成果。陶文见《法政杂志》第17期,李文见氏著《近代中国法制与法学》。

实行就地正法制度最大的受益者是地方督抚,它在某种程度上夺去了原本属于中央的司法大权。就晚清社会而论,随着湘淮军的兴起,逐渐形成了"内轻外重"的局面。督抚的权力,主要集中在军权、财权和司法权上面。具有绝对专制主义传统的清王朝是不会容忍此种"内轻外重"局面长期维持下去的,当动乱平息之后,就一直试图削弱督抚的权力。反映在司法上,就集中在就地正法制度是否还要继续下去。所以,就地正法制度必然带来中央和地方在权力分配上的矛盾。在接下来的关于是否停止就地正法制度的争论中,"坚持传统儒家仁政思想,维护皇权至上,没有军政实权的翰林御史们,一再主张取消这种制度;务实、手握地方军政大权的总督巡抚一再要求继续适用;至高无上的皇帝和总汇天下刑名的刑部,则游离其间"①。关于同治、光绪时期关于是否继续适用就地正法制度和在多大范围内适用的争论,陶保霖和李贵连二先生作了详细的考证,兹不赘述。至庚子拳变,清中央政府对列强宣战,而手握实权的地方督抚却与列强合作,推行"东南互保",公然抗命。虽然清中央朝廷事后没有追究,也无力追究,但会促使清政府采取可行的措施来削弱地方督抚的权势,维护中央专制集权。这种中央与地方关于权势分配的争夺又不可避免地与满汉间的民族矛盾纠缠在一起。自从湘淮军兴起后,地方督抚有一大半出自于湘淮系,他们多是汉人。清王朝作为一少数民族建立的中央王朝,民族矛盾一直存在。经过晚清革命派的舆论宣传,原本在较大程度上得到掩盖的民族矛盾又有重新激化的趋势。在民族矛盾和中央与地方矛盾相互纠缠的复杂背景下,实力和威信已经大大削弱的清朝廷,欲达到这个目的,必须要找到一个具有高度合法性的理由。恰当此时,立宪成为当时的强势话语,是当时思想舆论界的中心话题。立宪须权力分立,则改革官制就是题中应有之义。就清朝廷而言,既然对方想用立宪来搞三权分立,我也可以利用它来集中权力于中央。所以,光绪三十二年(1906)的中央官制改革,其结果是"天潢贵胄,丰沛故家,联翩而长部务。汉人之势大绌,

---

① 李贵连:《晚清"就地正法"考论》,见氏著《近代中国法制与法学》,第416页。

乃不得一席地以自媛。"由于这不是矛盾的焦点所在,争议不大。至地方官制改革,才是问题的关键。故在改革前夕,日本就有人指出这个问题,"欲决清国之立宪问题,不可不先解决督抚制度的存废。今之督抚,事实上为副主。此制不废,中央集权制度不得告谓成功,则不外模仿联邦制度而已……若此根本问题未决定,则虽宣言立宪之形式取法日本,然其实际犹不可同日而语。若以此次官制改革而言,其国家组织非采联邦制而为中央集权制可不俟论;然现时督抚制度尚未改革,则此问题尚在未解决之列,不得以中央官制稍有改易而遂为已足也。"[①] 满洲亲贵经过一年左右的谋划,到光绪三十三年(1907)五月推出了一套地方官制改革方案:将各省按察使改为提法使,负责司法行政方面的事务;各省分设审判厅,专门负责案件的审理,命令东三省先行试办,直隶、江苏紧随其后进行,其余各省分年分地请旨办理,限于十五年内全国一律实行;增设巡警劝业道,裁撤分巡分守各道。所以,有一些近代学者意识到晚清"新政"的一个重要意图就是"借改革以收汉人政权"[②],既然是政权,当然就包括司法权在内。在地方官制改革三个主要的举措中,有一个是直接关于筹设各级审判厅的,其他两个则与审判厅有间接的关系,而对于地方督抚的军权和财权却没有直接触及。至于其原因,主要在于晚清朝廷没有足够的力量和信心来直接剥夺地方督抚的权力,尤其是其权力的敏感部分,只能采取"从边缘向核心渗透"的办法来进行。前面在谈到传统司法体系时曾经指出,地方官缺乏专门的法律知识裁判案件,而朝廷对错案的追究又相对严厉,地方官只有依靠幕僚吏胥来处理司法方面的事务,在一定程度上会把司法工作当做其为官的一种负担。另一方面,在封建国家的权力架构里,尤其在社会动荡时期,只有军权和财权才是官员们最重视的和极力追求的。具体到晚清,"中央与地方的关系,最根本的就是人事权、财权和军权的分隔与归属问

---

① 李剑农:《中国近百年政治史》第二册,蓝天书报合作社1943年版,第159页。
② 如曾任国立清华大学历史系教授的蒋廷黻在其《中国近代史大纲》一书中谈到晚清"新政"时就持此论点。见蒋廷黻:《中国近代史大纲》,东方出版社1996年版,第93页。

题"①,司法权虽然说不是完全无足重轻,但至少不如前者那么重要。另外,晚清朝廷欲收回领事裁判权乃朝廷上下意见比较一致的事情,对于改良司法的必要性,皇帝和官僚群体不存在大的分歧。所以,从筹设各级审判厅入手削弱汉人督抚的权力在当时确实是一个可行的办法。既然设立了专门的司法机构和司法行政机构,就地正法制度的实际取消在理论上就是可行的了。于此可见,就地正法制度从一个方面推动了晚清各级审判厅的设立。

就地正法制度的施行,导致对命盗案件的死刑最终决定权由高度集中走向高度分散。传统司法体制中,皇帝握有的死刑最终复核权受到了一定的制度性约束,其个人的武断和随意因这种制度性约束而受到限制,司法的精准度相对较高。这种权力分散伴随着制度性约束程度的降低,地方官员,尤其是手握重权的地方督抚,个人的武断和随意在决定命盗案件的处理中占据了重要的位置。故认为就地正法导致"全国性滥杀"的说法当不为过。有近代诸多文献的记载为证,试举一例:据容闳回忆,当他留美学成初次归国之时,"粤中适有一暴动,秩序因之大乱。此际太平天国之军队,方横行内地,所向披靡,而粤乱亦适起于是时。顾粤人之暴动,初与太平军无涉。彼两广总督叶名琛者,于此暴动发动之始,出极残暴之手段以镇压之,意在摧残方苞之花,使无萌芽之患也。统计是夏所杀,凡七万五千余人。以予所知,其中强半皆无辜冤死。"他观看了刑场的情况,更是惨不忍睹,"见场中流血成渠,道旁无首之尸纵横遍地。盖以杀戮过众,不及掩埋。且因骤觅一辽旷之地,为大坑以容此众尸,一时骤不易得,故索任其暴露于烈日下也。"② 其时乃1855年,就地正法制度已经在全国推行,叶名琛正是沿用此制度才如此肆无忌惮地杀人。饱读儒家诗书的知识分子,如曾国藩、沈葆桢都曾以就地正法的名义肆意杀人,那些纯粹军人武夫出身的官员们就更可想而知了。故陶保霖认为"(地方督抚)久操生杀大权,习于残忍"。如此杀人,虽一时可

---

① 崔运武:《中国早期现代化中的地方督抚》,中国社会科学出版社1998年版,第266页。

② 容闳:《西学东渐记》,中州古籍出版社1998年版,第94—95页。

起震慑之效,但就治国原则而言,"行政以敏捷为贵,独司法则不厌审慎"①。况且这个制度在清朝的法典里面缺乏强有力的根据,其所暴露的司法方面的野蛮和不公必然会转化为改革司法的重要动力。

二、西方司法审判思想在近代中国的输入

清代固有的司法体系虽然一直都有批判之声环绕,但一直到中国步入近代社会以前,它们都是一种体制内的批判,即枝节的批评,希望在既有的法——《大清律例》和固有的司法官员之间寻求一更佳结合点,使具体案件的处理尽可能地与天理、人情和法律三者相符合。早期的思想家,如魏源、龚自珍等对传统司法的批判就属于此范畴。随着因战争失利而导致的被动开放,西方文明以租界为中心,逐渐影响到沿海地区,中国思想界因新参照物出现而发生了巨大的变化。具体到司法领域,对传统司法体系的批判渐渐溢出了体制范围,开始用新的以西方法律及司法体系为标准来重新审视吾人所既有,原来视为天经地义的东西开始被置疑,原来已经认识到的弊端会更加彰显。此乃"三千年未有之大变局"时代本身包括的事项。

西方文化对近代中国的影响是以外国人的主观传播和中国人或主动或被动的学习这两者结合的方式进行的,这种模式也是一般意义上的文化交流的普遍特点。远在19世纪以前,西方传教士开始在东南亚一带活动,他们出于向西方介绍中国和传教的目的,开始将中国的典籍译成英文,将《圣经》译为中文,这种最初的翻译工作使得两种文化之间的交流成为可能。就近代开始的法学移植而言,林则徐于1840年主持翻译瑞典法学家滑达尔所著《国际法》的大部分内容并定名为《各国律例》开西方法文化传入中国之先河。从此时直到19世纪60年代的二十年间,西方法律文化的大规模输入虽处于停滞状态,但由于租界的建立,西方的司法审判制度在租界的运用,给那些出入于租界的华民增加了一些对西方司法的感性认识。另外,中国人在学习西方船坚炮利和先进工业技术的同时也零星地增加了对西方政

---

① 陶保霖:《论就地正法》,见《法政杂志》第17期。

治法律制度的了解。到19世纪60年代,美国传教士丁韪良(William Alexander Parsons Martin)翻译《万国公法》始,一系列西方法律著作被译成中文,为中国人从理性方面了解西方法文化提供了养料。至19世纪90年代洋务运动遭受巨大挫折,西方政治法律制度的介绍成了学术思想界的一个主要潮流。伴随着对西方立宪制度的了解,国人对西方司法制度有了更深的认识。

西方的司法审判思想传入中国大致通过三个渠道。一是随着领事裁判权的确立,在租界和一些通商口岸设立的外国法庭对案件的审理,使得一些寓居租界或往来于通商口岸的中国人有机会直接了解西方的司法审判制度,进而可能引导其中的部分人了解或思考其背后所蕴涵的思想观念。这一点在前面的领事裁判权部分有所涉及,兹不赘述。二是西方人自己,尤其是那些在当时有重大影响的西方人对其司法审判制度的介绍和对于改进中国司法审判制度的建议。赫德就是其中的一个代表。1876年1月23日,应总理衙门的要求,赫德向清政府提交了《改善中国法律与政务的条陈》,在诉讼方面,赫德首先指出了中西审判观念上的巨大差异,如"外国人责备中国官员接受贿赂,并力言中国的刑讯方法将使任何无辜的人承认自己为罪犯;相似地,中国人并不信领事们不接受贿赂,他们并指出外国人讯问证人的方法并不总是能使真相大白的,并且陪审制度并不经常使审讯公平。再者,外国人保护被控诉的人的方法是把提出的证据的重担加在控诉人的身上,中国人却要等到犯罪者自己坦白认罪才宣告有罪或判刑。"据此,赫德提出了解决中外诉讼案件的条陈就包括审讯重要案件应有陪审员两位,一由原告提名,一由被告提名;讯问证人应不用刑罚;对于被控诉人应不逼供;妄证或藐视法庭的行为应科以罚金或拘禁;可雇佣律师书写控诉状,讯问和盘诘证人,并为双方拟就书面答辩。① 在传统司法体系内部,基本上没有人对行政官兼任司法官裁判案件的制度提出质疑,因为行政官员们是受皇帝委派来治理地方的,裁判案件乃是其完成地方治理的重要任

---

① 王健编:《西法东渐——外国人与中国法的近代变革》,第16—19页。

务之一。在西方,具有专门知识、通过特殊的选拔制度委任的法官在独立官厅裁判一切纠纷,在此基础上产生了司法独立制度。西方的传教士把这种司法独立及其相关的制度介绍给国人,启迪了国人的认识。如德国传教士、汉学家花之安(Ernest Faber)于1879年前后发表于《万国公报》上的《文明,中国与基督教》的系列文章里,就介绍了中西方狱讼制度的不同。该氏认为,"(泰西今日的审判方法)凡审讯之期,刑官之外另有陪审人员,且国家状师、民间绅耆,俱得赴案备录口供,采访证据,公断是非。若属小事,无证据者,即行释放;至于案情重大,仍着管押,俟期再审,务令真情共得。如是官无受贿之弊,民无枉屈之冤……今查中国办理狱囚,甚为酷虐,其弊不可胜言,盖自士师不得其人也。虽听狱讼,或迁延而不决,及审狱囚,又轻重而失真。是故罪名无论大小,概行滥禁,甚且有因些微訾薄怨亦被日久羁留,至令资斧告竭,而犹未得释放者,此不独于直省各府州县为然,京都刑部亦或有之,积习之相沿……泰西治狱,官吏皆奉公守法,体恤为怀。凡有狱讼,有司即行审讯,不少停留,纵或间有事故,亦例不能愈两礼拜之久,恐小民费时失业,无以赡养家室故也。若已定罪,依律办理,亦必酌定年限,教其充工作抵。"① 在西方司法审判思想里,司法独立、陪审和律师辩护制度是维护司法公正的重要制度设置和保证。这种对中西司法观念的对比和采用西方司法审判制度的建议无疑构成了输入西方司法审判思想的重要方面。三是那些到西方游历过以及阅读过相关书籍的中国人对司法审判思想的宣传和介绍。②

随着西方法文化在近代中国的传播,西方的司法审判思想也逐渐大规模输入中国,使得一部分中国人对之有了一定的理性和感性方面的认识,并进而思考我们固有的司法审判制度。因此,固有司法体系就渐渐暴露于西方司法审判思想之下,国人的反思和批判随之进入了一个新阶段。

---

① 花之安:《自西徂东》,上海书店出版社2002年版,第七章"省刑罚"和第八章"体恤狱囚"。

② 贺卫方先生在《司法独立在近代中国的展开》一文中论述了这个问题。鉴于学界对此问题尚缺乏系统深入的研究,而此一问题又与本论文的中心并不存在直接显著的关联。我希望以后能有机会对此进行较深入的研究。

三、对传统司法体系的批判——跨文化交流引起的新问题

在西方法文化的参照下,中国传统司法体系内部的很多实质性成分开始受到质疑,如行政官兼任司法官裁判案件的制度等,如果说此种制度的合理性在近代开始相当长的时期内还存有很大争议的话,但至少有人认识到这并非天经地义,至少有不实行此种制度而司法审判质量较高的例子。那些属于传统司法体系、在体制内受到批评的因素,多数仍然受到指责,但是其据以批判的角度和立场发生了变化,其批判的深度和影响力也不是体制内进行的批判所能够比拟的。

对于那些在传统司法体系内本就有过批评的问题,在新的参照系内,其不合理性得到了更大程度的强化。如刑讯逼供问题,在封建社会就有连绵不绝的批评,其批评武器往往是儒家的"仁政"思想。来华的外国人,初观中国审判中的刑讯,由于其文化背景的差异,其感触就不同于中国人,感触最深的恐怕不是刑讯的残酷,而是司法官吏面对这一切的冷漠和麻木。"但他(指司法官员)不像个残酷的家伙,倒像一位很有教养的人。"[①]清朝廷的一些驻外使节,在他们为国内同胞撰写的著作里就介绍了西方法庭断案不用刑讯的情况,如李圭所述:"犯人由巡捕带上堂,先取书置口边,吻略动,仍置原处,此即对书立誓无虚言之意……讯官由绅民公举。每日必有数十案,讯后或即释放,或罚爰取保释放,或定罪后转送衙门核夺,或未结则分别暂押监房,次日再讯。"[②] 张德彝在观察了西方法庭审判之后更明确指出:"其承审官十二人,昂然上坐,两造立于左右五步外。事有不平,悉听十二人译断。断之不决,另请十二人,无有刑讯。"[③] 这些使臣的观察,暗示了西方司法审判制度的先进性。也有来华的传教士,对中国的刑讯问题多有指责:"前者泰西刑罚与中国无异,今自行新

---

① Field, Henry M., From Egypt to Japan, p.379.
② 李圭:《环游地球新录》。
③ 张德彝:《环海述奇》。

法以后,酷刑俱以省除,故审事不用严刑拷打,而案亦无遁情。"① 如此,中西司法制度优劣可见。还有幕吏问题到晚清更加严重,"后世流品莫贱于吏,至今日而等于奴隶矣;后世权势又莫贵于吏,至今日而驾于公卿矣。"② 王韬在对比中西之后,更提出彻底裁撤天下之吏而代之以明习律例之士的主张,"今天下之所谓吏者,必尽行裁撤而后可。内自京师,外至直省,大至六部,小至州县,举二百余年牢不可破之积习,悉一扫而空之。而以为士之明习律例者,以充其任,甄别其勤惰,考校其优劣,三年无过,授以一官,以鼓励之。"③ 此乃传统问题在西方视野之下的凸显和对之进行更深入批判的又一例。

综上所述,通过考察传统司法体系中一直受到批评的那些因素,在近代社会西方法文化的对照下,人们的批评更加深刻,因此其野蛮性质更加凸显。

第三节 近代社会的变迁与司法审判制度的变革

司法审判与社会之间具有紧密的联系,这一点当为法学家所承认,就是将法律视为主权者命令,是一个自洽体系的分析主义法学派,如约翰·奥斯丁即保有上述观点,认为"社会因其对一般权益措施的见解有所变更而变更着、并且是不断地变更着法律"④。中国自秦汉以来就形成了一种超稳定的政治、经济、社会和意识形态结构,即皇帝专制、农业经济、以尊卑男女老幼为核心的宗法组织和忠孝仁义为核心的泛道德观念。黄仁宇先生通过对明代的经济和税收以及政治事件的考察,发现从万历年间到鸦片战争的二百五十多年里,"中央集权,技术不能展开,财政无法核实,军备只能以效能最低的因素作标准,则前后相同"⑤,即传统中国社会至此基本处于停滞状态。《大清律例》及清代的司法审判制度就主要方面而言是沿袭明代的相

---

① 花之安:《自西徂东》,第七章"省刑罚"。
② 冯桂芬:《校邠庐抗议》,上海书店出版社 2002 年版,第 16 页。
③ 王韬:《弢园文录外编》,上海书店出版社 2002 年版,第 32 页。
④ 〔英〕梅因:《古代法》,商务印书馆 1996 年版,第 67—68 页。
⑤ 黄仁宇:《万历十五年》,三联书店出版社 1997 年版,第 271 页。

关制度而仍旧能够规范社会的主要原因,也就在于中国传统社会的这种停滞状态。

自近代以来,中国社会处于三千年未有之大变局之中。鸦片战争的爆发,暴露了清政府与西方列强之间在国际社会、经济和法律等诸多观念方面存在巨大的差异。① 但这种差异并没有随着不平等条约的签订而得到根本的解决,而且随着不平等条约所带来的结果更深刻改变着中国社会本身,成为促使中国近代化的一个因素。

就经济方面言之,列强通过不平等条约所获得的特权,为输出商品,开始在通商口岸设厂,将西方的近代生产设备、技术和工厂制度输入中国,随后中国人出于自强或与外国进行商战的目的,自己开始建厂、开矿、筑路、造船、建公司等,因这些近代工商业部门的出现和迅速发展,就渐渐溢出了传统经济体系的范围。尽管这些新兴的近代工商业在整个经济体系中并不占主要地位,而且其地域差别十分明显,但其存在并迅速发展的本身,且在沿海地方逐渐在社会经济生活中起着重要作用的事实,都要求既有的法律和司法体系作出相应的回答。

这些新兴工商业部门虽然具有不同程度的半殖民地特征,但毕竟是西方资本主义文明影响和刺激之下的产物,是外在于传统经济体系的。而西方资本主义经济的迅速发展导致了近代法律体系和司法审判制度的发展成熟,而且随之产生的法律体系和司法审判制度又保障和促进了资本主义经济的进一步发展,如成熟的民商法体系,司法独立审判制度的形成等等。而这些东西要么是传统的法律的司法审判体制中所缺乏的,要么则与之处于对立不相容的位置。因此孕育了改良法律和司法审判制度的要求。

从政治方面看,通过西方政治文明及其背后的思想观念在近代中国的传播,使得有人而且是越来越多的人认识到君主专制并不是

---

① 参考李剑农:《中国近百年政治史(1840—1926 年)》,复旦大学出版社 2002 年版,第 45—50 页。

惟一的统治模式,而且立宪政体之下的治理反倒具有很大的优越性。① 19世纪末的变法维新和晚清新政就是此种思潮影响之结果。既然是以西方为模式的立宪,权力的分离与制衡则为题中应有之义,所以就产生了筹建独立的司法审判机关以达致司法独立之目的的动因。

晚清法律和司法改革的主持之人也不同程度地认识到了这个问题。如沈家本认为:"近来地利日兴,商务日广"②,因此编纂路律、矿律和商律为不可缓之事。还有,"近者交涉日繁,应付愈难。教士纷来,路矿交错。游历之辈,足迹遍于国中。通商之议,乘机而图进步。我如拘守成例,不思亟为变通,则彼此情形,终多轩格。因轩格而龃龉,因龃龉而牵制,群挠众侮,我法安施,权利尽失,何以为国?"沈家本编纂的《刑案汇览三编》中附有中外交涉案件,对于传统司法审判体制对于处理中外交涉案件暴露出来的问题提供了具体的资料,有学者以为它对于研究清末的领事裁判权有很重要的史料价值。③ 因此须改良法律和司法审判。

所以近代社会的变化也构成了晚清司法改革的动力。

本章通过对晚清司法改革原因的分析,可以得出结论:领事裁判权对清政府的刺激是改革的主因,但晚清的就地正法制度对传统司法体系的破坏也加速了改革的发生。在传统司法体系内部,由于近代两种法文化的交流,其不合理性得到了较以往更深刻的揭露与批判,这种揭露与批判构成了推动晚清司法改革,筹设各级审判厅的一个重要因素。

---

① 这方面的论述在学界很多,最典型的是陈旭麓先生所著的《近代中国社会的新陈代谢》,笔者在这里仅仅提及,与本文的写作没有太大的直接关系,故从略。王韬在香港的观察就是一个例子(王韬:《香港略论》,见氏著《弢园文录外编》,上海书店出版社2002年版,第147—150页)。
② 《德宗景皇帝实录》,卷四九五。
③ 李贵连:《沈家本年谱长编》,台湾成文出版社2002年版,第79页。

第三章 各级审判厅的设立及其运作

  清朝廷在修订法律的过程中,对旧律进行了修改、修并、移植和续纂等工作,并从禁止刑讯等方面对传统的司法体系进行了一定的变革,但这种变革是传统司法体系在新形势下的延续,而不是真正意义上的晚清司法改革之开端。自逊清、民国乃至今日,学界都认为晚清所进行的法律改革是以西方法系为模式而进行的。就司法言之,不论是大陆法系,还是英美法系,最重要的特点之一是司法独立。从禁止刑讯等方面对传统司法体系进行变革的工作,其指导思想和立论依据都是传统的儒家"仁政"观念,与西方的司法独立思想根本不搭界。① 光绪三十二年(1906)九月二十日,清朝廷发布改革中央官制的上谕,与司法有直接关系的是司法权与行政权(包括司法行政权)通过设立分离的机构而独立开来,即在传统司法体系里面实际负责司法审判和司法行政的刑部改为法部,专门掌管司法行政方面的事务;在传统司法体系里不占重要地位的大理寺改为大理院,专掌司法审判。从此,晚清司法以西方法为导向的改革正式启动。按照随后的法部和大理院所奏审判权限的划分,在中央设立大理院专掌司法,地方要与之协调,应设立各级审判厅。晚清各级审判厅的设立,先以天津为试点,接着确定在全国各直省的省城商埠设立各级审判厅,地方司法改革随着审判厅的设立在全国范围内展开。本章将对各级审判厅的设立及其运作加以考证和分析。

---

  ① 关于光绪三十一年和三十二年发生的关于改良刑讯的争论和刑讯较大程度在法律上被废止的过程,李贵连先生在《沈家本传》里有详细的考证,晚清法律改革的领军人物沈家本氏就认为,刑讯乃中外法制最异之处,为收回领事裁判权故,禁止刑讯乃事所当然。但禁止刑讯,亦不过是"申明旧章,略为变通",并不是完全采用西法,沈氏接着对《大清律例》里相关的"例"进行剖析,得出"禁止刑讯为全采西法,并非的论"的结论。参考李贵连:《沈家本传》第七章,法律出版社 2000 年版。

第一节 各级审判厅在天津的试办

晚清以西方大陆法模式为目标来模范列强,达到收回领事裁判权的目的而进行的司法改革,是一全新的事情。究竟独立的司法机构如何设立?设立的新机构在中国这么大一个国家是不是能够与风土民情相吻合?设立这种新机构到底需要花费多少人力和财力资源?如此等等的问题,清政府在改革之前完全没有数。所以在全国先选择一两个地点进行试验,然后观其成效与不足,在总结经验教训的基础上将其推广是完全有必要的。综观古今中外所进行的司法改革,"推行司法改革的方式之一就是采取法院改革试点的方式。法院通常在改革程序和步骤等方面经验有限。法院改革试点可以完善管理项目、执行改革所需要的各种手段和方式,并且为更大范围的推广奠定基础。"① 晚清司法改革走的就是这个路子。

自光绪三十二年九月二十日发布的上谕确定由法部和大理院分掌司法行政和司法审判以后,大理院于十月二十七日上《审判权限厘定办法折》,建议在采纳各国通例(尤其是日本)的基础上,参酌中国当时的国情,实行四级三审制,"中国行政司法二权向合二为一,今者……截然分离,自应将裁判之权限等级区划分明,次第建设,方合各国宪政之制度。官制节略既变通日本成法,改区裁判所为乡谳局,改地方裁判所为地方审判厅,改控诉院为高等审判厅,而以大理院总其成。此故依仿四级裁判所主义毋庸拟议者也。"接着该折分别对大理院、高等审判厅、地方审判厅和乡谳局的审判权限各自作了说明,并建议"京师乡谳局拟正名为城谳局,循巡警分厅之旧,于内外城分设九所,凡刑事无关人命之徒罪以下,民事二百两以下者俱以该局为始审。"而关于京师高等审判厅的设置,大理院认为"至高等审判厅,外国俱与大审院相附丽,应俟臣院择定衙署后,再行斟酌定议"。② 按照

---

① 孙谦、郑成良编:《司法改革报告——有关国家司法改革的理念与经验》,法律出版社 2002 年版,第 3 页。
② 《大理院奏审判权限厘定办法摺》,见《大清法规大全》法律部卷七之审判。

大理院的设想,各级审判厅的设立似乎应该是以京师为先,实际情况则是天津先行试办。

清末新政的发生及在其中所起的作用而论,袁世凯是一个关键人物。自李鸿章于光绪二十七年(1901)过世之后,袁世凯继任直隶总督,与奕劻一起,成为清朝廷内外两大柱石,晚清新政,袁世凯的赞助之力不可忽视。① 袁氏对晚清新政之一的司法改革非常热心。不论袁氏赞助改革的动机如何,但其所作所为对于晚清司法改革是起了很大促进作用的。早在光绪二十九年(1903),袁世凯派遣时任天津府知府的凌福彭赴日考察监狱习艺等事宜,为了进一步了解其司法革新情况,第二年又派其赴日考察。由于有此准备,光绪三十年(1904)天津在全国率先创立罪犯习艺所,并采择日本成法,制订了《天津监狱习艺所办法》。以日本为范本而创设的天津罪犯习艺所在开办几个月后,即取得了很大的成绩,"极形整齐,成效可观"②。鉴于天津的监狱改良成了全国的模范,当清廷准备筹设各级审判厅之时,朝廷决定先在天津进行试点。袁世凯也极力赞成,认为"司法独立,万国通例。吾国地方官兼司听断,救过不遑。近今新政繁兴,诸需整顿,亟宜将司法一事,分员而治,各专责成,以渐合立宪各国制度。但势成积重,若一旦同时并举,使划然分离,则法官既少专家,布置亦难藉手。惟有逐渐分析,择一二处先行试办,视情形实无窒碍,然后以次推行。"③ 确定了在天津进行司法改革的试点。其试验之范围又以多大合适呢? 袁世凯认为,就是在天津府也不能同时开办,因为那样,必然导致能够充当法官的专业人才的缺乏,只能在天津一县试行。

天津试点成功与否,一个取决定作用的因素就是主持工作之人能否胜任愉快。作为直隶总督的袁世凯,只能在大政方针的决策上把关,改革的具体工作还须有得力之人。此得力之人就是凌福彭。凌福彭,广东番禺人,进士出身,由户部主事考取军机章京,历任员外

---

① 参考李剑农:《中国近百年政治史》之第六章"维新运动的再起"。
② 袁世凯:《创设罪犯习艺所办理情形折》,见《袁世凯奏议》卷三十二。
③ 袁世凯:《奏报天津地方试办审判情形折》,见《袁世凯奏议》卷四十四。

郎中,京察一等,记名以道府用。光绪二十六年(1900),还在八国联军占领天津期间,凌福彭奉旨补授天津府知府,光绪二十八年(1902)秋正式到天津上任。前面提到,光绪三十年(1904)和三十一年(1905)凌福彭曾经被袁世凯两次派往日本考察监狱习艺所工作,回国后主持制订《天津监狱习艺所办法》,该办法为保定等地仿效,使得直隶全省能够"化莠为良,囚徒受福……贫寒子弟,皆得执业以谋生"。光绪三十二年(1906),凌福彭由天津府知府调补保定府知府。保定乃直隶省城,有作为直隶全省刑名总汇之谳局。凌福彭在保定知府任上,在审理案件方面做得非常突出,"遇有疑难重案,督饬局员悉心推鞫,务得真情,民不喊冤,狱无留滞"①。因此在当年大计中,被袁世凯以卓异保荐。袁世凯并专门给朝廷上《保定府知府凌福彭卓异引见胪陈政绩片》一折,由此可知凌福彭非常得袁氏器重,当为袁氏亲信之人。所以,同年,凌福彭又"因天津交涉事繁",被袁世凯调回天津作知府,并令他"督办自治局,总理高等审判分厅,以为立宪基础"。以天津为试点所创办的审判是在凌福彭的主持下进行的。

天津审判厅试点工作基本上是遵循《大理院奏审判权限厘定办法折》的相关规定进行的。天津府的审判厅,命名为直隶高等审判分厅;天津县的审判厅,命名为天津地方审判厅;天津县辖城乡,按照地方广狭,匀设乡谳局四处,而"向设之府县发审局及南段巡警发审处概行裁撤"②。这些新设立的审判机关,实行民刑分别审理的制度,其理由,按照袁世凯的说法是,"各国诉讼,民刑二事,办法迥乎不同。盖民事只钱债细故,立法不妨从宽,刑事系社会安危,推鞫不可不慎。日本刑事案件,多由检事提起公诉,以免冤狱而省拖累,采取此制,可期庶狱之粘平,而旧日之藉端讹诈,及执法私和等事,亦即不禁自绝。"在这些审判机关里并没有像日本司法机关那样设立检察机关,而是由预审官兼任检察官的职责,"至起诉以后,所有搜查证据,逮捕人犯,必非一二承审官所能为力。是以特设预审一官,以为承转机关"。设立预审官不只是代行检察官职权,而且主事之人认为它还具

---

① 袁世凯:《保定府知府凌福彭卓异引见胪陈政绩片》,见《袁世凯奏议》卷四十二。
② 《东方杂志》卷四,第三期。

有优越的地方,即"盖既经预审,则案中节目,必以成竹在胸,然后移送公判,众证确凿,供招较易。此慎重刑事之实在情形也"①。

天津所设各级审判厅的审案人员,其来源由两部分构成,一是留洋法政学生归国的,即袁世凯所说的"平日研究谳法暨由日本法政学校毕业回国之成绩最优者";一是原有府县发审人员。这两部分人,都必须对新式的案件审理办法有一定的研究,然后参加考试。② 考试合格以后,才能充当预审官和正式的审判官员。

审判厅还有书记员(当时称为书记生)、承发吏和司法巡警。其中书记生负责书写状纸、记录供词;承发吏负责收受民事诉状、递送文书传票;司法警察则负责搜查、逮捕、维护法庭秩序、执行司法判决等事务。这些人都是经过一定的考试而后雇用的。为了防止这几类人像旧式衙门里的书吏和差役那样勒索当事人,故由政府给予较优厚的工食银两。该审判厅设有待质所和管收所。据袁世凯奏称,待质所分绅商、平民和妇女三类房间;管收所专门收管那些案情重大、虽尚未定罪而又不能保释的犯罪嫌疑人。在待质所和管收所关押的人,准其亲友来探望并送饮食。若没有亲友给其送饮食,则由审判厅专门给予一定的银两,使其不致有冻馁之忧。不管是待质所还是管收所,都要求打扫清洁,洒上避疫药水,保持卫生。

鉴于在传统的司法体制之内,诉讼过程中费用的征收过高,而且是在结案之后征收,当事人往往拖延,经过多次催传,难免差役借机勒索,由此更加重了当事人的负担,形成恶性循环。因此,审判厅规定:状纸用固定格式,一律由审判厅发卖,每张售价为制钱五十文,并须贴用官府印花方为有效的状纸。承发吏所得,由当事人支付的规费明定数额,由审判厅统一管理,既保证其奔走的酬劳,又可以防止其借机敲诈,从中上下其手。③

观察天津试办各级审判厅的实际情况,新设的专门负责司法审

---

① 袁世凯:《奏报天津地方试办审判情形折》,见《袁世凯奏议》卷四十四。
② 笔者查阅了天津市档案馆的司法档案,没有发现对于此种考试的试题,但据袁世凯于光绪三十三年六月初九日所上的《奏报天津地方试办审判情形折》中有"先令学习研究,试验及格,按照分数高下,分别派充"一语,知此种考试之存在无疑。
③ 参考袁世凯:《奏报天津地方试办审判情形折》。

判事务的审判厅和原来的兼理司法审判事务的行政官厅相比,不论是在人员的构成,还是在机构的实际运作方面都大不一样,拉开了传统司法审判机制向近代司法机制改革的序幕。其变化最明显的主要是两个方面:一是机构的设置,一是其人员的构成。

在机构的设置上,审判厅是新设立的专门负责审判案件的机构,与传统的行政官厅在理论上处于平等的位置,打破了传统的行政、司法合一的体制。在审判厅内部的机构设置上,虽然没有明确的民庭和刑庭的划分,但至少意识到了二者都是各级审判厅应该管辖的。而在传统的司法体制下,基本属于民事的户婚、田土、钱债等细故,一般只是通过司法以外的调解来解决,即使要通过诉讼的渠道,也不是政府所鼓励的。民事案件和刑事案件的区别在审判厅也有明晰的认识,即"民事只钱债细故,立法不妨从宽,刑事系社会安危,推鞫不可不慎。"为慎重刑事案件起见,还特别制订了刑事案件的审理程序,即通过特设的预审官搜查证据,逮捕人犯,初步审理,然后移送审判官公判。在当时新型法典没有出台之前,民刑分离虽然在国外已是风行,在国内仍然只是学说绍介,缺乏实体和程序方面的法律支撑,能做到这一点已经是一个划时代的进步。也是这个原因,使审判厅的设置带有明显的过渡性质,充分体现了其试办的特点。比如,以预审官代行检察官的职责①,和传统的行政官员调查证据、坐堂问案并不存在根本性质的差别,其纠问主义性质依然。再如,行政对司法的干预也没有完全从规定上禁止,其规定的府县官员兼该级审判厅厅长之职务,报案行文仍旧用府县官府的印信,审判厅的建筑和规划都是由府县官员负责等等都体现了其过渡和试办的性质。

在其人员的构成上,不论是审判官、预审官还是书记生、承发吏和司法警察,都要经过不同程度的试验。既然是试验,就必然带有专

---

① 光绪三十二年十月十五日,袁世凯上《遵旨复陈新纂刑事民事诉讼各法折》,其列举反对在当时中国实行陪审制的理由时就提到,"日本不用陪审制,特设检事以搜查证据,纠正谳词,主持公诉,与判事同为法律专家,而职务互相对待,较为妥善。臣等编纂法部官制,采用其意,有检察官名目以当检事。此后厘定法律,宜与奏定官制相符。"为什么在其后不久天津创办审判厅试点时没有用检事而用预审官名目,限于资料,无从悬揣,姑且于此处存疑。

业性质,也就间接承认了司法审判是一个需要专业知识的职业。尤其是审判官,虽然曾经是日本法政学校毕业的学生或原来承办案件的官员,已经具有了一定的司法审判方面的知识和经验,但还要经历一个学习研究提高的过程,更必须参加考试,合格之后,按照分数的高低来确定其职务。这与传统司法体制中对坐堂问案官员法律知识的匮乏没有太多关注的情况形成了鲜明的对比。

正是在机构设置和人员构成方面,新设立的审判厅都不同于兼理司法的行政官厅,所以自光绪三十三年二月初十日天津各级审判厅开办以来的短短几个月里,取得了显著的成效。最典型的是在涉外案件的处理上面。按照中外约章关于领事裁判权的规定,作为开埠通商的口岸,在天津有外国商人控告中国人的案件,一般是先到领事衙门报案,然后由领事将诉状转交当地关道,由关道亲自审理,或将案件发交给具有管辖权的州县衙门审理。从审判厅成立之日,到袁世凯写折向朝廷奏报的不到四个月的时间里,天津地方审判厅已经审结由天津县衙门移交、天津关道移交和洋商直接来审判厅呈诉的涉外案件十多起。据袁世凯奏称,"外人于过堂时则脱帽致敬,于结案时则照缴讼费,悉遵该厅定章。亦有不先赴该国领事投禀而迳赴该厅起诉者",并认为这是"将来收回领事裁判权之藁矢"①。天津试办各级审判厅为以后正式筹设审判厅开了一个好头。

第二节　各直省省城商埠各级审判厅的设立

一、大理院的建立——筹设各级审判厅的前提

光绪三十二年(1906)九月二十日,清朝廷发布上谕,改大理寺为大理院,专司审判。早在大理院设立之前的光绪三十一年(1905)九月,时任刑部右侍郎的沈家本奏派刑部候补郎中董康、主事王守恂、

---

① 袁世凯:《奏报天津地方试办审判情形折》,见《袁世凯奏议》卷四十四。

麦秩严等赴日本考察司法裁判和监狱事宜,以为将来试行新律之参考。① 第二年四月,董康等正式成行。后因大理院初建需要人,在沈家本的要求下,未及调查结束,董康等于当年十二月回国,就其在日本的调查情形,作《调查日本裁判监狱情况报告书》。该报告书中详细介绍了日本的裁判制度,即日本的司法独立制度、日本裁判所实行的四级三审制度、日本的法官任职规定。② 董康等对日本的考察乃是政府首次公派官员专门考察该国的裁判事宜,其考察结果当对新设立的大理院和即将设立的各级审判厅有重要的参考意义。

大理院成立前夕,朝廷以沈家本、刘若曾分任大理院正卿、少卿,负责筹设大理院。因为大理院初设,经费缺乏,其前身大理寺乃一轻闲衙门,缺乏有用之才,"且中国积习,大都不愿为刑官,加之律例较繁,非平日极意讲求,临事亦不适于用"③,所以筹设工作相当困难。除了与法部联合上奏朝廷,请求拨给衙署和公所,以资办公以外,为解决人才匮乏的情况,"就素所深知者,于法部及各衙门前后奏调七八十员,以为开办之基础"。如早在筹设伊始,沈家本就要求当时正在日本考察裁判事务的董康等人提前返国,以参与大理院之筹建。清朝廷对大理院的筹设比较重视,基本上满足了大理院在筹设过程中所提出的要求,宪政编查馆在审核大理院完成筹备立宪清单该年度应办之事的情况时指出:"查该院为全国最高法院,乃立宪国实行宪政重要之地,法庭规制为观瞻所系,审判人才为民命所关,该院所奏建筑法庭、练习人才两端,均属切要之图,应令按照所陈认真办

---

① 早些时候,一些留日学习法政人员也有意考察了日本的司法审判制度,比较典型的是金保福在《扶桑考察笔记》中对日本大审院的介绍,涉及了三审制、大审院的构成以及诉讼费用的征收等重要问题。该书于光绪三十三年印行,并有李家驹的题签。李家驹在大理院成立前后历任京师大学堂监督、学部右丞、出使日本大臣、考察日本宪政大臣等职。于此可推测该书对当时正在筹设的大理院有一定的参考价值。该笔记见《日本政法考察记——晚清东游日记汇编》,上海古籍出版社2002年版。
② 《调查日本裁判监狱报告书》,光绪丁未五月排印,北京农工商部印刷科铅印。
③ 《大理院奏厘定司法权限折并清单按语》,见《大清法规大全》卷四之"法律部之司法权限"。

理。"①

光绪三十二年(1906),《大理院审判编制法》② 出台,为大理院的筹设工作提供了一个纲领性的法律规定。该法规定了大理院作为最高审判衙门的性质③,明确了司法独立原则,确立了由大理院、高等审判厅、地方审判厅和乡谳局组成的四级三审制度。④同年十月,大理院设置成型,在中央从制度层面实现了司法独立于行政的机构模式,接下来是在地方完成类似的机构设置,即筹设各级审判厅。大理院的设立,是筹设地方各级审判厅的前提和基础。

二、各级审判厅试办章程

光绪三十二年,修订法律大臣沈家本、伍廷芳等为即将进行的司法改革,制定了《刑事民事诉讼法》草案,清朝廷以"法律关系重要,该大臣所纂各条,究竟于现在民情风俗,能否遵行"为理由将该草案发交部院督抚大臣签注。以湖广总督张之洞为首的督抚大臣,以草案违背中国立法之本意而奏请废止,得到大多数督抚的赞成,该草案遂不能实行。至光绪三十三年,大理院组建完成,按照《大理院审判编制法》的规定,地方各级审判厅的设立成为不可再缓之事,鉴于《法院编制法》草案还没有正式颁行,因此法部决定颁发一个设立各级审判厅的试办章程。

光绪三十二年,袁世凯在天津府县试办审判厅并制定了《天津府

---

① 《清朝续文献通考》之宪政五。按:光绪三十三年八月,考察政治馆改为宪政编查馆,直属军机处,是清政府为推行"预备立宪"而设置的办理宪政、编制法规、统计政要以及翻译东西各国宪法等事务的机关。宣统三年五月,清政府裁撤军机处,改设内阁,宪政编查馆随之撤销。

② 该法原文见《大清法规大全》卷七之"审判"。该法共分五节,共四十五条。五节分别为总纲、大理院、京师高等审判厅、城内外地方审判厅和城谳局。按照李贵连先生的分析:"该法实际上是大理院和京师审判厅、局的组织法,因第二条规定京师各级审判厅、局由大理院直辖,故名《大理院审判编制法》。"见李贵连:《沈家本传》,第234页。

③ 大理院作为全国最高审判衙门,主要管辖以下四类案件:(1) 宗室觉罗案件(除去那些毋庸与宗人府会审的案件);(2) 各高等审判厅判决不服之上控案件;(3) 关于国事重罪案件;(4) 平反及详议各直省审拟之大辟案件。

④ 关于大理院最高审判衙门的性质和四级三审制基本上贯串于该法始终,关于司法独立的规定,该法第六条表现得最明显:"自大理院以下及本院直辖各审判厅局,关于司法裁判,全不受行政衙门干涉,以重国家司法独立大权,而保人民身体财产。"

属审判厅试办章程》,而且其试办的审判厅实际效果比较理想,自然而然就成为法部制订《各级审判厅试办章程》的主要参考。法部于光绪三十三年八月初二日议覆各省覆奏《民刑诉讼法拟请展限详覆妥拟折》内声明:"因各级审判厅开办在即……数月以来,悉心考究各国审判办法,其程途要,非一蹴可及。惟查升任直隶总督袁世凯奏定天津府属审判厅试办章程,当法律未备之时,为权宜开办之计,调和新旧,最称允协,洵足为前事之师。第天津开一省之先,而京师实各省之准。此次办法,系乎全国司法机关,其规定自应更求完密。既于该章程所试行者,采用独多,复取修律大臣沈家本参奏法院编制法草案详加参对,务期损益适中,悉臻妥善。"① 故《天津府属审判厅试办章程》和《法院编制法》草案成为制定《各级审判厅试办章程》的基础性文件。

《各级审判厅试办章程》于光绪三十三年(1907)十一月二十九日由法部奉旨颁行。该章程共五章一百二十条。② 该章程的施行期间为自各级审判厅开办之日始至《法院编制法》和《民事刑事诉讼法》颁行止,在两法颁行之后,该章程立即废止。③ 因此,那种认为《各级审判厅试办章程》没有实行的观点④ 是不符合实际情况的。

将该章程与《天津府属审判厅试办章程》相比较,它固然吸收了后者试办的经验,但至少在两个方面有所突破和发展。

第一,是关于民事刑事的划分更加明晰,并确定了不同的审判规则。在试办章程和审判实践里,只提到了划分民事和刑事的必要,至于如何划分则没有明确的规定。该章程则开宗明义地指出:凡审判案件分刑事民事二项,其区别为凡因诉讼而审定罪之有无者属刑事案件,凡因诉讼而审定理之曲直者为民事案件。⑤ 并在审判通则和诉

---

① 《法部奏酌拟各级审判厅试办章程》,见《大清法规大全》卷七"法律部之审判"。
② 该法第一章为总纲;第二章为审判通则,分为七节:审级、管辖、回避、厅票、预审、公判和判决之执行;第三章为诉讼,分起诉、上诉、证人鉴定人、管收、保释、讼费等六节;第四章为各级检察厅通则;第五章为附则。
③ 参见该章程第一百一十九条。而晚清一直没有颁布诉讼法,故该章程在晚清始终有效,失效的只是那些与法院编制法相抵触的具体法条。
④ 阙庵:《近十年来中国政治通览》之司法篇,《东方杂志》第九卷第七号,第75页。
⑤ 参见该章程第二条。

讼两章里明确规定了两类案件的不同审理程序。① 总之,"闾阎之衅隙,每因薄物细故而生。苟民事之判决咸宜,则刑事之消弭不少,惟向来办理民事案件,仅限于刑法之制裁,今审判各厅既分民事为专科,自宜酌乎情理之平,以求尽乎保护治安之责。兹择其简要易行者量为规定,庶与刑事显有区别而适足相成。"②

第二,是检察官制度的确立。在《天津府属审判厅试办章程》及审判厅审理实践中,都是以预审官代行检察官职权,没有独立的检察官机构的设置。虽然在《大理院审判编制法》里面规定了自大理院以下审判厅局均须设立附属在各该衙署之内的检察局,并规定了检察官的职权:检察官于刑事有公诉之责,检察官可请求用正当之法律,检察官监视判决后正当施行。③ 但其规定极为简略,在执行过程中难免诸多含糊不清之处。如检察官如何执行公诉、如何调查证据,等等,更重要的是它没有明确确定其与同级审判厅之间及上下级检察厅的关系。这些问题在《各级审判厅试办章程》里面得到了很好的解决。它专门开辟了《各级检察厅通则》一章共二十二条来具体规定检察事宜,明确指出:"检察官对于审判厅独立行其职务"、"检察厅不得干涉审判事务"、"凡属检察官职权内之司法行政事务,上级检察厅有直接或间接监督之权"。④ 这些详细规定,为建立各级检察厅、确立检察官制度和保证其正常运作提供了直接的法律依据。

总之,通过对章程产生的背景和具体条文的分析来看,该章程是在总结天津试办审判厅经验和参照《大理院审判编制法》的基础之上、在法院编制法和诉讼法出台生效之前的一个暂行章程,始终是晚清筹设各级审判厅(尤其是京师和东北各级审判厅)的法律指南。

三、京师各级审判厅的设立

光绪三十三年五月,清廷令各省分期筹设审判厅,达到最终实现

---

① 如规定民事厅票和刑事厅票的不同(第十四、十五条)和刑事、民事判决书的不同格式与内容(第三十八条)。
② 《法部奏酌拟各级审判厅试办章程》。
③ 《大理院审判编制法》,第十二条。
④ 同上书,第九十七条、第一百一条、第九十八条。

司法独立、收回法权的目的,让东三省先行开办,此外还选择直隶和江苏两省择地先行试办,等有了经验之后,再逐渐推广。法部以为,"维京师根本重地,观听攸关"①,奏请朝廷先在京师设立各级审判厅,以为各省表率。

由于在京师设立各级审判厅,事属创始,而且相关的法律规定,"一切审判之通则,诉讼之条规,检察职务之章程,官吏调度之方法"等,尚付阙如,只能在实践中摸索。更困难的是财政问题。② 为了尽可能地节省经费,法部先考察了东西各国的司法经费在国家每年支出中的比例情况,以期找到一个可以遵循的经费支出情况。法部调查的结果是:"惟英国国家负担最微,亦几及岁支总额百分之一,其余欧洲大陆诸国,俱由国家负担,大率达于国家岁支总额百分之五。"

当时清政府没有统一的财政预算,清政府较准确的财政预算始于宣统二年,据该年的统计,宣统元年岁出为银 269876432 两。③ 本年与宣统元年仅两年之差,岁出总额当不致相差太远。保守估计,光绪三十三年的岁出当在二亿两左右,按最低的英国司法经费的比例算,司法经费的支出也应该在二百万两左右。法部的预计是在京师设立高等审判厅一所,地方审判厅两所,城谳局(即后来的初级审判厅)五所,一共是八个审判厅,需要用人百余。加之"京师地面辽阔,四方辐辏",应酌设司法警察官数十人,加上庭丁、承发吏以及检验吏等,共须用人在四百名以上,他们"常年薪金饭食,暨一应杂支,各项预算经费,总达二十一万两以外"。"中国审判分立,此焉始基,纵不必步武欧洲,而政体所关,即不得过于简略"。况且照前面的计算,二十余万两本就不多。但考虑到朝廷的实际困难,"今日百端待举,物力艰难",拟申请以半数发给。又考虑到"警兵吏役人等,职微禄薄,非从优厚给,不足以专典守而杜弊端",应该完全支付。所以最后法部向朝廷申请"官吏五成,吏役十成算给,每年额支经费,最少须十二

---

① 《光绪朝东华录》,第 5694 页。
② 关于筹设各级审判厅的财政困难情形,参见本文相关部分。此处从略。
③ 《清朝续文献通考》卷六十七,考 8234,转引自周育民:《晚清财政与社会变迁》,上海人民出版社 2000 年版,第 414 页。

万两,遇闰加增一万两"。这是京师各级审判厅成立之后需要的常年经费。该年各级审判厅创办,要建造衙署,购买器具和书籍,法部的预算经费为八万两。法部申请的费用得到了清朝廷的部分批准,并命令度支部按时拨付。这是设立京师各级审判厅的财政情形。

京师最终设立了高等审判厅一所,地方审判厅一所,城谳局的数目限于资料,未能统计出准确数目,但其设立当无可置疑。京师各级审判厅开始设立并负责案件的审理始于光绪三十三年十一月。①

按照法部的计划,京师内城设立一地方审判厅,外城设立一地方审判厅,每厅设厅丞一人,下分民刑两科,每科设立两庭。地方审判厅实行合议制,故须推事二十四人审理民刑诉讼。但因为经费的困难,法部又奏请朝廷先在内城设立一所地方审判厅。该厅于光绪三十三年冬天成立,分民刑两科,每科则辖两庭,每庭推事三人,共有推事十二人,管辖京师内外城由地方审判厅管辖的民刑案件。这是刚设立时的情形。到宣统元年闰二月,法部以"查该厅自开办以来,每月承审之案不下二百余起。其间管辖区域之广,受理词讼之多,不独视初级审判厅为最繁剧,即较之高等审判厅与最高裁判之大理院,亦实有目不暇给之势",鉴于此种情况,虽然以设立外城地方审判厅为好,但因为经费实在缺乏,建议朝廷于内城地方审判厅内增设民刑各一庭,每庭设推事三人,承审民刑案件。所以整个晚清,京师的地方审判厅只有内城一所,但自宣统元年开始,该所共有民刑各三庭,推事十八人,审理京师内外城地方审判厅管辖之下的民刑案件。这是京师地方审判厅的设立情形。

京师各级审判厅的设立及正式运作,为以后全国各直省省城商埠各级审判厅的设立树立了榜样,积累了经验。但其所反映的经费和人才的缺乏,也预示了晚清筹设各级审判厅的障碍。

四、东三省各级审判厅的设立

东北设立各级审判厅在全国各直省最早,实为其他省份设立各

---

① 参考《法部奏统筹司法行政事宜分期办法折》,见《大清宣统新法令》第三册,商务印书馆1912年版,第44—46页。

级审判厅之榜样。① 在东三省里面,奉天处于最重要的地位,其审判厅的设立在东三省也处于模范地位,本书重点探讨奉天各级审判厅的设立情形。

东三省本为清王朝龙兴之地。但到20世纪初,却成了日俄争夺的重点所在,东三省问题成了近代远东纷争的关键之点。自光绪三十年日俄战争之后,清朝廷猛然意识到东北祸患日深,"非立谋变革,实不足以挽救危局,因而一改以往的消极闭关政策,开始积极经营东三省。"② 清朝廷还下令各省督抚和出使大臣密奏经营东三省的措施。比较重要的建议,如张之洞主张变法,"此后东三省官制、政法,必须扫除旧习,因时制宜,方能保安"③。时署黑龙江将军的程德全和盛京将军诸人则提出了具体的改革方案。光绪三十二年(1906)七月十三日,清政府下诏预备立宪,但因"各省地方风俗之不齐,人民知识之未瀹,措手不易,扞格必多,有不仅如各督抚所虑,人才难得,款项难筹者。若必同时并举,其势有所不能。"因此奕劻等人认为,"东三省根本重地,经划宜先,且一切规模,略同草创,或因或革,措置亦较易成功。"④ 所以,清朝廷认为,要配合并推动在全国的预备立宪,东三省是一个不须除旧即能布新的理想实验地区。光绪三十三年三月,清廷正式下诏,宣布东三省实行改制,改盛京将军为东三省总督。四月,进一步改革东三省官制,设立奉天、吉林、黑龙江三个行省,置总督巡抚,以总督为长官,辖三省军政、外交,巡抚为次官,管理本省民政。

奉天为东三省官制改革最典型的地区,因为吉林和黑龙江开发

---

① 光绪三十三年六月二十七日,清廷宣布外省官制,规定:"各省按察使改为提法使……分设审判厅,增易佐治员各节,应即次第施行,著由东三省先行开办,如实有与各省情形不同者,准由该督抚酌量变通,奏明请旨。此外直隶、江苏两省,风气渐开,应为择地先行试办,俟著有成效,逐渐推广。其余各省,均由该督抚体察情形,分年分地请旨办理,统限十五年一律通行。"(转引自《中华民国史事纪要》之"民国纪元前五年"卷,第325页)实际上,直隶和江苏两省的省城商埠各级审判厅直至宣统二年十一月才成立,不仅较奉天为晚,而且还在安徽等省的后面(参考北京大学馆藏:《清末职官表》)。
② 张守真:《清季东三省的改制及其建设》,见中华文化复兴运动推行委员会主编:《中国近代现代史论集》之第十六编《清季立宪与改制》,台湾商务印书馆1986年版。
③ 《清季外交史料》,卷一百九十。
④ 《光绪朝东华录》,台湾文海书局,第5668—5669页。

较晚,其官制多因地制宜,其改革不如奉天彻底。下面以奉天为例谈谈东三省各级审判厅的设立。东三省改革官制以后,其首任总督为徐世昌。徐氏乃晚清新政中的一个活跃人物,对东三省设立各级审判厅起了重要的作用。在其《具奏东三省公署官制折》内就向朝廷建议:"提法司别为一署,应另拟官制以为司法独立之基础。"当光绪三十三年(1907)法部和大理院会奏的《各级审判厅试办章程》颁布之后,徐氏认为,该章程"大旨以审判分为四等,而皆设检察官以检查之,取外国单独合议制度分庭而治,并详及于各级官厅之职掌、品位、员数,纲举目张,允为外省准则。"同年清朝廷改革外省官制,规定各省按察使改为提法使,提法司衙门的官制由原按察司衙门的经历、司狱等官改设。关于奉天如何贯彻朝廷的这些命令,徐氏以为,"奉省初设法官,本无内地习惯,若不先将该司(指提法司)职掌员缺酌拟试办,则各级官厅将无成立之期。且司法关系极重,此次特设专官,期于独立。在各省为改良,在奉省为草创,尤宜参酌中外,折衷至当,以耸外邦之观听,而树内地之风声。"① 在徐世昌看来,奉省设立各级审判厅系属草创,此点与内地的改良不同,其前提就是设立奉天提法司。同样的,奉天提法司衙门也是一个草创的衙门,故徐世昌首先命令奉天署提法使吴钫悉心草拟该司章程,要求该司的职掌不仅要符合法部规定的精神,而且要与即将成立的各级审判厅的职掌相符合,因此要对法部所规定的章程有一定的变通。《东三省职司官制章程》体现了徐氏的这个构想,其中有"专立司法"一款,即"东省治理更张伊始,行政司法分权宜豫,拟仿明巡按御史及国朝盐政之制,于三省各设提法使一员,秩正三品,专管司法行政,兼理裁判事务,另为一署,暂受督抚考核节制。"该款还明确规定,应设高等以下各裁判官厅,由作为总督的徐世昌督同提法使妥为筹划,奏报朝廷之后办理。② 奉天提法司分设总务、民事、刑事和典狱四科,分别掌管各自权力范围内的司法行政事务。总之,新成立的提法司管理一省的司法行政,

---

① 徐世昌:《退耕堂政书》卷十,清末民初史料丛书第十五种,台湾成文出版社1968年版。
② 《东方杂志》卷四,第六期之"内务"。

审判之事要专属于将成立的各级审判厅,但是提法司要起一个监督的作用,以达到司法独立为总体目标。

在提法司衙门成立以后,由提法司衙门具体负责各级审判厅的筹建工作。就性质而言,审判厅为司法独立机关,这在全国都是一样,但奉天有其特殊情况,所以于朝廷设立审判厅的规定应该有变通的地方。其变通主要有四个方面:1. 各级审判厅推事的品级变通。按法部原奏,直隶地方审判厅于直隶厅州及散厅州县各设一厅,其厅长的品级定为从五品,这是因为内地的府厅州治所有同城的县令,而奉天的情况则不同,就是在改革官制以后,也只有奉天和锦州两府有附郭之县,其他的府厅州则没有,所以其审判厅厅长的职位则视该地有无附郭之县而定,以便与同级的行政官员品秩相当,而达到司法不受行政干预的目的。还有法部奏各直省高等审判厅推事品级定为正六品,地方审判厅推事定为从六品,这样就保证与京师审判厅的推事区别开来,以达到尊崇京师之意。但是如此一来,各直省审判厅的推事品级中就没有五品一级了,于推事的升迁造成不便。由于奉天地方审判厅厅丞的品级为从四品,故将奉天高等审判厅的推事和地方审判厅的民科长和刑科长升为从五品。2. 奉天地方审判厅专设两名预审推事。法部规定京师地方审判厅的预审推事由该厅厅丞从各庭推事里面临时选派而不设专缺。这是因为,京师地方审判厅共有推事二十四人,从中临时选出预审推事不会影响各庭对案件的公判。而奉天地方审判厅的推事最多不超过十二人,如果再从中分出两个人临时派充预审推事,那么民刑两科皆不能保证设立两庭,从而会影响到案件的公判。因此,奉天地方审判厅须专设两名预审推事,专门办理重罪案件的预审工作。3. 初级审判厅管辖登记事项。因登记为民事诉讼的重要依据,而各国都以登记事项归初级审判厅管辖,所以奉天初级审判厅也仿照此国际公例办理。4. 高等审判厅分厅的设立。法部没有明确规定各直省高等审判厅是否可以设立分厅。如果在一省只在省城设立高等审判厅一处,则距离省城遥远的人民上诉则十分不便,因此,奉天决定先在省城设立高等审判厅,然后按照诉讼的实际情况,酌设高等审判分厅。①

至宣统三年(1911),奉天全省共设立高等审判厅一所;地方审判厅六个:奉天府地方审判厅、营口地方审判厅、新民府地方审判厅、安东县商埠地方审判厅、辽阳州商埠地方审判厅、铁岭县商埠地方审判厅;地方审判分厅一所:抚顺县地方审判分厅;初级审判厅九所:承德县第一、第二、第三初级审判厅、营口商埠初级审判厅、新民府商埠初级审判厅、安东县商埠初级审判厅、辽阳州商埠初级审判厅、铁岭县商埠初级审判厅和抚顺县初级审判厅。②

为审理各府厅州县未设审判厅的地方赴省上控或控告官吏的案件,或者提法司发觉提审及京控发回原省审讯的案件,在原来的行营发审处的基础上设立了奉天省特别地方审判厅,附设特别检察厅。③

承德地方审判厅还附设了幼年审判庭,专门审理被告在十六岁以下的犯罪案件,规定审问幼年犯罪案件,用合议制,以能通心理学并熟悉社会情形的推事兼任该幼年审判庭的推事;审问幼年罪犯,须详细调查其家庭状况及其个人关系等方面的情况;推事必须让医生考究幼年人之犯罪原因,期望对审判有所帮助;如果幼年罪犯与成年人共犯的案件,不到万不得已的时候,不能同庭审理;无论案情如何,不得让幼年人跪供;在待质室或未决监或押送时,须与成年人分隔;审理和判决时,禁止旁听,不得将判词宣告于众。④这些规定,基本上是按照保护幼年罪犯、实施感化而非惩治的刑事政策拟定的,与中国传统强调惩治的报复主义刑事政策迥异。

为研究新旧法律、增进司法人员的学识,奉天高等审判厅还设立了律学课,规定高等审判厅和检察厅的推事、检察官和书记都要参

---

① 参考徐世昌:《酌拟奉省提法司衙门及各级审判厅检察厅官制职掌员缺折》,见《退耕堂政书》卷十。
② 《清法部奏颁省城商埠各级厅数庭数员额表》和《直省省城商埠初级审判检察厅员额表》,见《各省审判厅判牍》。
③ 《奉省特别地方审判章程》,见《各省审判厅判牍》。
④ 《奉天高等审判厅幼年审判庭试办简章》,见《各省审判厅判牍》。在《奉天高等审判厅咨呈提法司拟设员司律学课请转呈文》里,更对设立律学课的缘起作了深入的说明,"治事以得人为要,用人以养材为先,而养材之道又不外学问二字。虽学问之理浩无涯涘,要在极深研几,则不难日有进益,况法官为人民生命财产寄托之官,责任綦重,而法学之主要科目允繁,更何可不随时考究,以期沟新旧而见诸实施。"

加,其学习科目分判词和论说两种。每周进行一次考课,试卷由检察讲演会审核。判词由现行刑律教员担任讲解,论说以讲民刑法的教员讲解。试卷分最优、优和中三等,对最优者予以一定的奖励。该课的开销从罚金里面酌提。① 这个制度到底有没有坚持下去,坚持了多久,限于资料,不能作较准确的结论。但仅是这种构想就足以说明奉天高等审判厅对司法专业知识的重视。

奉天各级审判厅的设立及其对案件的审理在全国处于领先地位,对于其后内地各直省省城商埠各级审判厅的成立和运作提供了一个重要的可资借鉴的先例。

五、法部"三章程"的出台

按照清政府预备立宪筹备清单,即议院未开以前逐年筹备事宜的规定,在司法方面的具体筹备工作为:戊申第一年(光绪三十四年,1908)是修订新刑律,编订民事、商律、刑事民事诉讼律等法典;己酉(1909)第二年是颁布法院编制法,筹备各省省城及商埠等处各级审判厅,核定新刑律;庚戌第三年是各省城及商埠等处各级审判厅限年内一律成立,颁布新刑律。② 即宣统二年(1910)之内必须完成设立全国各直省省城商埠各级审判厅。到宣统元年六七月份,各直省省城,除奉天业经成立各级审判厅,吉林和黑龙江正在筹设外,各直省商埠,除天津、营口已经开办外,其余地方,有的才开始规划,但没有什么实际举措,就是那些在法部奏报有案的省份,"其悉心研究,竭力从事者,尚多疑难待剖之端,而意图速成,以趋简便者,且不知有行政司法之别。似此分途异辙,莫定指归,即使程限无愆,而良苦杂陈,恐亦事势所不免。"③ 因为筹设省城商埠各级审判厅所剩时间不多,而当

---

① 《奉天高等审判检察厅附设律学课简章》,见《各省审判厅判牍》。
② 《清朝续文献通考》之"宪政考二"。
③ 《法部奏筹办外省省城商埠各级审判厅补订章程办法摺》,见《大清法规大全》之卷七"法律部之审判"。

时的法律又不能给筹设审判厅作详细的界定①,故法部需要制订一个纲要。

光绪三十三年(1907),法部曾经制订了《京师高等以下各级审判厅试办章程》,法部认为该章程"纲举条分,略具法院编制法及诉讼法大要",而且宪政编查馆同意将此章程在全国范围内通行,由于外省情形与京师并非完全一致,法部在此基础上增加了补订八条,作为各直省省城商埠筹设各级审判厅的准则之一。②

对于各直省省城商埠各级审判厅的人员编制情况,法部在其制定的《京外各级审判厅官制》的基础上,参考光绪三十三年修订法律大臣拟定的《法院编制法》草案的相关规定,综合省城商埠的具体情形,制定了《拟定各省城商埠各级审判检察厅编制大纲》(以下简称《大纲》),该大纲共十二条。该大纲首先规定省城商埠设立各级审判厅的一般情形:"凡省城商埠同在一处者,设高等审判厅一所,凡首县各设地方审判厅一所、初级审判厅一所或二所;其省城商埠各在一处者,省城设高等以下各厅,商埠不设高等审判厅,余俱如省城之例。其商埠大而事繁或距省城过远者,得酌设高等审判分厅,由厅丞于推事中保任一人为推事长,代行厅丞职务,仍由厅丞随时指挥监督。"并指出,前面所述的一般规定,"系最简之办法,各省城商埠不得再行缩减。其繁剧之处,量宜增置,不必拘守此限,惟须奏咨立案。"这种许多不许少的规定是针对各直省督抚的敷衍而制定的。该大纲还规定了关于各级审判厅内部庭数和法官、检察官员数,这些内容将在论述

---

① 当时筹设审判厅的相关法律的严重欠缺情况,清法部已经充分认识到,"如定各厅之组织,明审判之等差,别事物之管辖,厘官吏之职权,此法院编制法所有事也;推事、检察等员应如何资格,黜陟进退各官应如何依据,此法官登进惩戒章程所有事也;诉讼和解宜遵如何程式,判决执行宜循如何节次,此诉讼法所有事也。此等法律章程类非一日所能颁布,而以上指陈各事,又悉为各级审判厅所不能无,则欲示筹办者以津逮之途,自宜先定简要之归,俾为权宜之用,断断然矣。"见《法部奏筹办外省省城商埠各级审判厅补订章程办法折》。

② 此八条主要是对于《京师高等以下各级审判厅试办章程》中那些明显限于在京师范围内适用的法律条文进行的一些修正,涉及各级审判厅的管辖区域、雇用翻译官的问题、交涉案件的处理、诉讼状纸的格式、上诉期限及诉讼费用征收等问题。其中诉讼费用征收的规定具有最重要的意义,该规定为:"原章第八十七条之诉讼费,各省得斟酌情形,量为增减。但其增减之数不得过原额十分之五,且须先将酌定数目咨部考核,并列表悬示,俾众周知。"(《拟补订高等以下各级审判厅试办章程》,见《大清法规大全》之卷七"法律部之审判",以下简称《补订章程》)

审判厅的内部设置时集中探讨。最后提到该大纲的性质及效力："此项编制大纲仅为权宜代用而设,将来法院编制法颁布,如有规定异同之处,应即改归一律。"①

关于设立各级审判厅过程中的用人、筹款等问题,与审判厅的设立顺利进行与否有重大关系,法部更专门拟定《各省城商埠各级审判厅筹办事宜》(以下简称《筹办事宜》)四款,作为各直省遵循的准则。

1. 关于筹设审判厅的经费问题。法部要求应按照《拟定编制大纲》称量筹足。晚清中央改革官制,曾规定度支部统一全国财政,但一直没有实现,举办新政筹措款项只有向各省摊派。② 鉴于这个实际情况,法部的意见是:在度支部统一财政未实行以前,筹措之权应归督抚督同藩司或度支司任之。具体方案是所有开办费须特别筹拨;应用其常年各费,比如省城商埠原有之发审局、清讼局,既然其审判事务要移交给审判厅,那么他们的常年经费以及其他因审理案件花费的款项都应该转归各级审判厅;审判厅成立之后照章所收的诉讼费用以及各项罚金除解部以外的剩余部分,可以充作审判厅的常年经费。

2. 关于审判厅的建筑问题。法部规定:法庭及办公处所自以从新建筑为合宜,如财力实有不给,尽可就各项闲废公局处所酌量修改,但是不得与现在之各行政官署混合,以划分界限,尊重司法独立。

3. 关于用人方面的问题。法部以司法官与行政官有区别为理由申明司法用人权统归法部。在审判厅刚设立之际,法官考试章程未实行以前,其变通办法为:"推事、检察官各员由督抚督同按察使或提法使认真遴选品秩相当之员,或专门法政毕业者,或旧系法曹出身者,或曾任正印各官者,或曾历充刑幕者,或指调部员,俱咨部先行派署。"

4. 关于各级审判厅的管辖问题。一般而言,各省城高等审判厅管辖全省诉讼;各府厅州县地方审判厅管辖全境诉讼,这没有什么问

---

① 《拟定各省城商埠各级审判检察厅编制大纲》,见《大清法规大全》之卷七"法律部之审判"。

② 参考周育民:《晚清财政与社会变迁》,上海人民出版社2000年版,第397—401页。

题。但各级审判厅的设立只限于省城商埠,所以当各乡镇初级审判厅、各府厅州县地方审判厅没有普遍设立以前,就存在一些问题,对此,法部明确规定:省城商埠初级审判厅之辖境不必但以省垣商场为限,应酌量形势户口,如附近之地,实为该审判厅力所能到且势宜兼及者,即划定为该厅管辖之界,凡界内诉讼事件(原被告有一为界内之人或皆非界内人而出事在界内者皆是),地方官不得受理。有报告错误或发现犯罪之时,当指令自赴该厅或移送该检察厅赴诉。其界外词讼案件仍暂归府厅州县官照常收受审理。地方审判厅辖境内之乡镇,其词讼虽暂归府厅州县官受理,有不服时,仍可依照试办章程,就该地方审判厅上诉。该检察厅于收受诉状时,应按试办章程第六条各级审判厅管辖案件之区别,查其应以该地方厅为第二审者,即照章归该厅审判;应以高等审判厅为第二审者,民事令自赴该厅起诉,刑事移交高等检察厅办理。未设地方审判厅之府厅州县,依法递控到省的案件,以前归臬司或发审局审理者,现在应向省城高等审判厅起诉,由该厅按照前条区别,如果是以该厅为第二审者,判决之后,许其照章向大理院上诉;如果是以该厅为终审者,判决时并宣告该案无上诉于大理院之权。此项案件乃专指依法递控,曾经该地方官判断有案且未逾上诉期限者而言。如并未在该地方官署呈控之案,一概不与受理,并不许向督抚及各司道衙门越诉,仍饬回该府厅州县听候判断。非照新章上诉于大理院之京控案件由京师发回原省审讯者,由该高等审判厅照前条区别第二审、终审,判决后呈明督抚及按察使或提法使分别奏报结案。①

《筹办事宜》四款对于各级审判厅设立过程中容易遇到但很难解决的一些问题作了详细的规定,以部令的形式提出了基本适合当时具体情况的解决方案,它与《补订章程》和《大纲》一起构成了在法院编制法正式颁布之前的关于设立各级审判厅的指导性法规。

---

① 《拟定各省城商埠各级审判厅筹办事宜》,见《大清法规大全》之卷七"法律部之审判"。

六、《法院编制法》及各项暂行章程的颁布

按照钦定逐年筹备宪政事宜清单的规定,《法院编制法》应于宣统元年颁布施行。早在光绪三十二年(1906)八月初二日,修订法律大臣沈家本向清朝廷奏上《法院编制法》草案,清朝廷饬下宪政编查馆审查。宪政编查馆经过两年多时间的审查,于宣统元年十二月将其意见奏准朝廷,于二十八日正式颁布《法院编制法》。宪政编查馆认为筹设各级审判厅是司法独立之基础,而法院编制法明定各级审判厅的等级、划分各审判厅的职权,尤为设立各级审判厅的准则。修订法律大臣所拟定的草案,关于审判机关的设备、职掌、权限等诸多方面都规定的比较详细,"于采用各国制度之中仍寓体察本国情形之意,尚系折衷拟定"①。但由于诉讼法、民商法和刑法等尚在编订之中,原《法院编制法》草案中所规定的各级审判厅所管辖的事件本属于诉讼法的范畴,在《法院编制法》中约举其一二,仍是偏而不全,而且有破坏整个法律体系之虞,所以宪政编查馆又单独拟定了《初级暨地方审判厅管辖案件暂行章程》。由于《法院编制法》草案所规定的考试法官和划分司法区域的条文不是十分详细,而这些对于各级审判厅的设立及功能的发挥又十分重要,尤其是法官考试,其作为选拔法官的方法,直接关系到法官的素质,间接影响审判的质量,而"审判得失为人民生命财产所关,亦为将来改正条约所系,任用苟不得其人,则上足以损法权之威严,下适以遭闾阎之藐玩,众心散失,遗患无穷。现在财政困难,各直省不惜增加数百万之负担,以筹设数十百审判衙门,原为清理讼狱、保持公安起见。倘以庸腥劣陋之员滥竽充数,则经费掷之于无用,各该厅且将为酿祸之媒"。基于上述考虑,宪政编查馆又拟定了《法官考试任用暂行章程》和《司法区域分划暂行章程》,但对筹设各级审判厅起最主要作用的还是《法院编制法》,下面对之作一分析。

修订法律大臣拟定的《法院编制法》草案共十五章一百四十条,

---

① 《宪政编查馆奏核定法院编制法并另拟各项暂行章程折》,见《大清法规大全》之卷四"法律部之司法权限"。

经过宪政编查馆核定后,改为十六章一百六十四条,最后得以颁布施行。其各章分别为:审判衙门通则、初级审判厅、地方审判厅、高等审判厅、大理院、司法年度及分配事务、法庭之开闭及秩序、审判衙门之用语、判断之评议及决议、庭丁、检察厅、推事及检察官之任用、书记官及翻译官、承发吏、法律上之辅助、司法行政之职务及监督权。① 它第一次以法典的形式正式确立了四级三审制度为核心的司法权独立行使的制度。日本当时的《裁判所构成法》(以下简称《构成法》)则分为四编:裁判所及检事局(包含总则、区裁判所、地方裁判所、控诉院和大审院等五章)、裁判所及检事局之官吏(包含为判事检事者必需之准备及资格、判事、检事、裁判所书记、执达吏和廷丁等六章)、司法事务之取扱(分开庭、裁判所之用语、裁判所之评议及言渡、裁判所及检事局之事务章程、司法年度及修暇、法律上之共助等六章)和司法行政之职务及监督权。② 对于这两个法律,除了编排体例有一定区别外,观察其章目,《法院编制法》十六章,《构成法》十七章,《法院编制法》的十六章基本上在《构成法》里可以找到类似的表达。《构成法》的"裁判所及检事局之事务章程"一章③为《法院编制法》所无,而类似的规定在清法部的部令里随处可见,可能一则因为其不言自明,二则因为其重要性也一般,故《法院编制法》未将之列入。民国时期的法学家吴经熊在评论国民政府的民法典时就指出:"就新民法从第一条到第一二二五条仔细研究一遍,再和德意志民法及瑞士民法的债编逐条对校一下,倒有百分之九十五是有来历的,不是照账誊录,便是改头换面。"④ 到吴氏所指的时期,我国学习西方法已有三四十年的历史,情况是如此,那由此推之晚清我们刚学习西方法,尤其是西方

---

① 《法院编制法》,《中华民国史事纪要》(初稿),民国纪元前二年卷,黎明文化事业股份有限公司出版,第779—795页。
② 《日本裁判所构成法》,见《日本六法全书》,上海商务印书馆宣统年间印行。
③ 该章仅包含一个条文,即该法第一百二十五条,其条文内容为:"足为裁判所及检事局标准之规则,司法大臣定之。控诉院及检事长,依前项规则,对各自管辖区域内之裁判所及检事局,取扱一切事务,以统一为旨。如裁判所及检事局之开厅时间及开庭时间,则法训令。大审院之事务章程,归其自定,但实施之前,当请司法大臣认可。"
④ 吴经熊:《新民法和民族主义》,载氏著《法律哲学研究》,上海法学编译社1933年版。

化的日本法,这种法律移植的痕迹更为明显,吴氏此结论用之于晚清《法院编制法》当是非常适合的。故宪政编查馆在奏折中的"于采用各国制度之中仍寓体察本国情形之意,尚系折衷拟定"之说,只是使该法得以通过的策略,并非该法本身所具备的特点。

即便是全面移植,《法院编制法》对晚清各级审判厅的设立及其正常运作还是起了重要的作用。从理论上讲,法律移植乃相对于法律本土化而言,本土化乃适合本国风俗人情的法律现代化,故法律移植是实现法律本土化的第一步,法律本土化是在法律移植的过程中通过选择和进化而有了形成的可能。就事实而言,《法院编制法》所规定的四级三审制是比较适合晚清中国国情的。到民国三十年代初,在司法审判方面,改自清末一直施行的四级三审制为三级二审制,即便如此,还有认为学者认为四级三审制最适合我国国情。如吴祥麟(拔微)在《改进中国司法制度的具体方案》一文中就高度评价了四级三审制。① 但也有学者认为,"四级三审制度,虽采自德日之制,但其审级过繁,人民诸感不便。"② 姑且不论后面这种评价合理与否,但此种四级三审制度的确立较之传统的司法体系的进步,学界没有什么异议。吴氏就指出,"四级三审制与六级六审制比较起来,级数既减少了三分之一,审判的次数更减少了一半了。"③ 这可说是民国学界的代表性观点。故《法院编制法》对于晚清各级审判厅的设立乃至中国近代司法的发展所起的作用不可低估。

七、各直省省城商埠各级审判厅的设立及其内部设置

由于有东三省和京师设立各级审判厅在先,有一定的经验可以借鉴;法部"三章程"和《法院编制法》及其三个附属章程随之颁行全国,有相应的法规可以遵循,且各级审判厅的按期成立与否是考核各

---

① 吴祥麟(拔微):《改进中国司法制度的具体方案》,见中华民国法学会主编:《中华法学杂志》新编第一卷第五六号合刊。
② 杨幼炯:《中国司法制度之纵的观察》,见中华民国法学会主编:《中华法学杂志》新编第一卷第五六号合刊。
③ 吴祥麟(拔微):《改进中国司法制度的具体方案》,在这里,吴氏采纳了日本学者织田万的观点,织田万在《清国行政法》里认为中国传统的司法体系实行的是六级六审制。见氏著:《清国行政法》之第四编"论中国的裁判制度",台北华世出版社1979年版。

直省督抚和提法使等官员政绩的一个重要指标,所以全国各直省都把设立各级审判厅当作其工作中的一个重点。截止到宣统二年底,各直省省城商埠各级审判厅基本建立起来。至于直省府厅州县城治各级审判厅和乡镇初级审判厅的设立情况如何,按照清政府议院未开之前逐年筹备事宜清单的规定,到乙卯年(1916年)才能完全设立,截止到清政府在宣统三年灭亡止,尚有五年时间,加上清末新政所需要的经费和人力的匮乏,故可以推断这些审判厅大多未能设立,至于究竟设立了哪些,设立到了什么程度,限于资料,无法统计。但各直省省城商埠各级审判厅的设立情况还是可以弄清楚的,其结果见附录表一。

晚清新政,由法部负责司法行政方面的事务,因此各直省省城商埠各级审判厅的筹设是在法部的统一部属下,是预备立宪的一个重要举措。由于有全国性的与筹设各级审判厅相关的法律和部规的存在,所以全国的各级审判厅在内部设置方面大体上还是一致的。具体而言有以下几个方面。

1. 保障司法内部独立。司法独立原则,乃是西方法律文明的产物,学界一般认为其起源于法国启蒙思想家孟德斯鸠所提出的三权分立学说。① 该学说奠定了司法独立原则的理论基础,其思想随后被西方国家的法律所采纳。司法独立大致可以分为外部独立和内部独立。其外部独立指的是司法裁判权力由法官团体排他性地行使,不受行政、立法等一切其他部门的干涉。其内部独立主要指的是承审案件的法官只受法律的约束,不受其他任何干预。我们这里主要谈

---

① 孟德斯鸠的相关论述见其所著《论法的精神》上册,商务印书馆1997年版,第156页。晚清变法之时,朝廷中许多主张立宪的官员们都表达过与孟德斯鸠的权力分立说类似的观点,如《总核大臣庆亲王奕劻及载泽等奏厘定官制折》云:"按立宪国官制,在立法、行政、司法三权并峙,各有专属,相辅而行。其意美法良,所谓廓清积弊,明定责成,两言尽之矣。盖今日积弊之难清,实由于责成之不定。推究厥故,盖有三端:一则权限之不分。以行政官而兼有立法权,则必有藉行政之名义,创为不平之法律,而未协舆情。以行政官而尽有司法权,则必有谋听断之便利,制为严峻之法律,以肆行武健,而法律寝失其本意。举人民之权利生命,遂妨碍于无形。此权限不分,责成不能不定一也。立法、行政、司法三者,除立法当属议院,今日似尚难实行,拟暂设资政院以为预备外,行政之事,则专属之内阁……司法之权,则专属于法部,以大理院任审判,而法部一监督之权。"见《大清光绪新法令》第20册,商务印书馆出版,第97—99页。

的是审判厅的内部设置,所以就只谈司法的内部独立。清末的变法运动,宗孟氏三权分立的学说,首先创立司法独立的原则,在地方设立各级审判厅就是落实该原则的主要做法。清廷对司法内部独立也有一个逐渐认识的过程。在司法改革之初,说到司法独立,鉴于中国传统司法体系中行政官兼理司法的弊端,马上就想到司法权应该由各级审判厅行使,不受行政官员的干涉。所以在清朝廷司法改革刚开始的时期通过的法律文件,像《大理院审判编制法》、《各级审判厅试办章程》里基本没有司法内部独立方面的规定,对于司法外部独立,这些法律文件都作了强调。关于司法内部独立的法律条文,较早的见于宣统元年清朝廷颁布的《法院编制法》,其中第七十七条,"评议判断时,其陈述意见之次序,以官资较浅者为始,资同以年少者为始,以审判长为终";第九十五条规定:"检察官不问情形如何,不得干预推事之审判或掌理审判事务"①;第一百六十三条规定:"本章所载各条,不得限制审判上所执事务及审判官之审判权"②。各级审判厅的筹立基本上都坚持了《法院编制法》里面关于司法内部独立的相关规定,具体体现在各直省审判检察厅的事务通则里。③

2. 划分民刑诉讼。社会愈进步,职务的分工愈精细。司法愈进步,法院内部职务的分划亦愈多。民刑诉讼的划分,和民事刑事分庭审判制度的确立,是各级审判厅设立上的一大革新。根据这个民事刑事诉讼分划的原则,大理院审判编制法订定司法制度,自大理院以下各审判厅(乡谳局除外)内均各置若干民事及刑事课,分别处理民事和刑事的诉讼案件。光绪三十三年(1907)四月三十日奏准大理院官制时,因于大理院内分设刑事四庭、民事二庭,各设推事五人,合计

---

① 晚清各级审判厅的设置,各级检察厅都附置于各级审判厅内,故检察官不得干预法官行使审判权当属于司法内部独立的范畴。

② 本章为"司法行政之职务及监督权"。综合该章,该条意思为:各级审判、检察厅长官行使司法行政监督权时,不得侵越审判上的事务和审判官的审判权。

③ 晚清各级审判厅设立后,由于诉讼法规的缺乏,也没有先前的经验可以借鉴,为了保证审判厅得以在正常的轨道上运行,各省大都制订了各级审判检察厅的办事规则。就这些规则的性质而言,它们是简要的诉讼规则和法院编制法的细化。这类规则,比较典型的是《上海各级审判厅办事规则》、《直隶各级审判厅办事规则》、《四川各级审判检察厅事务通则》和《贵州各级审判检察厅办事规则》,见《各省审判厅判牍》之"规则类"。

刑科推事十九人,合推丞为二十人,民科推事九人,合推丞为十人。我国民事刑事诉讼审判事务分庭掌管的办法,实以此为始。这种民事刑事诉讼的划分和分庭审理的办法,后来各级审判厅试办章程和法院编制法都有详密的规定。各级审判厅的设立,基本上按照前述法律规定,除初级审判厅采取不分庭的独任制外,地方审判厅和高等审判厅都设立了独立的民庭和刑庭,并规定了各自不同的审理模式,即"刑事诉讼采干涉主义,以摘发真实及检察官依职权进行公诉为原则,而民事诉讼采取不干涉及由当事人自由进行诉讼为主义"①。刑事诉讼的当事人为国家与被告,而民事诉讼以原告和被告为当事人,这种不同的诉讼模式更可显示民事和刑事案件审判精神上的分别,乃晚清司法改革所取得的最重大的成就之一。

3. 就各级审判厅的人员构成而言,除了附设于各级审判厅的检察厅外,一般都包括推事、预审推事、候补推事、学习推事、书记官、翻译官和承发吏② 等。

推事是专门负责案件审理的正式法官。预审推事是专门负责办理预审事务的推事,一般在地方审判厅以上才有,因为预审仅限于严重的刑事案件,初级审判厅没有对此类案件的管辖权。③ 有的审判厅,如京师地方审判厅是由厅丞于各厅推事中临时选任派充预审推事,不设专缺;有的审判厅,如奉天各级审判厅则专门设立预审推事一职。④ 不过多数审判厅在刚建立时由于合格人员的缺乏,没有专门设立预审推事,由地方审判厅的合议庭庭长派该庭推事办理预审事务。⑤ 在宣统二年考试法官之后,大部分审判厅专门设立了预审推事

---

① 《法部奏酌拟各级审判厅试办章程折》,载《大清法规大全》卷七"法律部之审判"。
② 实际各级审判厅都雇佣了庭丁,但他们不是各级审判厅的在编人员,晚清《法院编制法》以及当时的《法院编制法》教科书都没有用专门篇幅谈论庭丁。
③ 参见《酌拟初级暨地方审判厅管辖案件暂行章程》,《大清法规大全》卷四"法律部之司法权限"。
④ 徐世昌:《酌拟奉省提法司衙门及各级审判厅检察厅官制职掌员缺折》,见《退耕堂政书》卷十。
⑤ 《法院编制法》第二十条。

为专官,使之与推事区分开来。① 候补推事乃取得正式的推事资格但没有实际的职缺,按照《法院编制法》的规定,在地方以下审判厅当推事遇有事故时,准用各该厅候补推事代理。② 学习推事是法官考试制度确立之后的产物,按照《法官考试任用暂行章程》的规定,法官考试第一次合格者,应行实地练习,照章分发初级审判厅充任学习推事,但是也有第一次考试成绩最优者分发到高等以下审判厅充任学习推事。③ 候补推事和学习推事的名目则直接从日本借鉴,"日本试验之法,第一次合格者名曰判、检事试补,即中国之学习;第二次合格者名曰预备判、检事,即中国之候补。其有试补期内多有执书记之任以资练习者,若预备则无之。"④

书记官是各级审判厅设立的掌录供、编案、会计文牍及其他一切事务的办事官员。于各级审判厅开庭审判时,应遵守审判长的命令执行职务。书记官分都典簿、典簿、主簿和录事诸等级。书记官从依法部所定之考试任用书记官章程考试合格人员里录用。书记官长,在初级审判厅称为监督书记,于地方审判厅和高等审判厅称为典簿,于大理院称为都典簿。其中都典簿、典簿、主簿为奏补官,录事为咨补官。⑤

翻译官在京师和各商埠地方审判厅特设,由法部及提法司酌量委用。⑥ 在实际中也有不设专门的翻译官,由审判厅临时雇佣的情形。

承发吏是通过法部任用考试承发吏章程所规定的考试合格者,可以由法部及提法司任命,也可以授权地方审判厅厅丞委任,但须缴纳相当之保证金。承发吏受审判厅之命令,送达文书、执行判决、没收物件,于当事人有所申请之时,实行通知、催传等事情。承发吏没有固定的俸禄,这一点不同于其他的司法官吏,但其收入来源分两部

---

① 参考第一历史档案馆藏法部档案:《广西、云南、贵州法官官册》(31704)、《河南、陕西、甘肃法官官册》(31705)、《奉天、吉林、山东、山西法官官册》(31706)、《江苏、江西、福建、湖南法官官册》(31707)里都有预审推事名单。
② 《法院编制法》第五十一条。
③ 《酌拟法官考试任用暂行章程》第七条。
④ 《宪政编查馆奏考核提法使官制折》,见《大清宣统新法令》第十册,第47页。
⑤ 参考《法院编制法讲义》,商务印书馆宣统三年版。
⑥ 《法院编制法》第一百四十二条。

分:一是按照职务章程所定,分别酌给津贴;一是当事人所纳之酬金。关于承发吏是否如旧式差役有营私舞弊之嫌,则"未敢谓其绝无,是则在司法官之善为制驭"①。

晚清设立的各级审判厅,由作为核心的推事以及书记官、翻译官和承发吏组成,就内部构成而言,基本贯彻了司法独立和民刑分离审判等原则,在中国司法史上是划时代的进步。

第三节 关于设立特种司法审判机关的提议

一、设立商事裁判所建议的提出及分析

到宣统二年底,省城商埠各级审判厅按照预备立宪筹办事宜清单所规定的时间设立,普通的民刑案件有了专门的司法机关进行专业化的裁判,而在大陆法系国家,尤其是法国,还有专门的商事法院,专门裁判商业方面的案件。因此,宣统三年,四川成都票帮联义分会禀请农工商部奏设商事裁判所,划清法权,以便顺利解决商事诉讼。其理由有如下几点:

1. "欧美文明国,除以各级审判厅审判民刑诉讼外,特设商事裁判所,处理商事诉讼,使商事、民事,判然各别。"欧美国家为什么这样做呢?因为随着社会的发展,商业发达,纠纷日多。而商业方面有其特别的专业术语,有自己的思维逻辑,故"学法律而充法官者,断难通晓商事"。如果不设立通过专门途径选拔的法官组成的商业裁判所审理商务纠纷,仍然由普通法官组成的裁判所来管辖此类纠纷,"则法庭审讯,一有因误会而误判者,必至是非不明,判断失当"。

2. 如果在中国不设立商事裁判所,普通裁判所判断不公,所产生的后果远比西方国家严重,"内之无以令国人信从而生法律效果;外之莫由使外商帖服,而收治外法权"。

还有一个理由该申请人没有明确表达出来,即中国人近代在列强面前屡屡受挫,到本世纪初,民族危机空前严重,热心时事者多谈

---

① 《法院编制法讲义》,商务印书馆宣统三年版,第71—72页。

"保国、保种、保教"①。欲完成"保国、保种、保教"之目的,舍改革学习西方以及西方化的日本无由,晚清新政就是在这个背景下产生的。但是,传统的优越感在国人心中一直占据重要位置,学习西方以及西方化的日本不是我们的最终目标,最终目标是要超越他们。日本是通过学习西方而致富强的,所以要完成超越的目的,首先要超越日本,日本学习西方遗漏的地方,更是我们进行改革的着力处。这种思潮的影响一直相当大,到民国三四十年代,尽管我们的现代化之路并不是那么顺利,国人的这种心态依然。所以国民政府的民法典,很多学者就以"民法95%都来自德国、瑞士当时西方最新法律思想和立法趋势"②而自豪。这些申请人也有这种通过新政"毕其功于一役"的心态。所以,"中国朝野上下,自维新以来,事事皆求改进。审判一开,关系至大,尤当力求完备";"日本国小而贫,故以商事附于民事,其缺憾殆与各国审判同"。因此,日本不把商事裁判所与民事裁判所分开,反而是我国要设立商事裁判所的重要理由。

正是在上述理由的促使下,该申请人"拟即通告各省商会,联名呈乞大部(指农工商部),奏设商事裁判所,专理商事,庶能划清界限,勿任利弊相因,致商人一部分,不能享法律完全之保护"。设立专门的商事裁判所的具体方法,就是"查(法国《商事裁判所编制法》)与成都总会商事公断处章程,多所吻合。商事公断处之成效,昭昭在人耳目。自审判厅成立后,公断失间接强制之效力,办理稍形掣肘,而原被告并有程度者,仍愿受公断处判断,不愿赴审判厅诉讼焉。足徵公断处确乎有益于商人。若经会众认可,协请大部奏设商事公断处为商事裁判所,略仿法国商务裁判所法,明定章程,于商务繁盛处,由商人负担经费,逐渐设立,则为商人者并受法律保护而无遗憾已"③。最后,其主张没有能够引起社会的巨大反响,专门的商事裁判所并没有

---

① 张之洞在19世纪末撰写的《劝学篇》有云:"吾闻欲救今日之世变者,其说有三:一曰保国家,一曰保圣教,一曰保华种。"(见《劝学篇·同心第一》,中州古籍出版社1998年版,第50页)。

② 吴经熊:《新民法和民族主义》,载氏著《法律哲学研究》,上海法学编译社1933年版。

③ 《请设商事裁判所》,《法政浅说报》第10期。

设立起来。之所以如此,一个重要原因是当时根本不具备设立商事裁判所的条件。

首先,近代中国无设立专门商事裁判所的文化底蕴和经济水平。传统中国社会是一个农业社会,商业在整个国家经济体系里面并不占据特别重要的地位。所以,在中国文化体系里面,反映农业文明思想意识的儒家文化居于正统地位,自西汉之后,一直作为历代官方意识形态,其中的重义轻利思想一直为官方所倡导,经过长时间的浸濡,对民间社会也产生了巨大的影响。到近代,由于受西方的影响,中国的资本主义经济有所发展,商业和商人的地位有所提高,早期的启蒙思想家,如郑观应就认为:"非富不能图强,非强不能保富,富与强相维系也。然富出于商"。鉴于西方一切以商务为中心,"西人以商为战,士、农、工为商助也,公使为商遣也,领事为商立也,兵船为商置也",而"惟中国不重商务,而士、农、工、商又各自为谋,尚不知富强之术",故"习兵战不如习商战"①。但商业在国家总生产中的比重仍然不大②,且商业网络主要是在沿海商埠形成,其向内地的伸展则十分缓慢,"并未使中国全部市场结构彻底改变,内部和边远地区的市场仍保持着传统的特征"③。由于商业发展水平低下且分布不均衡,所以成立专门的商业裁判所在晚清并没有必要。

申请人所言似乎是不设立专门的商事裁判所就没有充分保护商人的利益,考察晚清的情况,似乎也不尽然。晚清政府通过立法的形式确认和保护了商人的利益。如1903年清政府颁布《商人通例》,一反传统中国重本抑末、重义轻利的观念,开始以法律形式确认商人的合法权益,随后又起草和颁布了《公司律》、《商律》、《破产律》、《矿务章程》、《保险法》、《票据法》、《著作权法》等一系列商事法规和工业法规。有了这些法规,如果各级审判厅的法官能够充分调查证据,正确

---

① 郑观应:《盛世危言·商战》,中州古籍出版社1998年版。
② 王玉茹先生对从1887年到1936年的中国近代产业结构的数据统计分析后得出结论:整个这一时期,虽然商业有较快的发展,但在国民总生产中的比重变化不大,保持着相对的稳定性。见刘佛丁主编:《中国近代经济发展史》,高等教育出版社1999年版,第241页。
③ 刘佛丁主编:《中国近代经济发展史》,第283页。

适用这些法律规定,在当时的情况下,是能够较好地保护商人的利益的。申请者的担心似乎有点过。

先来考察西方国家设立商业裁判所的情况。商业裁判所在西方的发展,以法国为最早,然后为其他国家仿效。法国商业裁判所只是在商业繁盛之地设立,在未设立专门商事裁判所的地方,仍然由普通民事法庭裁判商业案件。商事裁判所管辖的区域与普通的民事裁判所是一样的。商事裁判所设所长一人,管理本所行政事务,审判官人数不等,最少的是两名,也有的多达十四名,还设有专门裁判案件事实的陪审员,人数则没有限制。所内还根据实际情况,酌设一定数额的书记官和承发吏。所长、审判官都是由商人民主选举产生,后由总统委任。裁判商业诉讼时,一律实行合议制,至少须三个以上的审判官出席,其判决方为有效。有三类人具有选举和被选举的资格:"一为独贸伙贸,至五年以上者;一为各项公司经理,或充轮船司令、领江等执事人,已满五年者;一有上项资格人,在该所区域内,住居五年,并年满三十岁者也。"选举一年一次,并规定"未充正审员二年者,不得推升所长。未充陪审员一年者,不得推升正审员"。就任职年限规定,审判官、陪审员的任职期限以两年为期,期满后可以续任。续任满,必须间隔一年,始能被选。所长则可连续当选,不定年限。商务裁判所是一种特别的司法裁判,必须依据商业法律和相关的分离规则,以断两造之曲直。其受理诉讼专限于商业纠纷范围,其中案件标的在五百两以下者,一经该所裁判,不得上诉。若标的额超过五百两,则应得有高等审判厅之许可,始能判决,并须将判决情形,移知高等审判厅厅丞。凡判决之事,商业裁判所可以采取强制措施,如查封财产、勒令取保之类,其不服者,得赴高等审判厅控告。以上所述是法国商务裁判所的大致情况。

再来观察一下清末的社会情况。第一个面临的问题是人才的匮乏。按照法国设立商事裁判所的经验,能够胜任商事裁判所审判官和陪审员的人,一方面要有商业方面的知识,对专业的商务规则和商业习惯有相当的了解,此乃设立专门的商业裁判所的初衷所在。光有这还不够,商业裁判所的审判官和陪审员裁判商业诉讼,关于相应的法律规则和原理,乃至法律程序方面的知识须臾不可或缺。晚清法律人才的匮乏,在设立普通裁判所时就感到问题的严重①,何况还要找如此数量众多的精通法律知识和商务知识的通才。② 即使能够找到符合上述条件的审判官和陪审员,那这些商人愿不愿意担任这个职务还是一个问题。能够有资格被选任的商人都是在该领域做得相对较好的,时间对于他们来说应该是更为宝贵,此其一。更大的问题还在于充任陪审员,陪审制度在晚清引入中国的失败就能够很好地说明这个问题。③ 所以,关于晚清设立专门的商事裁判所,人力资源的匮乏是一个重要的限制。

设立专门的商事裁判所面临的第二个重大问题是财力匮乏。庚子一役,清政府须赔款白银四亿五千万两,加上利息,共计九亿八千多万两,加上各地方的赔款两千来万两,相比清政府每年的财政收入一亿两左右,清政府财政危机空前严重。④ 所以在庚子以后,清政府几乎所有重大的筹款项目,都是通过向各省摊派来实现的。自 1905 年以后,清政府为筹备宪政,大力向各省分摊筹款。早在 1901 年,张之洞和刘坤一在《江楚会奏变法三折》里就谈到了为新政筹款的问题:"既须筹赔偿之款,尤宜筹办事自强之款。赔款之款所以杼目前之祸难,自强之款所以救他日之沦胥。应请饬下政务处大臣、户部及各省督抚,于赔款之外,务必专筹巨款,以备举行诸要政。"⑤ 清末新政,虽然是一个全面改革社会的举措,但其推行远远超出了清王朝当时的国力。⑥ 设立各级审判厅都限于财力维艰,先只在各省城商埠设

---

① 关于晚清设立各级审判厅人力资源的匮乏,参见本书第四章、第六章。
② 按照筹设各省城商埠各级审判厅表格的统计,清法部规定要设立各级审判厅的商埠有 31 处,按照法国商事裁判所的建制做估算的话,每个商埠设一个商事裁判所,需要审判官和陪审员 2—14 名,那么共需要法官 60—400 名。而这些法官又要从具备一定资格的商人中产生,而且其任期为两年。虽然可以连任,但并不是所有的审判官都可以连任,所以需要适合充任审判官的人数要在前面这个数字以上,其难度盖可以想见。
③ 关于陪审制度在晚清的争论和遇到的问题见本书第六章第四节。
④ 晚清政府的财政危机,周育民先生总结的三个特点是基本反映了当时的情况,周氏认为:"1. 收支规模的急剧扩大,严重的入不敷出;2. 地方财政的全面亏空;3. 伴随着财政规模的急剧扩大,财政赤字的迅速上升,清朝传统的解协饷制度日趋崩溃。"见周育民:《晚清财政与社会变迁》,第 384—387 页。
⑤《刘坤一遗集》第 3 册,第 1289 页。
⑥ 关于此问题的详细论述见本书第六章第三节。

立,而不能推行于全国。① 设立各级审判厅都如此艰难,更何论设立专门的商事裁判所?

所以,就全国而言,设立商事裁判所的建议不是社会的真正需要,因此没有设立的可能。但是在那些商业异常繁盛的商业化大都市,如上海、天津等地的地方审判厅内除刑事和民事庭以外,单独设立一个商事庭是有必要也是可能的。所以在民国刚建立之际,上海地方审判厅鉴于上海"商业既盛,诉讼日增",加上当时战争造成的经济恐慌,大量商人破产,当时的上海地方审判厅又没有设立专门的商事庭,普通法庭则多用《大清现行刑律》中的相关规定裁判商业纠纷,其裁决结果多不能令商人满意,商人因此转而求助于商会,结果导致商会几有仲裁裁判之权。所以,上海地方审判厅认为这"非所以示法权之统一"。该审判厅接着论述了西方国家的相关法院编制,"英国往时有伦敦破产审判厅之设,法德等国于民事审判厅外,均别建商事审判厅"。在综合了上述两方面理由的基础上,该审判厅提出,"以上海言之,即不采诸国制,亦当于地方厅民刑庭外,并设商事一庭"②。虽然其提议遭江苏都督的搁置,但反映出在商业化大都市设立商事审判庭的社会需要。

二、设立权限争议裁判所的提议

晚清刊物《法政浅说报》③ 鉴于从西方法律体系,尤其是西方化了的日本法里面引入了很多法学新名词,普通国民对这些新词汇的理解还有较大的困难,该刊以向国民传播普通法律知识为志④,特专

---

① 按照晚清法部的规划,设立全国各级审判厅分三阶段进行:先建立省城商埠各级审判厅,接着是直省府厅州县城治各级审判厅,最后建立乡镇初级审判厅。之所以如此,有人才缺乏的因素,但不可否认,财力问题是一个起决定作用的制约因素。
② 黄庆澜编:《上海地方审判厅司法实纪》第一册之序言,上海中国图书公司1912年印行。
③ 《法政浅说报》,宣统三年四月初一日创刊。每月三期,逢一日发行。
④ 关于该刊的办刊宗旨,其发刊词云:"要知立宪政治,乃是我国数千年所未行之举,故一旦改革,群然惊讶。人人果有政治上之常识,焉能少见多疑? 本报出版,不自量力,勉为秉此两义,命为法政浅说。所为雅俗共觇,出版之初,先仅普通法律、政治原理原则,分门别类讲解,以后国家施一法规,颁一政令,凡直接关于我国人民的,当准据法理,明为剖析,务使我国民,人人灌入法律上知识为止……祝我国民,法政知识日益增进,待至宣统五年,人人拿起本报一看,如陈腐糟粕,一怒而掷地下。这就是本报的大希望。"见《法政浅说报》,第一期。

门开辟名词解释专栏。其在解释名词"权限争议"时指出:"若两上级官厅,致生权限争议,以上再无上级主裁其事,各国设有权限争议裁判所……我国现为改革官制官规之际,将来各官厅权限上之争议,在所不免,设立权限争议裁判所,亦最急之务也。"① 还有一篇论说专门论述晚清设立权限争议裁判所问题的文章。该论说首先介绍了各国设立权限争议裁判所的情况,重点谈了日本关于设立此类裁判所产生的争议:"日本关于权限争议事件,本欲采用此制(指设立权限争议裁判所),其行政裁判所法第二十条所规定云:司法裁判所与行政裁判所间权限之争议,于权限裁判所行之。但是日本至今仍迟迟未行。第四次帝国会议,曾提出权限裁判所法案,即未通过。又于明治三十五年会议,又提出此法案,又未通过。故日本现在关于权限裁判所之组织,尚未规定,其行政裁判所法第四十五条云:权限裁判所之职务,以枢密院行之。至其诉讼之手续如何,更无规定之明文……权限裁判所之编制,各国虽有不同,大概皆以司法裁判官、行政裁判者(即行政裁判所之裁判官)及高等行政官混合而成,其员数有七员者,有九员者,有十一员者,有十三员者不等"②,最后表达了希望清朝廷能够早日设立权限争议裁判所的愿望。

在当时,设立权限争议裁判所同样是不现实的。一个基本的理由在于:权限争议裁判所的设立需要有不同类型的裁判机关存在为前提。最早设立权限争议裁判所的国家是法国,法国的法院系统是建立在行政法院与普通法院分离的原则上的,权限争议裁判所的设立就是为弥补此种法院分离不足的问题。就原则上来讲,两种法院的司法管辖权划分应该是相当明朗,如果争议涉及政府机构,该案件就属于行政法院的管辖范围,普通法院则无权受理。但实际上,普通法院对于一些涉及政府的案件仍然拥有司法管辖权,到底应该向普通法院还是向行政法院提交诉讼在许多案件中并不是那么明确,有时,这两类法院对其各自职权划分的原则也有不同解释。正是为了解决有关司法管辖权的争议,法国于1849年建立了权限争议裁判所

---

① 《法政浅说报》第十三期。
② 《法政浅说报》第十四期。

(Tribunal des conflits),该裁判所曾在两年后因拿破仑三世政变后被废除,但在1872年又重新建立。就性质而言,该裁判所位于普通和行政两种司法审判机关之外及之上。① 而晚清司法改革根本就没有设立专门的行政裁判所。晚清的法律改革虽然已经从制度层面规定了司法权由各级审判厅独立行使,而行政衙门因为其作出的决定对普通公民的损害一方面可以通过上级官厅的行政监督和科道官员的纠举而得到解决,另一方面在全国审判厅未遍设之前,行政衙门裁判的诉讼案件可以上诉至高等审判厅或大理院得到司法救济。权限争议裁判所的设立必定是在两种不同性质的裁判所之间发生了权限争议才有必要。如果在行政裁判所没有设立之前设立权限争议裁判所,让它裁决各级审判厅与行政官厅的权限争议,那即是在行政机关和司法机构之上再建立一机关,不仅与西方的分权制衡的学说相悖,且难免开启堂而皇之干预司法独立之门。就事实言之,在中国传统中,行政居于主导地位,根本不可能在行政机关之上再建立一个具有更高权威的机关。所以,当时仅有设立权限争议裁判所的提议,之后在社会上没有什么反响,此种提议遂寝。

---

① 参考韩苏琳编译《美英德法四国司法制度概况》中的"法国的司法管理"部分,人民法院出版社2002年版。

第四章 法官考试

各级审判厅的设立并进行民刑案件的审理,是中国司法审判史上的一件大事。一种新机构的设立,是否能够起到预期的作用,在很大程度上就取决于使此机构得以运作的人。在各级审判厅里,起灵魂作用的是法官。① 所以,欲对晚清各级审判厅的实际运作进行研究,对法官选拔制度的考察是相当重要的。晚清法官选拔制度有一个以经验、资历选拔到以考试选拔的过程。但是,从各级审判厅的设立开始,虽然因为种种原因不能以考试选拔法官,但也一直把考试选拔法官作为一努力追求的目标。到宣统二年(1910),清法部组织了一次全国规模的法官考试,标志着晚清法官考试制度的在全国范围内正式确立。

中国古代有人存政存,人亡政亡的思想,而且在传统中国数千年的人治语境里被不断强化。在中国,以考试作为选拔官吏的制度有悠久的传统,并得到了广泛的社会认同。②

清末司法改革受刺激于西方,就整体而言,改革本身是以西方大陆法系的司法制度和理念为模式的。西方的司法制度和理念非常注重法官的专业化属性。在西方大陆法系国家,保证司法官专业化的

---

① 在光绪三十二年(1906)九月二十日颁布的官制改革清单上,确立大理院专掌审判,并以"推官"的名称称呼实际意义上的法官。光绪三十三年四月三十日,清军机大臣、法部和大理院会奏,增改大理院官制,改"推官"为"推事",其理由是:"推官之名,肇自有唐,相传甚古,然历代皆属外僚,不系京职。考宋时大理有左右推事之称,拟改推官为推事,即以此推行内外审判衙门,以符裁判独立之意。"同时改"司直"为"检察官",因"司直官称,亦缘古制,惟名义近于台谏,尚与事实不符。"所以在整个晚清,法官皆称为"推事"。见《会奏增改大理院官制折》,见《中华民国史事纪要》之"民国纪元前五年"卷,第 237 页。
② 从唐朝开始的科举制度就是一系列的考试制度化设置。尽管从科举制度产生开始,就不断有人对科举进行批评,但是这种批评大多集中在科举考试的内容和具体的程序,而对考试制度本身却没有人提出多大的异议,反之却有许多赞扬之声。直到近代,孙中山先生在考察了东西方各国政治制度以后还认为"中国的考试制度,是世界上最好的制度"(见孙中山:《五权宪法演讲》)。民国时期有学者在研究了中国的考试制度之后指出,"(有了考试制度以后)于是中国的君主政治,既没有治权独占的危险,又没有民权扩张的顾虑。""考试的目的,还是以选拔人才为主,较之保荐制度,实有天渊之别。"就是与选举制度相比较,也是各有其特点,因为"选举是以民众舆论为取舍,考试是以学力为权衡"。见郑定人编著:《中国考试制度研究》。

重要制度设计之一是司法官考试。在法国，法官考试制度的确立有一个试错过程。在大革命期间的1790年，出于对革命前司法官员的不信任，规定各级法官皆归民选。经过一段时间的经验考察，发现法官选举制度颇有流弊，最显著的有两点：第一就是选举人往往不知慎重其事；第二则是法官因之陷入政党的漩涡中而失去独立资格。所以法国遂将民选法官制度废弃，每年在巴黎举行一次法官考试，考试分口试和笔试两场。"应试人不但要有法学学位，且须曾任检察官一年以上或曾充律师两年以上。中试之人，有时由司法部派到各处实习。县审判官出缺时，就由司法总长呈请总统委任考试及格的人去补充。"① 日本作为中国的近邻，对中国的司法改革影响最大。中国司法改革的一个重要的动力，就是日本通过改革成功地在19世纪末从列强手里收回了领事裁判权，从而恢复了法权的统一。日本早在明治二十四年(1890年)五月制定了《推事检察官录用考试规则》，规定：对于推事、检察官，须成年男子有一定的学历，在司法省举办的第一次考试合格，作为司法官试补，在区法院、地方法院及检事局实习的基础上，又在控诉院举办的第二次考试合格，才可以被任命为推事或检察官。到清政府进行司法改革的时候，主要的大陆法系国家都确立了法官考试制度。光绪三十一年(1905)九月，清政府派刑部候补郎中董康、主事王守恂、麦秩严赴日本调查裁判监狱事宜，以为将来司法改革之准备。他们在考察完毕之后撰写的报告书里，重点提到了日本裁的法官考试制度。② 这个报告书于光绪三十三年(1907)由

---

① 郑定人编著：《中国考试制度研究》，民智书局1929年版，第67—68页。
② 《调查日本裁判监狱报告书》之调查裁判清单的职员部分，谈及日本法官考试的程序及考试的具体内容，即"有被任判事之资格者，须在受法律学科之官立学校、或据专门学校令之公立私立学校修三年以上法律科，领有卒业证书，或在外国大学校及与大学同等之学校修法律学，领有卒业证书者，可受判检事之登用试验，于司法省行之，由司法大臣选本省高等官及大审院、控诉院之判事、检事或其他官厅之高等官为试验委员，额定九人，因法律学科分宪法、民法、商法、刑法、民事诉讼法、刑事诉讼法、行政法、国际公法、国际私法九科目也。试验之法，先课普通试题，一论文，二外国语，合格者受本试验，以笔记、口述分试专门各学，视其成绩，决定去取，及第者充司法官试补，分派各地裁判所及检事局，修习三年，受奏任官之待遇，略予年俸，于试补年限中，在裁判所者，学习草判决书之初稿，或执书记之事，间有代理预审判事及裁判所之受命判事者，在检事局者，辅助检事办理搜查处分，或代理检察员出庭论告。实地修习事务，何时何处虽无规定，据惯例则分民事、刑事、检事局为三期，期满受第二次试验，以司法省次官为委员长，选本省高官及大审院、控诉院判事为常任委员三名，临时委员数名，但第一次被选者，不能兼任第二次。试验之法，以习熟

法部堂官专折上奏,得到了朝廷的重视。清政府新设立的各级审判厅又需要大量从事独立审判工作的法官。国外法官考试制度作为一种观念输入中国,正与传统中国的考试制度契合,所以法官考试制度容易被我国所接受,剩下的就是经验的累积。

第一节 天津试办各级审判厅举行的法官试验

就现有资料来看,晚清最早的法官录用试验始于光绪三十三年(1907)袁世凯在天津府试办各级审判厅之时。当时在天津府设立了直隶高等审判分厅,在天津县设立了地方审判厅,并在天津城乡设置了乡谳局四所。既有各级审判厅试办,并为全国筹设各级审判厅提供经验,最终达到谋司法独立,以为将来收回领事裁判权之蒿矢的目的,就不能用原来选拔官员的科举或捐纳之办法。况且科举也因不适应时代发展且造成无穷弊害已经于两年前废除了,捐纳也只是一开腐败之途,不足为训。所以必须找出一个新方法。当时的人已经意识到法官必须是专家。在此之前的晚清刑部,就是精通传统律学的专家当家。[①]晚清司法改革的模式是西方大陆法系的司法,法官必是专家。袁世凯在给朝廷的奏折里面谈到试办审判厅的困难之一就是"法官既少专家,布置亦难藉手"[②],直接表达了法官是专家的意思。既然法官是专家,那么其以考试进行选拔就是必然的了。所以,天津试办的各级审判厅法官都要通过试验产生。有资格参加试验的人据袁世凯讲有以下三种人:平日研究谳法;日本法政学校毕业回国成绩最优者和原有府县发审人员。这三部分人,先让其学习、研究新式的

实务为目的,仍分笔记口述二项,及第者分派区裁判所及地方裁判所并检事局充预备检事、检事,以待补用;未及第者补习六月,复行试验,如仍落第,黜其名。若帝国大学法律学科卒业生,以曾经第一次试验论。其曾充帝国大学、法科大学教授、或曾任辩护士三年以上者,无须经登用试验,亦得被任为判事、检事,此为例外。"北京农工商部印刷科光绪丁未年五月铅印本,第8—9页。

① 参考李贵连:《专家与当家》,《近代中国法制与法学》,第487—493页。
② 《奏报天津地方试办审判情形折》,见《袁世凯奏议》,第1492页。

司法审判,然后参加试验,及格的人,按照其考分的高低,分别派充法官。① 但由于未能见到其试验题目及答卷,因此无法推测其具体的试验内容。但其结果,袁世凯认为是"人争濯磨,尚无滥竽充数之事"。通过试验选择法官,比之传统的科举与捐纳,袁氏所说,当与实际情况大致吻合。

总之,天津试办各级审判厅的法官试验是中国近代司法改革中举行法官考试的开始,为宣统二年法部统一举行的全国范围内的法官考试提供了实际的经验。

第二节 宣统二年法官考试

宣统二年(1910年)清政府举行了第一次全国性的法官考试。② 国外法官考试制度作为一种观念输入中国,正与传统中国的考试制度契合,加上各省省城试办各级审判厅陆续成立,并且按照筹备立宪之计划,到宣统二年底全国省城试办的审判厅都要成立,法官选拔万不可缓。故经过几年的酝酿,特别是天津举行的法官试验所积累的经验,到1910年(宣统二年)上半年,清法部公布了《法官考试办法》及其《施行细则》,并宣布在下半年举行全国性的法官考试。

一、宣统二年法官考试的进行

清末法官考试基本上是模仿日本的司法官考试制度,分两个部分进行,即笔述部分和口述部分,笔述合格者方有资格参加口述。笔述时间从宣统二年八月二十四日一直延续到九月十二日。③ 考试地点,除西南、西北等几个偏远省份的考生在本省考试以外,其余各省的考生则由本省选派,赴京师参加考试。宪政编查馆奏定《法官考试任用暂行章程》内规定:"距京较远交通未便省份,由法部将通习法律

---

① 《奏报天津地方试办审判情形折》,见《袁世凯奏议》,第1493页。
② 宣统三年四月二十五日出版的《法政杂志》第一年第三期登录了宣统二年秋天京师法官考试的试题,其编者对此次考试有如下评价:"去年秋,京师考试法官,为吾国就所用以为试验之第一次"。这里所讲的"第一次",指的是全国性的,且影响较大的法官考试。
③ 本节如果没有特加说明,民国以前的日期都是农历日期。

人员,开单奏请简派,前往各省,会同提法使考试。"宣统二年三月,在法部具奏的《法官考试任用暂行章程施行细则》里,确定了法部指定派员往考的省份,"以四川、广西、云南、贵州为一路,甘肃、新疆为一路,由法部遴选京官五品以上人员,出具考语,开单奏请简派,每省以二员为额。"宣统二年六月九日,清廷派考试官张丕基、陈棣堂前往四川,何奏蓑、萧之葆前往云南,林荣、朱汝珍前往贵州,李擢英、萧丙炎前往甘肃、新疆。同时还分别往这些省份派了颜绍泽、铭廉、靳锡兰、培元、吕兴周、何宾笙、万之一和恽福鸿为襄校官。还规定赴甘肃的考试官和襄校官,于该省考试完毕以后,再行前往新疆主持考试。

对于此次法官考试,清朝廷和法部都十分重视,规定考试应该由法部堂官主持。在京师举行正式考试的前一天,即宣统二年八月二十三日,法部尚书廷杰"因资政院开会在尔,拟照院章亲临会所,未便兼充监临"①,就向朝廷推荐了该部侍郎绍昌为考试监临官。考试之前,法部发布《考试法官之示文》②,从中可以了解到,此次法官考试于二十四日开始,分场举行,分场是按照考生的籍贯来划分的:京旗、驻防、直隶、奉天和陕西的考生于二十四日考试头场,二十六日考试二场;江苏、安徽、江西和福建考生于二十七日考试头场,二十九日考试二场;浙江、山东、山西和吉林于九月初一日考试头场,初三日考试二场;湖南、湖北、广东、云南和甘肃于初四日考试头场,初六日考试二场;四川、河南、广西、贵州和黑龙江于初七日考试头场,初九日考试二场。为了广泛选拔法学人才,切实以俾时用,防止优秀人才遗漏,法部在九月初十日和十一日两天安排了一次补考。参加补考的主要是两部分人:一部分是没有能够按期报名投考及册送的人。按照法部的规定,各考生必须在八月十七日以前报名投考及册送。参加补考的第一部分人就是自八月十八日起至二十九日止续行投到报卷各员生。另一部分是在正式考试时犯病之人。这部分人要参加补考,必须取具同乡京官证明。据法部在考前发布的示谕统计,因患病而

---

① 《政治官报》折奏类,宣统二年八月二十六日,第1049号。
② 《大公报》,大清宣统二年八月二十三日,第2935号。

参加补考的有十八人。①

此次考试,报名人数相当多,据《京津时报》在考试前两天所发布的《考试法官近闻》所记载"二十二日报考法官已经截止,闻考数已达三千余人"②。加上补考的那一场,除去因病重考的那十八个人,报考总人数当在三千五百到六百左右。③ 每天举行的考试,延续的时间都比较长,在黎明五点二刻就听候点名领卷入场,下午六点钟才到必须交卷的时间。考试的具体地点,西南、西北等边远省份的考试在本省的提学使官署内举行,其余则在北京学部考棚举行。

前面提到,法部曾经派员到新疆去主持本次法官考试,但实际上新疆的法官考试并没有举行。法部在奏折中说明了原因:"新疆法官考试实多障碍,拟请援照广西成案量予变通。"④ 何谓"广西成案"?即按照该省省城商埠审判厅设立的进展情况,由法部派员到该省单独举行法官考试。广西的情况是这样的:广西提法使于宣统二年初上报法部,认为该省筹设省城商埠各级审判厅较其他省份迅速,而且已经预定于宣统二年(1910)三月间成立各级审判厅。而《法院编制法》及《法官考试任用暂行章程》则于宣统元年(1909)十二月二十八日颁布,旋由宪政编查馆将原奏并编制法以及这个暂行章程一齐印刷,送交法部,法部详加核阅,作出所有法官第一次考试应于宣统二年举行的决定。而宪政编查馆原奏内明确指出:凡非推事、检察官者,未经照章考试,无论何项实缺人员,不得奏请补署法官各缺。按照此项规定,此后法官之任用,舍考试外别无他途。而第一次全国范围的法官考试,由于准备工作浩繁,法部预计最早也得到宣统二年秋后方能举行。法部认为:"此时若令各督抚仍照自奏期限成立,即与

---

① 他们是:安徽的孙春泽、宁慰曾,福建的邱澜,江西的沈树丹、程世济,浙江的陈焕、鲍俊、许乙青、饶翼和任乃大,奉天的才永发、杨春生,直隶的梁恩鉴、李耀艇、朱振谱和傅凤鸣,山西的罗斗南,广东的黄乐诚。《京津时报》,宣统二年八月;这一时期的《京津时报》有一个法部示谕专栏,这期间专门登载关于本次法官考试的法部示谕。

② 《京津日报》庚戌(宣统二年)八月廿四日。

③ 三千多在规定日期之前册送的正式应试人分五场考完,虽然考生按照省份划分场次,各场考试人数未必一样,但平均每场大致五六百人参加考试则无疑。加上补考一场,一共举行了七场考试,三千五六百人应考则应该出入不大。

④ 《东方杂志》1910年第十一期。

任用定章相违。如于考试后始行开庭,则成立期限又不能不量加酌改。"经过与宪政编查馆咨商,法部作出决定:"各省有已筹办就绪者,即由该督抚咨部,提前奏派人员前往会考;其未筹办就绪者,亦应由部行文督催,均于考试后再行开庭……现据广西电称,开办在即,臣等再四筹商,拟即迅速详定考试细则,提前奏请简员前往该省会考。其筹办尚未就绪各省,无论曾否奏报成立有期,均一律令其于秋后试毕,始行开庭,仍以不误本年期限为准。如此变通办理,既不误成立之期,又可收得人之效,似属两有裨益。"① 新疆的情况与广西类似,只不过是不能在全国统一的法官考试之前准备就绪,只能在此次全国统一考试以后,等该省准备工作完成以后,由法部另行派员到该省主持考试。

到底是哪些人方有资格参与此次法官考试?宣统元年(1909)十二月二十八日公布的《法院编制法》第一百零七条规定:"凡在法政、法律学堂三年以上领有毕业文凭者,得应第一次考试。"② 同时《法官考试任用暂行章程》第四条还规定:"凡得应第一次考试者,除法院编制法第一百零七条第一项所定资格人员外,所有左列各项人员,准其暂行一体与试:1. 举人及副优拔贡以上出身者。2. 文职七品以上者。3. 旧充刑幕,确系品端学裕者。"③ 关于后三类人的资格限制问题,当时就存在争议。时任内阁侍读学士的延昌上奏,认为法部规定的"与考资格不免流弊",主张从严限制举贡、文职和幕僚的应考资格。而宪政编查馆和法部则认为"法官与考资格,外国本以法律科三年以上毕业者为限,中国此项合格人才,于新律研究诚有所得,然现行法律及诉讼手续亦尚因仍习惯,不得谓旧学中竟无可用之人"④,主张放松限制。结果朝廷采纳了后者的意见。实际上,除《法院编制法》和《法官考试任用暂行章程》规定的学历、资历条件外,法部还强

---

① 《法部奏各省筹办审判各厅拟请俟考试法官后一律成立折》,见《大清法规大全·法律部》之审判,卷七。
② 《中华民国史事纪要》(初稿),民国纪元前三年卷,黎明文化事业股份有限公司出版,第790页。
③ 同上书,第796页。
④ 《宪政编查馆法部会奏议覆内阁侍读学士延昌具奏举行法官考试请饬改订规则折》,见《大清宣统新法令》,第21册,第45—46页。

调对道德资格的审查。凡严重违反封建道德伦理之人是没有资格参加此次考试的。即使这些考生已经被省级官府送至京师,取得了参加考试的资格,如法部查明有违反封建伦理道德的行为,也要一律取消其应试资格。如福建报考法官长乐县毕业生陈锡良,据其出结官声明,该生系丁忧尚未起复而隐瞒丁忧情事,法部立即在考试进行期内取消了该生的应考资格。① 所以,参加此次法官考试的是能够遵守传统道德规范的法律法政学堂毕业生和一些旧式刑名人员。

此次法官考试的考场纪律比较严格,秩序相对较好。为了保证此次法官考试能够真正选拔合格的司法人员,在考试之前,御史赵熙上奏朝廷,提出了三点要求:1. 审判厅厅丞、检察长须审慎选派;2. 考规须照科场办理;3. 录取人员不得向阅卷大臣、襄校官纳贽拜门。赵熙提出的这三点要求,一方面是针对以前举行的科举考试而提出来的。从规定的制度来讲,关于科举考试防止考场弊端的规定十分严密,对考官舞弊的惩罚相当严厉,这一点值得考试法官所仿效。但是在科举考试中,中试之人与主考官之间通过拜门以及由此形成的座师门生关系根深蒂固,多为时人所诟病。法官专掌审判大权,动关人之生死出入,须一秉至公,方足胜任。赵熙的奏折另一方面是针对法部对襄校官和各省对应考生员的选拔存在滥竽充数的情况而提出建议的。他指出:"窃国家岁费数千百万以办审判厅,诚以民刑案件乃人民生命财产之事,非使平时希冀调用之人乘间以施其运动之事也,乃法部堂官前次奏派直省考官及襄校各员,多以非才充数。现闻举行京师法官考试,复随意点令报名。试问为国司法专官而始基如此不慎,将来审判之官遍设全国,直使审判之毒遍播全国。天下断未有用人太滥而能责以成效者!"② 赵熙的建议得到了清廷的采纳,"着法部妥筹办理,毋滋流弊……破除情面,认真办理"。主持此次考试的法部堂官还着重强调:"所有此次应考各员生均着按照牌示日期,于黎明五点二刻听候点名领卷入场,准于下午六点钟缴卷,断不准继

---

① 《京津时报》,庚戌(1910)八月二十八日之法部考试法官监临示谕。
② 《御史赵熙奏京师考试法官请饬法部认真办理折》,见《申报》,宣统二年(1910)九月四日。

烛。至怀挟坊抄各本,为历来场屋通病,本监临于每考日期,随时亲赴考棚,随带办考司员稽查。倘或不知自爱,一经查出有翻阅夹带情事,除立将该员生扶出外,仍指名从严参革。"① 这种严格的规定不只是仅流于字面,实际上也有一些考生受到了处罚。"初五日法部考试湖北法官,由法部尚书廷杰自行监考,题目未发之时,曾谕投考各员云,无论何人,身旁带一只字者,即行惩办。至题目发下之后,见某考生阅书,廷大臣即将某卷上批示'不取'二字。又有某看别项字纸,被廷大臣提至,当面命题作文。廷大臣如此严厉,可谓克尽厥职矣。"② 还有一个名叫吴凤章的湖北考生,在茅房内翻阅夹带而被监场司员查获,法部官员正在商议如何处理的时候,此人恳求将未完成的试卷缴纳,与同场考试之人一起出场而被法部官员拒绝。法部认为:"查严禁夹带,屡经牌示,不啻三令五申,该生故犯场规,实属不知自爱。"③ 因此法部将该生试卷指名扣除不录。

为了从程序上保证考场秩序的公平,考试法官大臣、襄校官与应试员生之间实行了严格的回避制度。如山西解州籍应试员生王迎祺与襄校官狄楼海有内姻关系,经法部证实之后,特发布告示,宣布该襄校官回避。④

尽管此次考试从法部到朝廷乃至整个社会都比较关注,法部从宏观程序到具体细节都做了很大的努力,以确保选拔优秀法律人才从事将来独立的审判工作,但某些做法却引起了舆论的批评,如《京津时报》载有《考试法官之儿戏》一文,提到:"开考以来,凡有偏号弥封以及搜查夹带等一切关防,向颇严密,并经监临绍侍郎一再牌示,违式者扣除,二场填漏一场座号者不录,足见办理认真。乃前日忽闻牌示,凡未填座号者,概予从宽录送,俟笔述完毕,即拆去密封,用姓名填写草榜,口述即按照姓名传问。此种办法,不知与科场条例是否符合?关防仅止于草榜乎?从宽果出于大公乎?非局外人所敢知矣。"⑤ 法部对此

---

① 《京津时报》,庚戌(1910)八月二十四日之法部告示。
② 同上书,庚戌九月初八日。
③ 同上书,庚戌九月十四日。
④ 同上书,庚戌八月二十八日法部示谕。
⑤ 同上书,庚戌九月十一日之京城纪事。

的解释大致是:有很多应试生员在进行第二场考试时漏填第一场考试时的座号,如果严格按照既定规则执行,恐有许多具有真才实学之人因为一时的偶然疏忽而不能录取,从而辜负了朝廷选拔真才实学的期望,因此才采取上面说的这个补救办法。这个办法则导致口试时以真实姓名进行,从而引起时人猜疑。到底法部进行变通的真相何在,其结果是不是导致了营私舞弊,限于资料,无从悬揣。

二、宣统二年法官考试的内容

《法官考试任用暂行章程》第五、六两条对法官考试内容作了大致规定。"第一次考试科目如左:1.奏定宪法纲要。2.现行刑律。3.现行各项法律及暂行章程。4.各国民法商法刑法及诉讼法。(准由各人自行呈명,就其所学种类考试,但至少须认两种)。5.国际法。右列各款,以第二至第四为主要科,主要科分数不及格者,余科分数虽多,不得录取……口述科目以主要科为限,笔述除第五条所定各科外,应再令拟论说一篇,以主要科命题。"① 法律规定只是指明了一个大致范围和部分题型,详细情况下面再作分析。

鉴于这是第一次举行法官考试,应考人员对此种专业性极强的考试没有什么了解,而且当时应考人员的大部分法律知识比较匮乏②,所以法部及当时的权威法学专家有针对性地出版了几本参考书。③ 主要有两类:一是考试法规汇编,主要有《法部奏定考试法官主要科应用法律章程》和《考试法官必要》;一是模拟考题汇编,主要有《法官考试答案汇纂》和吉同钧所编的《考试法官拟作》。

---

① 《中华民国史事纪要》(初稿),民国纪元前三年卷,第796页。
② 当时反映司法人员水平较低的材料很多。在当时情况下,从现任法官的法律知识水平就可以大致估价出应考人员的知识水平。就在前一年(宣统元年),法部在筹备立宪的清单里就对全国的大致情况作了说明:"(就筹设审判厅),现在省城,如奉天业经成立,吉、黑两省亦俱筹设商埠,如天津、营口均先后奏报开办外,其余尚在规划,或尚少端倪,即就奏兹有案省份而言,其悉心研究竭力从事者尚多疑难待剖之端,而意图速成以趋简便者,且不知有行政司法之别。"(见《清朝续文献通考》之"宪政考")其他没有设立审判厅的省份,其从事司法工作人员或应考人员的知识水平就可想而知了。
③ 当时的报刊杂志也登载了很多关于法官考试辅导书籍的广告,但由于考试由法部命题,尤其是部里那些公认的法学权威专家,显然,在考生看来,报刊杂志上登广告的书籍不如法部和公认的法学权威专家编订的参考书籍那么权威和有指导意义,因此其影响也不如后者大。

《法部奏定考试法官主要科应用法律章程》是法部为应考法官人员编订的一本应考法律条文汇编。法部在《谨奏为考试法官主要各科应用法律章程拟按馆章暂行指定以资遵守而免分歧恭折》里就明确说明了编订此书的目的是从筹备立宪到本次考试之时,"法律章程至为繁赜,馆章既以现行为限,若不将应用各项明白指定,将泛涉者既与司法无关,浅尝者转以空疏侥获。且考官命题,亦必须有遵用之本,明示迹辙,海内乃得以率从。"① 以此观之,此书不仅是应试考生考前必读之书,而且对考官确定命题的范围也有一定的指导作用。所以,了解本书的内容不仅可以了解这次法官考试的命题范围,而且有助于考察那些考生的知识背景。

　　那么,本书到底包含哪些具体内容呢?编者在序言里面曾经有过大致概括:"除现行刑律黄册尚未进呈,应准暂用《大清律例》,各国民法、商法、刑法、诉讼法,法律馆及坊间多有译本外,所有各项现行法律及暂行章程,臣等择其于有关司法者,标明种类,暂为法官考试之资。"宣统二年四月初四日下达上谕,正式批准此书的编纂内容。应考各项现行法律包括:《大清律例》、《法院编制法》、《大清商律》(即《商人通例》和《公司律》)、《违警律》(附《违警律施行办法》)、《结社集会律》、《国籍条例》和《禁烟条例》。暂行各项章程则包括:《法官考试任用暂行章程》、《司法区域分划暂行章程》、《初级及地方审判厅管辖案件暂行章程》、《高等以下各级审判厅试办章程》、《筹办外省省城、商埠各级审判厅补订试办章程》、《编制大纲筹办事宜》和《司法警察职务章程》(附《营翼地方办事章程》)。②

　　《考试法官必要》一书是与司法有关的奏折汇编。其中包括《宪政编查馆奏汇案会议禁革买卖人口旧习酌拟办理缮单呈览一折》、《法部奏高等以下各级审判厅试办章程》、《法部等衙门谨奏为酌拟京内外各级审判厅职掌事宜及员司名缺》、《司法警察职务章程》和《检察厅调度司法警察章程》。

　　这两本书大体上构成了此次法官考试的内容框架。它大体包括

---

① 《法部奏定考试法官主要科应用法律章程》序。
② 参考《法部奏定考试法官主要科应用法律章程》。

三个部分:与各级审判厅运作相关的各项规则;在清末法律改革过程中制定的重要法律和法律草案;还有就是清政府对当时几个重要的社会问题,如买卖人口、鸦片吸食等,颁布的重要奏折和处理此类问题的章程。

掌握这三个方面的知识,在当时是做一个合格法官的必要前提。首先,作为审判厅运作灵魂的推事和候补推事,应该掌握设立审判厅的意义和目的,各级审判厅的职掌事宜和区域划分,尤其是那些和自己所在的审判厅相关的运行规则。其次,推事和候补推事之所以不同于别的官吏,就在于他们具有专业化的法律知识。只有在具备这些专业化的法律知识以后,才能利用法律规则裁判案件的是非曲直,从而履行他们的职责。再次,推事和候补推事对当时的社会问题的关注也是必要的。就清末情况而言,关于这些社会问题的重要奏折和章程的效力与法律规则并没有什么显著不同①,推事和候补推事能够关注并了解社会问题,有助于他在案件判决时正确确定事实和行使裁量权。这三方面对推事和候补推事的要求是从内到外,层层提高的。从理论上讲,经过这样的考试选拔出来的法官质量是能够保证的。

要想在此次法官考试中获得成功,光掌握相关的法律条文和规章是不够的,还必须了解题型和答题技巧。《法官考试答案汇纂》和《考试法官拟作》两书就是专为考生解决这个问题的。

《法官考试答案汇纂》② 一书分四个部分:行政法部分、刑事诉讼法部分、民事诉讼法部分和宪法部分。在每一部分里,编者自己拟定

---

① 此次法律改革,是传统法律向西方法律的转变,就其变化的程度而言,说它是一场革命倒更为合适。在这个特殊时期,旧有的法律渐渐失去它固有的权威,新制定的法律只有主要几部,其中大部分还是以草案形式存在。在此法律新旧交替之际,存在大量的法律空白地带。为应对这些问题,在一个行政性主导的国家首先就是借助于行政性命令。清末法律改革的成果之一就是司法权独立于行政权和司法行政权,此种分权,只是皇帝之下的分权。推事在裁判案件时,得到皇帝认可的处理相关问题的奏议和章程对推事具有当然的约束力。这可以从清末的司法判决里面找到例子。

② 法部印本,上海图书馆保存,印行时间不详;由于笔者在别的档案馆和图书馆没有发现该印本,也不敢肯定上海图书馆保存的这本书是否完整。之所以产生这个疑问,因为法部规定的主要科考试内容还包括作为实体法的民法和刑法方面的知识。即使当时清朝廷只有一些不成熟的民法和刑法草案,但是也应该有《大清律例》的相关内容,还有西方,尤其是日本的民法和刑法原理也是可能涉及的。这在下面的考试具体内容里可以得到证明。限于所掌握的资料,姑且存疑。

了一些题目,然后拟作了答案,供考生参考,由此,告诉了考生题型、答题技巧和考试的大致范围与重点。我们可以利用此种模拟题目从侧面分析当时的法学水平和应试人员的法学水平。下面用民事诉讼法的题目作一说明。在该书里,关于民事诉讼法有三十个题目①,这些题目基本涉及了民事诉讼法的要点和难点。如果考生能掌握这些知识,不仅可以有更大的把握通过主要科之一的民事诉讼法考试,而且对于日后从事司法审判工作,不论是具体知识的掌握,还是新司法理念的培育和传播都会起作用。

《考试法官拟作》② 一书的编者是吉同钧。吉氏是晚清修律的重要人物,曾同时担任律学馆、京师法律学堂、京师法政学堂和大理院讲习所的律学教员。在《大清现行刑律》卷首衔名的五名总纂官里,吉氏列第一。③ 吉氏作为当时的律学大家是无可怀疑的。该书为吉氏在第一次法官考试前就《大清律例》部分拟题批答,共有二十个题目。④ 作为法官考试主要科之一的《大清律例》部分的考试范围大致可以据此确定。由于《法官考试答案汇纂》一书缺乏《大清律例》部

---

① 这些题目主要是:论通常裁判所与特别裁判所之区别;区别裁判所之构成及裁判所之管辖;裁判所之管辖有法定管辖与合意管辖之分,试详言之;论审判厅书记及承发吏之职权;裁判所职员之资格如何;审判厅职员既有独立之性质,何以又有回避拒却及引避之原因;何谓法律上共助;诉讼参加人共有几种,试列举其意义;民诉法上当事者能力与诉讼能力二者有何区别;诉讼法上有所谓权利保护要件及诉讼妨碍事实,究与诉讼要件有无区别;论人事诉讼能否适用民事诉讼法;等等。
② 此书藏于日本大木文库,宣统二年七月版,乃李贵连先生从日本摘录。
③ 俞江:《倾听保守者的声音》,载《读书》2002年第4期。
④ 其二十个题目分别为:众证明白即同狱成,与各国用证意同,并非据供词说;保辜期限共分几等,其不准保辜者系属何项,试详征之;他物伤人、金刃伤人、凶器伤人、火器伤人,罪名如何区分;律自颁降日为始,若犯在已前者,并以新律拟断,注云:例应轻者照新例遵行,则新严者自应仍照旧例;中西律有无异同说;律称业师,有儒师百工技艺僧道之分,应以何项为重;犯罪准累减,不准累加,其义安在;定案以证人为重,但定案有不得为证者数项,试详举之;徒刑之议,肇自成周,秦汉以还,名称各异,隋初始用今名,要皆有责令工作之意,近代各国自由刑,或有定役,或无定役,与现制收所习艺有无异同论;甲将杀乙,持刃追之,至树下遥望巡警将至,遂中悔不追。问串之处分如何;中律老幼犯罪均准收赎,各国刑法矜幼而不矜老论;犯罪自首有免罪者,有减一等者,有减二等者,如何区别;夜无故入人家被主家顿时杀死者,疑贼毙命则悉照谋故斗杀各本律例定拟,其义安在;名例,共犯罪以造意一人为首,随从者减一等。各国刑法,数共犯多主皆为正犯,各科其刑,中西宽严不同论;私铸铜钱与私铸铜元,罪名有无分别;故杀列于斗杀之下,同谋共殴之前,其义安在;名例,断罪无正条,援引他律比附加减定拟,各国则不得为罪,其得失若何;数罪俱发之处分,有采并科之主义者,有采吸收主义者,有采限制加重主义者,试评其得失;擅杀有拟绞、拟流、拟徒、拟罚金之别,试详陈之;窃盗临时行强,与临时拒捕,如何区别;买卖人口现经禁止,若置婢纳妾应如何办法。

分,正好可以与本书互相补充。下面举吉氏所作答案一例来说明其对考生的具体指导。

题目:名例,断罪无正条,援引他律比附加减定拟,各国则不得为罪,其得失若何?

答案:断罪无正条一项,中律比附定罪,日本刑法不治其罪,此为中外法律一大歧异之点,亦为现在研究法律者一大问题。考之欧洲各国刑法,英德刑法无此规定。俄国第105条载:"犯罪有专条依专条,无专条者,将比别条从重科断。"则与中律比附之意相合。法国刑法第34条载:"凡犯轻罪,除法律别有专条外,不得以轻罪论。"又"不问轻罪重罪,其犯在前者,不得处以法律上未定之罪。"则与日本律无正条不治其罪相合。可见,此项法律,欧洲并不一致,不但中东歧异也。我国变法,多采用日本,故上年法律馆编纂诉讼法,第74条即师其意。定为律无正条者,不论何种行为不治其罪。而各省督抚多不谓然,共相指驳。其中惟豫抚争之尤力。后经修律大臣援引古今,反复辩论,以为援引比附之说,唐时赵冬曦诸人,早已斥其不合,故唐律不言比附。本朝南山集一案,比附定拟,株连多人,皆此律为之厉阶。仍执前说,著为论说,申明实无可去之理。彼此争论,各执一是。是以至今不能解决也。

窃尝深察其故,中比附之法,由来已久。书曰:上下比罪。礼曰:比以成之。汉尚书省有决事比、词讼比。刑法志云:三千之律不能尽天下之情,不免上下以求其比。此皆比附之起源也。旧律既有比附之条,又于六律之后,特设比附律条一门,良以事变无穷,律条有尽,既不能逐一事而设一法,即不妨立一法以统治众罪。况全律中比照他条者不一而足。今若废除比附,不惟全律皆不适于用,且恐长犯人巧避之机。就此事实言之,此条似未可骤去也。然以道理而论,各国法学之家,均主张减轻刑法。此律究系法外治罪,与减轻宗旨不合。现定刑律草案,既仿各国轻刑,不载此条。而宪法十七条,亦有臣民非按法律所定不加逮捕处罚之文。今仍守旧比附定罪,非特本国刑法不归划一,亦恐有碍收回治外法权。此就道理论之,此条似又不能不去者也。

总之,刑法因地而异,亦因时而变。日本与法国,地峡人少,兼之教育有法,警察完备,人民犯罪日少,故可不用比附。中国地大物博,人民程度不齐,教养难以普遍,犯罪种类既多,不能不用此比附。此限于地之所宜,而不妨各行其法也。惟现在时会所趋,各国均讲改良刑法。中国亦设宪政筹备,将来各级审判成立,检察机关完备,新律草案实行,此条自尽无用。特现在不能骤除也。是以现行刑法仍留此条,以备当前引用。而又删除比附律条一门,以为沟通新律地步。虽不拘守旧说,亦未遽用新法。所谓与时变通者,之此谓欤!

分析吉氏答案,既让考生明了外国相关的规定及其来龙去脉,又引导考生熟悉国情;既让考生知其然,又让他们知其所以然。吉氏综论中西、会通理论与经验,一方面有利于拓宽考生的知识面,另一方面又可以借此提高考生的分析能力,对那些有机会从事司法审判工作的考生在将来审判案件时,由于新旧法律交替时期存在大量的法律空白地带的情况下,运用裁量权是很有帮助的。

下面将对试卷的内容进行分析。试以八月二十七日和二十九日针对安徽、福建、江西和江苏四省考生的考题为例:①

---

① 其他几场的试题为:八月二十四日第一场,京旗、驻防、直隶、奉天、陕西,"宪法:已定之法律,得以命令变更、废止,其故安在? 设遇紧急事项,又当如何办理? 试各证之。大清律例:1. 五刑新旧异同考;2. 六赃之中,何项应折半科罪。十五项法律章程:1. 审判之独任制、折衷制、合议制,某级用某制,其制若何? 2. 问刑事案件而附带民事者,应否并入该刑事案件办理?"九月初一日第一场,浙江、山东、山西、吉林,"宪法:臣民按照法律所定有纳税当兵之义务,其理由如何? 大清律例:1. 律称业师,有儒师、百工、艺、僧道之分,应以何项为重? 2. 犯罪准累减,不准累加,其义安在? 法律章程:1. 违警法例共分几种,每种等差若何? 2. 定案以证人为重,但定章有不得以证者数项,试详举之。"九月初三日第二场,"民法:凡原告得索被告错误行为之赔偿者,必原告一方面自己并无错误而后可,譬如行车经过岔道时,照章鸣锣警告,而偶伤一三岁之幼孩,则其父母可索得赔偿者,试剖析以明之。商法:会社解散原因不同,财产之处分亦异。处分方法约分两种,试分析而说明之。刑法:数罪俱发之处分,有采并科主义者,有采吸收主义者,有采限制加重主义者,试评其得失。民事诉讼法:日本民事诉讼法对于军人因债权者之申立,裁判官嘱托其长官强制执行,差押其物以偿债务。其编订此条于民事诉讼法者,用意若何,试言之。刑事诉讼法:刑事诉讼法之审理,有纠问主义,有弹劾主义,当以何者为优? 国际法:各国军舰何以有治外法权? 若军舰私载货物,以图免税,当如何办理? 论说:名例断罪无正条,援引他律比附加减定拟。各国则不得为罪,其得失若何?"九月初四日第一场,湖南、湖北、广东、云南、甘肃,"宪法:臣民有遵守国家法律之义务,试述其理由。大清律例:1. 犯罪自首有免罪者,有减一等者,有减二等者,如何区别? 2. 夜有故入人家,被主家登时杀死者勿论。疑贼毙命则应照谋故斗杀本律例定拟,其义安在? 法律章程:1. 有限公司与无限公司如有亏蚀倒闭欠账等情,有限公司除将各股东股份银两缴足并该公司产业变价偿还外,不得另问股东追补。无限公司则可以

八月二十七日第一场　安徽、福建、江西、江苏

宪法　宪法大纲,君主有大赦权,刑法亦有恃赦减刑条文,其不同之点,试详辨之。

大清律例

保辜期限共分几等,其不准保辜者系属何项,试详徵之。

他物伤人、金刃伤人、凶器伤人、火器伤人,罪名如何区别?

法律章程

行政警察与司法警察性质不同,行政警察遇有现犯违警律者,应否持有传票方能传案,意仅著有制服即能传案。

外国审判衙门有采用陪审制度者,有设巡回审判者,中国法院编制法皆不采用,试述其理由并论其得失。

八月二十九日第二场

民法　时效制度之理由安在,试详言之,并述明时效中断与时效停止之差异。

商法　日本商法三十六条所规定之代理商能否为独立商人,抑为商业代理人所代理媒介之事,必在特定商人营业之范围内否,试举其义。

刑法　未遂犯、中止犯、不能犯之性质,试举例以对。

向股东追偿,并将自己名下之产业变抵。试言其责任轻重不同之故。2. 各省已未设审判厅地方,所有死罪及遣流以下案件如何办理?"九月初七日第一场,四川、河南、广西、贵州、黑龙江,"宪法:议院提议之事件与议员之范围,试各举其大要。大清律例:私铸铜钱与私铸铜圆,罪有无区别。法律章程:结社集会律中所称结社与集会之差异如何? 又政事结社与政论集会有无何等限制,试分别详细言之。现行国籍条例:凡外国人应具备若何事款,始准呈请入籍。其入籍后所限制者何项,试详举之并说明其理由。"九月初九日第二场,"民法:意思表示有效、无效、取消三者,其性质之差异若何? 刑法:继续犯与既成犯有无差异? 国际法:国际法有领地权、领海权,现各国军队编制飞艇,横引空际,学者始发明领空权。对于领空之限制,视领地、领海两权奚若? 试说明之。论说:中律老幼犯罪,均准议赎,各国刑法矜幼不矜老论。"九月初十日各省补考第一场,"宪法:宪法上有必须法律规定之事项,试述其范围。大清律例:1. 擅杀有拟绞、拟流、拟徒、罚金之别,试详陈之。2. 窃盗临时行强,与临时拒捕有何区别? 法律章程:1. 法院编制法有律师之名,应如何养成此项人才,始无流弊? 2. 买卖人口,现经禁止。若置婢纳妾,应如何办法?"九月十一日补考第二场,"民法:编纂民法之体裁有二:一曰德意志式编纂法,一曰罗马式编纂法,试比较其异同,并评论其得失。刑法:甲将杀乙,及追之,在树下遥望巡警将至,遂中悔不追,问甲之处分若何? 国际法:美国大统领主张海战私有财产不可侵,英法俄三国反对之,尤以英为最力,其故安在? 论说:徒刑之制肇自成周,秦汉以还,名称各异,隋初始用今名,要皆有责令工作之意。近世各国自由刑,或有定役,或无定役,与现制梅过所、习艺所有无异同论。"

民事诉讼法　诉讼代理人以辩护士为原则,以亲族为例外,理由安在?若委任数人代理而临时陈述互有差异,当以何人之说为据?

刑事诉讼法　刑事诉讼法之时效与民法上之时效有无异点?

国际法　条约为国际上最高法律,其订立条约为立法权欤?抑行政权欤?果为立法权,何以归外交官秘密订立?果为行政权,又何以在美国须有元老院三分之二之认可,试言其故?

主要科论说　律自颁降日为始,若犯在以前者,并依律拟断。注云:例应轻者照新例遵行,则新例严者,自应仍照旧例。中西律有无异同说。①

从以上考题可以看出,就考试的类型而言,笔试分两场,第一场的考试内容包括:宪法一题;大清律例二题;现行各项法律及暂行章程二题。第二场则包括:民法一题;刑法一题;各国诉讼法一题;国际法一题;各主要科论说一题。有的考场还包括了民事诉讼法和刑事诉讼法各一题。按照《法官考试任用暂行章程》第五、六两条的规定,考生可以在这些试题里面选作两个或者两个以上的题目。考试的具体内容则每场不同,但难度似乎并没有太大的差别,其主要原因应该是为了防止考生之间互相泄漏考试题目,以达到保密的目的。可以想见,三四千考生云集京师,考试的时间一直延续了近二十天,先笔试的考生还要在京师等待成绩,确定自己有没有参加口试的资格,如果试题雷同,肯定有泄密的可能,从而妨碍考试的公正。

下面还有云南省法官考试的试卷和两份答卷。先来看试卷的内容。

第一场:

奏定宪法纲要一题:选举出自公民,而监督之权必以地方行政官吏行之,其理安在?

现行刑律二题:

1. 六杀惟谋情最重,律有已行、已伤、已杀之分,又有造意、加功、不加功之别,有分别首从问拟者,亦有不分首从同强盗论者,其罪名

---

① 《考试法官题目之一斑》,见《法政杂志》第一年第四期,宣统三年五月二十日。

轻重各有不同,试剖析言之。

2. 同谋共殴人致死,有罪坐初斗者,有罪坐原谋者,有以后下手伤重拟抵者,其不同之故安在?

现行各项法律及暂行章程二题:

1. 初级审判为独任制,地方审判为折衷制,高等审判为合议制。夫同是审判,而制度因何而异?试征事实并阐理由。

2. 检察官统属于法部大臣,对于审判厅为独立,不得干涉审判事务,然起诉有权,莅庭有权,上诉有权,调阅查核又有权,其职权所在,应负责任,能逐项详胪之欤?

第二场:

试题为各国民法一题:法国婚姻,男女于结婚前必先具签婚字据于父母、祖父母,如父母或祖父母两人意见不合,则惟父命、祖父命是从,盖隐然有父为子纲、夫为妻纲之义。中国礼教最重。自浮躁者藉口泰西,动称自由结婚,以法国婚法考之,已不如是,应如何预防流弊,使风俗人心不致诳惑。试切实陈之。

各国商法一题:日本对于外国会社开设支店于日本者,其代表经理人或有背于公共秩序及善良风俗之行为,则裁判所得因检事之请求,或自以职权而命其封闭。盖寓主权于商法之意如此。我国地大物博,外商营业纷至沓来,于违秩序妨风俗之事,亦时有所闻,欲设法以整齐之,其要领安在?

各国刑法一题:欧洲各国及日本刑法多采折衷主义,犯何罪必何刑法,律虽有定,但尚留余地,俾裁判官察其情节轻重,得以自由伸缩。例如,一年以上十年以下之禁锢惩役,五圆以上五十圆以下之罚金之类。中国刑法采用法定主义,犯何罪处何刑不能易移。议者谓以既定之法治不定之罪,必多过与不及。然改从折衷,则上下轻重之间易滋出入。现值司法独立,究以何项主义于我国适宜,试抉择之。

各国诉讼法一题:东西各国于民刑事诉讼均设有陪审员,颇和周礼讯万民及汉世乡三老遗意。又准用原被告各用律师代理一切质问对诘事宜,法均甚善。我国虽奏准举行,惟省城商埠各审判亟待成立,府厅州县将来亦须推广。应如何延访合格陪审员并培养律师人才？其各抒所见以对。

国际法一题：外国人至内国即须服从内国之法制，此近世属地主义之通例。今外国人至中国，遇有民刑诉讼，不受中国裁判，由各国领事裁判所管辖。其通商口岸又设会审裁判，均于我国主权有损。现省城商埠各审判成立在即，而领事裁判及会审裁判尚未撤销，欲求挽救之方，当以何者为急？

主要科论说一题：五刑之名见于虞书，具于吕刑，汉魏以来凡屡变。自隋初始定笞杖徒流死五刑，沿用至今。现律易笞杖为罚金，更增入遣罪以足五刑名目。考之律文，征诸史册，世轻世重，古今异宜。多士究心律学，能确指其沿革，发明其义例欤？。①

对比京师考试，云南省的第一场试题内容和《宣统二年第一次云南法官考试录》的第一场试题内容，发现存在很大的差异。但是考试的时间很相近，都在宣统二年九月。那么，这是两次考试还是在不同地方举行的同一次考试呢？可以肯定的是：云南的考生既有在京师参加全国性的法官考试，也有一部分在本省参加法官考试。为什么会出现这种情况？是不是各个省都有类似云南省这样的情况？限于资料搜集的困难，姑且暂时存疑。

虽然我们不能确定是两次考试还是在不同地方举行的同一次考试，但是这两种试题在题目类型和覆盖的范围还是大致相同。下面对这两份答卷略做分析：

第一份是考取最优等第三名的杨华春各国民法答案。② 为解决

---

① 见《云南第一次法官考试闱文》，见日本大木文库藏《宣统二年第一次云南法官考试录》，宣统二年九月排印。

② 该生答卷全文如下：中国扶阳而抑阴，法国重女而轻男，此中西风俗不同之点也。即如泰西宴会宾客女亦作主，此小异于中国；男女亲族相见，虽道路之间，必接吻以示亲爱，此则大异于中国。至于婚姻之法，未有不请命于父母、祖父母，两人意见不合，则惟父命、祖父命是从。诚以婚姻必先正始，苟合奚以图终，无古今无中外，其揆一也。窃考日本养子缘祖，非得父母同意不生效力。日本取法泰西先于中国，彼于养子尚且如是，况亲子夫妇之间哉？中国浮薄之士游历泰西，偶见彼之弊俗秕政，心醉欧风，至不惜背吾先王之正道以从之，呜呼，其亦不思而已矣。今日挽回之计，莫如修民礼教，复我中国固有之纲常，更饬教育总会，整齐风俗。惟查近年举行新政，民间有婚姻之事，必申报于警察，是莫如利用此理。嗣后婚姻者之家，须得其父或祖父之愿书，方为正式婚姻。苟有自由结婚者，警察必出而干涉，抑或俟审判厅成立，令婚姻者之父与祖父二姓具婚书于长官，请求用印，以昭信乎？则事不劳而易举。此风庶可杜绝乎？（出处同上）。

传自泰西的自由结婚观念在中国造成的流弊,该生在考察中西方风俗异同之后,认为应以修明礼教为先,具体措施则为在审判厅成立以前,对于自由结婚,警察应该干涉;在审判厅设立以后,则必须有婚姻当事人的父亲或祖父表示同意的书面意见,此意见还要盖有审判厅长官官印,此种自由结婚方为有效。

第二份是考取中等第二名的廖维熊的各国诉讼法答案。① 该生首先分析了民事诉讼与刑事诉讼不同性质,然后论证陪审员或律师所应具备的不同资格。最后得出结论:中国要培养律师人才,须广泛设立法律、法政学堂。

分析此次法官考试试题,题目涉及面广,考试目的主要不是要考生记忆多少法条,主要考察考生的分析能力,如法律在现阶段应该如何规定、法律如此规定的利弊等问题,即考生在熟悉法规的基础上要有自己的想法和处理问题的方案,可以说是把考生置于立法者和真正裁判官的位置来思考问题。从答卷的内容来考察也可以验证这一点。这种考试内容对培育考生的使命感和荣誉感,对于提高考生的水平和独立解决问题的能力应该是有帮助的。

三、宣统二年法官考试的结果

按照《法官考试任用暂行章程》的规定,笔述阅卷完毕之后,九月

---

① 此答卷全文为:民事诉讼以保护私权为目的,刑事诉讼以保护公益为目的。民事则归民事部审理,刑事则归刑事部审理。此诉讼法不易之原则。惟是审理在得事实之真相,方能期裁判之不误。故各国定例,恐裁判官于审理诉讼事件不能发见真实,则设陪审员与裁判官共同审理,并令莅庭宣誓。又恐原被告于公庭辩论陈述事实不能明瞭,则许用律师为之辩护。准此以观,是设陪审员之意在使裁判官得实体的真事实。用律师之意,在使原被告之事实能引用详悉。虽用意微有不同,而其欲得公平之裁判则一也。我国模仿东西各国之制,于法定审判官之外,并设陪审员,于当事者诉讼主义之中,并采辩护士诉讼主义,诚可谓折衷允当,足以达下情免冤抑也。惟是陪审员必须公正廉明,律师必须通晓法律,非无论何人皆可为陪审员或律师也。查陪审员制创始于英,而意法德美皆仿行之,惟日本不采用。各国定陪审员之资格虽限制各殊,而要皆以有选举权之公民方能为之。吾国定陪审员之制,似宜以公民为限。如剥夺公权停止公权者,以及品性悖谬、营私武断之人,皆不许为陪审员。如此则能延访合格之人矣。至律师有称为辩护士者,又有称为代言人者,各国定律师之资格,皆以深谙法律之人为之。盖民诉之用律师,不过为之陈述事实;刑诉之用律师,则必为被告人实行权利,如提出证明非犯罪之证据,要求诉讼记录之朗读,请求裁判官之临检,并裁判之用证人及鉴定人,凡此如类,被告人有此权利,律师即应为之实行。而实行之用明法律,始知当用如何方法。由此言之,是律师必须通晓法律也命矣。吾国欲培养律师人材,惟有广开法政学堂及法律学堂为宜。出处同上。

十六日,法部公布了一个笔述合格允许参加口述的名单,这些考生统一在九月十六、十七日两天参加了口述。按照法部关于《法官考试监临口述场规示谕》的规定,口述共分三场,十六日上下午各一场,十七日上午一场。上午考试于黎明五钟半开始点名,核对相片,给签入场,同时出结官也要到考场辨识,以免有人替考。下午参加考试的员生于午前十一点开点。应考员生十六人为一排,每一排由外监官二人编列名单,带至内龙门、东边门,将排单交由内监场官,带至各襄校官座前,按次分座,应考生与襄校官对座。应考员生每排十六人与十六房襄校官依次分配问题。倘襄校官与该员生系属同省应行回避者,即由外监场官预先查明,挪移前后,分别支配,以昭慎重。每人口述由襄校官临时发二问题,随问随答。回答完毕之后立即令应考员生将问答语笔录于襄校官发给的纸上,以凭查核。①

九月二十一日前后,法部最后公布了此次法官考试的录取名单,从而结束了本次法官考试。按照这个名单,共有五百六十余名应试员生通过了此次法官考试,②各省区分布情况如下:京旗、驻防二十五员,直隶五十一员,奉天十六员,陕西十六员,江苏三十员,安徽二十一员,江西二十八员,福建五十四员,浙江十七员,山东四十二员,山西二十三员,湖南三十一员,湖北四十一员,广东六十六员,云南八员,甘肃三员,四川三十七员,河南六十八员,广西七十员,贵州七员,黑龙江一员。③ 其中包括即最优等83人、优等193人。④

---

① 参见《法官考试监临口述场规示谕》,《京津时报》,庚戌(1910)九月十一日。
② 《法部奏本届京师录取法官暂拟变通办法改为验放摺》,见《大清宣统新法令》,第24册,第62页。
③ 天津《大公报》宣统二年(1910)九月十九日。
④ 最优等八十三名:
诚 允　赵庚祥　廖懦宗　汪庚年　杨孝则　朱毓珍　汪子敬　林子瑶　杨绍中
薛 勉　卢启贤　韩和协　欧阳煦　朱有英　边英侪　韩光祚　杨供笏　许家恒
毕殿槐　尚鳌文　王虞耕　王 植　银公铨　牛葆临　范学铭　陈克止　简文韶
王永槐　张钟则　孙志曾　任祖荥　李国愉　刘敬跣　马国文　刘 澄　张梯云
孟庆恩　乔从锐　苏 敬　沈启熙　谢盛堂　鲁士贞　林 典　吴宗乾　廖慎修
方仁生　王树的　许勉之　郭 廉　谈 海　唐藻芬　彭延思　鲍忠淇　蔡光辉
朱德权　卢 尧　颜希鲁　李琴鹤　李瑞瑾　黄鲲年　伍 兵　李激增　朱镇修
刘豫瑶　张之桂　苏宗轼　张俊章　薛凤鸣　冯世凯　秦德经　高玉田　周井薰
张锡康　宋 沅　楼金鑑　吴庆舜　沈豫善　杨 槐　梁载恩　林子儒　陈 炎
陈贤忠　盛 时

关于此次考试录取的等级,除了最优、优等之外,还有中等二百七十余名。可能由于中等名单不如最优等、优等名单吸引人,而且人数较多,《申报》、《大公报》、《京津时报》都没有登载中等的名单。

这些考试合格人员,接下来就是等待分发实习。法部考虑到"司法各员以清厘讼狱为专务而求能各举其职,自以熟于风土人情语言之士为宜",确定了三条分发原则:分发京师人员,不论籍贯,总以熟悉官话为限;分发本省人员,准其自行呈请,惟仍以地方以下各厅为限;分发近省人员,其配置方法由法部仿照吏部直州同以下各员专归近省分发之例办理。① 所以这些考试合格人员除在京师实习外,一般都分发到考生所属省份或临近省份的地方以下各审判、检察厅以正七品学习推事、检察官的资格进行实习。②

本次法官考试是按照考试成绩来确定录取与否的,对于考生所属省份的考虑是比较少的。对于那些法学教育相对落后的内陆省

优等一百九十三名:

沈桂华	卢维持	薛 雪	陈赞舜	唐凌霄	杨炳勋	孙如鑑	朱锡鏖	陈冒谟
方廷瑞	贺德深	马泰峰	彭学凌	臧着晙	房金禄	徐文渊	李鼎抡	罗兆凤
杨资洲	绍 铭	张鹏霄	徐绍傅	莫开巘	赵协曾	杨奉清	周起凤	胡耀南
王 晋	凌 璧	宋如璋	林熙畴	高 崇	姚寿衡	郑可经	谷其骏	李沅湘
傅师说	张家驹	吴莫南	钟泰阶	吴 煊	郑中砥	徐柱石	李鸿宾	欧 卓
唐 鑑	王文翰	梅兆泰	朱祖植	冯文栋	赵春芳	冯同憬	马振濂	师惟祺
陆麟坡	于大僚	孙百福	侯福昌	杜 甄	达 善	孙熙泽	郑诗爕	郭子遐
刘绍禹	雷作霖	汪贻夔	丁 炯	周伯甲	崔正峰	周业炬	唐受潘	江镇三
周 鲁	陈汉芬	刘钟球	许宗谦	左树玉	裴 璨	李鸿钧	伊若璋	李士禄
袁荫翘	孙鸿宾	陈树基	育 建	潘澄修	冉翼道	叶承家	徐 抡	范一桂
常述明	魏大名	蓝作栋	白源徵	王孝械	麻席修	王庚堂	郭 霖三	林钟儒
张 悫	奉 楷	傅 琳	程松平	许其襄	郑春魁	纪春书	毛鸿逵	林稷桩
王炎武	秦肇煌	余信芗	刘树勋	沈德荣	周 趾	董敬修	刘廷弼	张友伊
蔡文炳	杨华甫	陈秉韶	陈硕谟	史锡爱	郭隋玉	廖云桢	皖端芝	张之炎
裕 然	华 澜	梁士田	陈树蕃	董 生	张渻源	危道济	韩旺斌	刘凤铭
徐守常	赵 模	孟广铎	刘毓琨	邵 骧	陆培鑫	刘仁裕	曹之朗	赵华江
秦汝梅	吴柏年	梁廷俊	宋孟年	林伯桐	徐炳熙	黄 裳	奚 侗	王用益
骆永诠	高棠恩	孙道恩	何谦章	陈 堃	张书玉	张廷馥	程世济	毛龙章
章朝瑞	陈人经	何绍休	关瑞理	郭文生	陈 策	李敬之	杨恩培	钟之翰
吴孝忱	邓振廊	周挥远	郭 翰	于宗周	陈祥贻	郑彭娣	唐 献	余瑞鸾
王 藻	刘光藩	王性河	张瑛齐	王泽荣	江天泽	颜 寿	李应楼	张荻年
椵经瓮	邱桂桦	姚秉均	宋祥炎					

① 《法部奏酌拟法官分发章程摺》,见《大清宣统新法令》,第23册,第12页。
② 《法部奏酌拟法官填写亲供发给执照办法摺》,见《大清宣统新法令》,第23册,第62页。

份,一般而言,与沿海省份相比,本次考试的录取名额相对较少。就是录取人数较多的河南省,仍然严重缺乏合格的推、检人员,同年河南提法使在给巡抚和大理院就审判厅办理情况作汇报时就提到"本年豫省送京考试各员多未录取,法部考取各法官至今亦未分发到省,并无曾考试合格之员,现在各级审判厅急待成立,悬缺待人"①,其他省份更可以想见。按照宪政编查馆核定法院编制法原奏内所规定的"凡非推事、检察官者,未经照章考试,无论何项实缺人员不得奏请补署"②,所以只能寻求变通办法,其中之一就是由各省督抚、提法使咨请法部委派一批稍通新式法律的就刑名人员暂行署理,等下次考试有了合格人员即行取代。以考试选拔司法官员,考试内容偏重能力而不是机械记忆法条等是此次法官考试值得肯定的地方。如果能够假以时日,将此种法官考试制度推行下去,对于法学人才的培养和造就一个高素质的法官队伍应该是大有希望的。

四、宣统二年法官考试的影响

清廷本准备在宣统四年冬天再举行一次法官考试,在第一次考试的影响下,各省都为此作了准备,希望本省在下一次法官考试中有更多的人脱颖而出,如广东提法使在给督抚的咨文里就谈到:"查宣统四年,各省府、厅、州、县各级厅即应同时成立,需用推检计达万人,此后乡镇设厅,需员尤众,若不早为筹备,深恐贻误。于临时自应查照前案章程,迅速筹办。于本年五月以前,一律开学,庶三学期后毕业,不误明年冬间考试法官之期……若呈请展缓,则三学期后毕业又误明年冬间考试之期。"③

通过对此次考试进行考察,可以断定:它实际上确立了通过考试选拔法官的制度,落实了《法官考试任用暂行章程》的规定。回顾一下清廷自筹设京内外各级审判厅以来的推事任命方法,就能充分了

---

① 《各省审判厅判牍》之公牍类二《河南提法司详抚院派署各级审判厅推检各官文》,上海法学编译社 1912 年版。
② 宣统元年(1909)十二月二十八日颁布的《法院编制法》,第 106 条,见《中华民国史事纪要·民国纪元前三年》(草稿),1982 年 3 月,第 790 页。
③ 同上书,《广东提法司详请免办临时法官养成所暨附设监狱专修科呈督院文》。

解此次考试对建构法官考试制度的意义。从光绪三十三年(1907)十一月法部奏陈开办京师各级审判厅以来直到宣统元年这将近两年的时间里,法官的任用、升补没有固定的办法。法部只是笼统规定了任用办法:"高等审判厅厅丞、高等检察厅检察长由法部择员预保,临时请简,各督抚亦得就近遴选或指调部员,先行咨部派署,不得迳行请简。推事、检察官各员由督抚督同按察使或提法使认真遴选品秩相当之员,或专门法政毕业者,或旧系法曹出身者,或曾任旧印各官者,或曾历充刑幕者抑或指调部员,俱咨部先行派署。以上各员,除请简者应由法部奏请简用外,凡明年成立之省城、商埠审判、检察各厅,一切应行奏补员缺,在法官考试任用章程未实行以前,均应作为署任。俟该章程奏明实行后,考核成绩,再行分别奏补。"① 至宣统元年(1909),法部奏进《法部奏酌拟京师审判、检察各厅员缺任用升补暂行章程》。在这个《暂行章程》内,法部已经认识到:司法一职,原需专门学问。但由于当时法律学堂毕业的人仍然不多,各审判、检察厅又开办在即,又不能悬缺待人,所以法部仍然只有从各类人员中量才选用。此次章程,法部对选用的各类人员作了区分:凡调用人员,如系正途出身,或法律专长者,拟请酌量变通,随时奏明办理。其他捐纳佐杂各员,仍照馆部定章,不得援以为例。② 在这个章程最后,解释了此章程的暂行性质,规定"俟法官考试任用章程、进级章程实行后即行停止"。宣统元年(1909)十二月法部奏呈《法官考试任用暂行章程》,同时,宪政编查馆在奏折中指出:"嗣后于考试任用各项法官时,务须钦遵颁定暂行章程,严切奉行,不得稍存宽假。其京外已设各级审判、检察衙门亦应于明年举行第一次法官考试后,定期将各该衙门所有实缺、候补、调用各员认真甄别,按照此次章程所定各科目补行考验,分别汰留。"③ 究竟如何甄别呢? 即对于已经任命了的各项候

---

① 《拟定各省城商埠各级审判厅筹办事宜》,见《大清法规大全·法律部》之审判,卷七。

② 《法部奏酌拟京师审判检察各厅员缺任用升补暂行章程并单》,见《大清法规大全·法律部》之审判,卷七。

③ 《宪政编查馆奏核订法院编制法并另拟各项暂行章程摺并清单》,见《大清法规大全·法律部》之司法权限,卷四。

补推事,由法部堂官查验,果系通晓法律、长于听断之员,准其出具切实考语,奏请补署。地方审判厅有员缺空出,当以考试合格人员优先录用。只有各省高等审判厅厅丞例外,因为法部认为其属请简之官,且于司法官中兼掌有行政职务,自非深通法律、富于经验者不能胜任。他们的任用,拟仍由法部择员预保,临时请简;各督抚亦得于该省品秩相当员中慎加遴选,出具切实考语,咨由法部考核,临时一同奏请简放。法部最后强调,其余推事各官仍照宪政编查馆原奏,非经考试不得仍用,以符定章而归划一。① 因此,经过此次法官考试的实践,对于法官的任用,由法部的非规范的随机选拔逐渐过渡到以考试为主导的法官任用制度。

清政府在宣统三年(1911)迅速灭亡,此次法官考试合格的法官实习期尚未满,原定于宣统四年的第二次法官考试还没有来得及举行,因此晚清法官考试的全景未能充分展现。因随后的国体变更及"不断革命"影响之下形成司法长期处于社会的边缘化地位,此次考试不久就被后人遗忘。北洋政府时期司法部编订的《司法例规》、《改订司法例规》及《司法例规补编》里面虽然提到此次法官考试,但只是一笔带过,而其细节和开风气之意义则没有能够追述。到民国二三十年代,尽管是近代法学研究的一个高峰时期,但当时的学者在其著作里很少提及此次法官考试,如章中如的《清代考试制度》② 和郑定人的《中国考试制度》③。以至于现今国内外的很多关于清末民初司法制度的著作和论文,对此次考试偶尔有所涉及,但更多的根本就没有提到。大陆具有权威性的法律史著作,如十卷本的《中国法制通史》之第九卷清末民国部分,对于法官考试部分,只谈到了1926年广州国民政府公布的《法官考试条例》,对晚清的数次法官考试以及随后北洋政府举行的司法官考试都未曾提及。④ 也有学者认为,在辛亥年底举行的中华民国第一次法官考试方为"今日高等考试司法官考

---

① 《法部奏各省筹办审判各厅拟请俟考试法官后一律成立折》,见《大清法规大全·法律部》之审判,卷五。
② 章中如:《清代考试制度》,黎明书局1931年版。
③ 郑定人编著:《中国考试制度研究》,民智书局1929年版。
④ 张晋藩主编:《中国法制通史》第九卷,法律出版社1999年版,第598—600页。

试之发端"。①

学界的暂时遗忘不足以掩盖此次考试的影响。此次法官考试所确立的法官考试制度延续到民国,而且国体的变更并没有使此次法官考试的效力完全终止。"辛亥年(1911)十二月初三日至初六日,中华民国举行了民国第一次司法官考试,录取了十八人。之后民国司法官考试形成了制度。"② 清末法官考试效力在民国的延续部分体现在民国六年(1917)十月北洋政府所发布的《司法官考试令》里,其第二条所规定的应考资格里面的第七款即为"曾应前清法官考试及格者"③。

宣统二年(1910)清政府所举行的第一次法官考试基本上是一次全国范围的大规模专业化考试,它既是清末法律改革中司法独立思想推动的结果,同时又构成了保证司法独立的一种制度建构,其影响并未因为清政府的灭亡而消失,对民国时期的司法官考试制度产生了巨大的影响,此种制度上的延续性在历史长时段中得到了凸显。其考试制度的规范性质、严格通过考试选拔法官的制度本身、考试内容注重能力而非机械记忆法条、把考生置于立法者和裁判者的位置去思考问题等诸多方面对现今的司法官考试具有借鉴作用。

第三节 京师和东北的在职法官考试

为了使所有的在职法官都达到《法院编制法》"经考试合格"方能充任法官的规定,在全国性的法官考试结束以后,法部决定在法官考试之前就已经设立省城商埠各级审判厅的在职法官补行试验。法部认为,"补行试验之举,原以审判得人起见,惟已设各审判、检察衙门,与甫议筹设者不同。现有之推检各官,练习已非一日,职务各有专司,则考验办法未可与初试为吏者相提并论"。因此,所有在职法官按照法部所定标准分为两类:一类为免考,其资格为"由部院调用,通

---

① 展恒举:《中国近代法制史》,台湾商务印书馆1973年版,第114页。
② 参考展恒举:《中国近代法制史》,第114页。
③ 《改订司法例规》,1922年9月司法部编印,第257页。

计历资十年以上或法政科举人以上或合于法官考试任用章程第二条所定襄校官之资格者以及进士出身或以举人而曾习法政毕业者"[①]；所有其余的在职法官必须参加考试。由于在京师法官考试之前已经设立各级审判厅的地方只有奉天和京师，所以针对在职法官的考试也只有奉天和京师两处。由于在职法官审判事务繁忙，法部决定派人到奉天主持考试。

一、奉天法官考试

奉天法官考试[②] 在宣统二年(1910)十二月中旬进行，该考试考两场，第一场考试科目分八门：论说、宪法、暂行章程、现行刑律、诉讼法、国际法、论述和办事成绩。考试的最后成绩计算方法是前七门的平均分占50%，办事成绩占50%。其试题为：

论说：近世法学家言谓中国改良刑律，宜采用国家主义，其理由安在，试详论之。

宪法：议院为协赞立法之机关。若值闭会时，遇有紧急事件，其处置方法如何？

暂行章程：刑事案件应由检察厅起诉，然有时可不待警察官之请求，径由审判厅审讯者。民事案件检察厅以不干涉为主义，然有时非请检察官莅庭，其判决即为无效者。定章以何项事件为限，各详举以对。

现行刑律：恐吓取财与诈欺取财皆准窃盗论，或加等或不加等，其故安在？亲属自相恐吓诈欺者与凡人是否同科，有无分别？至冒认、诓赚、局骗、拐带等项皆诈欺之类而各有不同，试详解之。

诉讼法：

(1) 惯习法成立之要件，各国学说多不一致，而其说之最有势力者，厥有四派，能分别胪列并详论其优劣欤？

(2) 商业登记为商法中之要点，登记后必须公告，又为各国之通

---

① 《法部奏考验京外已设各审判检察衙门人员酌拟办法折》，见《大清宣统新法令》第27册，第42页。

② 关于此次考试之资料见第一历史档案馆藏法部档案，编号为31457。

例。若同一事项登记与公告抵触时,当作如何之处置,试据成法以判断之。

（3）各国民事诉讼,普通法例中俱有控诉、上告、抗告及再审之规定,此四者差异之点安在？

（4）刑事诉讼之当事者为何人,试约略言之。

国际法：设甲乙二国宣战,丙为局外中立国。若甲国因丙国积弱,故意勒令其违反中立时,乙国处此,听之乎抑抵制之乎,试筹一万全之策。

口述：

（1）强盗窝主并非造意之人,不同行分赃,但知情,窝藏一人或二人,应科何罪？（现行刑律）

（2）证人无故不遵传票期限到厅,审判官应如何办理？（暂行章程）

（3）民法之编别有几种方式？（民法）

通过第一场试验的在职法官还要参见第二场法官试验①,考试分写作判词和口述。其最终成绩的计算方法是考试成绩与办事成绩的平均分。办事成绩由应试法官所在审判厅的长官根据该法官的实际情况的考核给予的分数。口述题目与第一次考试的题目区别不大,下面试举一份试卷的口试题目②来说明这个问题。

获取最有等第九名考生的口述题目：

（1）窃盗再犯计赃罪,应工作两个月,应加若干日；罪应徒流者,应加若干月？（现行刑律）

（2）地方审判厅管辖诉讼案件之权限。（暂行章程）

（3）因国法上之理由不受内国刑法适用之人,其种类若何？（刑法）

分析试题,同第一场考试注重法律基础知识相比,第二场更注重实际审判经验,这主要反映在判词的撰写上。因为两次考试的不同

---

① 关于此次考试之资料见第一历史档案馆藏法部档案,编号为31468。
② 本次考试的口述题目每个人不一样,这不同于第一次考试的口述题目。

特点,正好是考察一个在任法官必不可少的两个方面。这本是一次考试的两个阶段,第一场注重法律基础知识,第二场注重审判实际经验。第一历史档案馆的相关档案被档案管理人员归档整理成两次考试,当为整理档案人员产生的误会。

二、京师法官考试

与此同时,法部举叙司也对大理院和京师各级审判厅的在任法官举行了类似奉天的两次考试,这里仅作简要论述。第一次考试分两场,第一场考宪法纲要、现行刑律和现行各项章程及暂行章程,第二场考各国民商法、刑法、刑事诉讼法、民事诉讼法、主要科论说以及口述。第二次考试分口述和判词拟作。①

奉天法官考试和京师法官考试的内容,按照法部的构想是按照"第二次考试之法办理"②。而宣统二年在京师举行的全国法官考试也只是第一次考试,通过此次考试的法官被分发到各地方审判检察厅实习,还没有等到实习期满,参加实习结束之后的第二次考试,清廷就迅速灭亡,因此全国性的第二次考试没有举行。但对奉天和京师的法官考试基本上可以说是全国性第二次法官考试的雏形。总体来说,单就试题分析,有机结合法学基础知识和审判实际,是能够较好检测应试人员的水平的。

晚清法官考试肇端于天津府属审判厅的法官试验,宣统二年又

---

① 兹摘录一份试题:第一次考试第一场:宪法纲要:司法权委于审判衙门,遵法律行之,法律得更改否? 现行刑律:(1)犯罪得累减,不得累加,亦有递加至三四等者,系属何项,试条举之。(2)强盗、抢夺、窃盗,罪名有得财不得财之分,试言其轻重之异? 现行各项章程及暂行章程:(1)检察官对于审判厅独立行其职务,其职权若何? (2)京师暨各直省推事检察官,如无合于法院编制法第一百一十八条之资格人员,应补者应当预筹办法,试详述之。第二场:各国民商法、刑法、民事诉讼法和刑事诉讼法:(1)剥夺公权与停止公权同为附加刑,然有轻重不同之处,试详述之。(2)公诉提起之要件,其效力若何? 国际法:外交官之意义若何,领事及外务大臣得为外交官否? 主要科论说:中国犯奸门有强奸、和奸、刁奸、轮奸、调奸、诱奸、鸡奸之分,而蒙古例独无奸罪,外国律无奸无夫之妇不治其罪,而人与禽兽奸者反有治罪明文,其详略异同,试言其故。口述:(1)犯不应为而为者,应处几等罚? (2)违警律至多罚若干金,拘留若干日? 第二次考试:拟作判词:朱大纠同秦二图财,放火将邻人尤三空房烧毁,抢去银二百两,尤三捕拿,登时将秦二砍伤陨命,朱大、尤三应如何科拟? 口述:(1)擅杀现已减流,而内有不准减流者,系何项? (2)初级审判厅以推事一员行之,是何等制?

② 《法部奏考验京外已设各审判检察衙门人员酌拟办法折》。

举行了全国性的法官考试,随后又对奉天和京师的在职法官举行了考试,基本形成了一套系统的考试制度,对于保障各级审判厅法官的较高素质起了重要的作用,对于民国的法官考试产生了一定的影响。就是对我们现今进行的司法官考试是有重要借鉴价值的。

第五章　各级审判厅的判决书研究

　　判决书在法制史研究中,尤其是对司法审判的研究具有重要的意义。判决书是法官对具体案件适用法律和解释法律所作出的最重要的结论,是"连接立法与司法的关键性因素"①。台湾学者黄源盛先生通过对民初大理院的判决例研究认识到:"法院适用法律及解释法律,基本上是一种在'有组织的知识体系'中的认识行为,能客观地予以检查复验,故为一种科学性的活动。然判决的目的旨在依实体法的规定,体现最大限度的正义,理想上宜具有人文艺术的性质。"②

　　在英美法系国家,法院的判决是最主要的法源,从先前的判决书里归纳出来的法律规则和法律推理方法成为以后判决的根据。就是在以成文法为主导的大陆法系国家,法官制作的判决书也具有重要意义,首先为保持法律适用的统一性和上诉制度的客观存在,上级法院对具体案件的判决不可避免地会影响下级法院对类似案件的判决;更主要的是,虽然成文法可以通过立法机关的修订而使之适应变动不居的社会情势,但立法机关对成文法规的修订要通过较为严格的程序和较长的期限,在保持成文法规与社会情势的和谐性方面存在一定的局限,而判决书则因法官个人基于对社会情势的判断,酌量运用其自由裁量权而写就,可能最大限度地保持二者间的和谐,实现更大程度的司法公正。所以,对判决书的研究可以发现成文法规与社会情势之间的实际位差,探求在社会生活中真正发生作用的"活的法律"。正是在这个意义上,黄源盛先生将判决书的研究归纳为探求法律研究"实然面"的"解说"(explanation),其可望达致的目标是试图

---

　　① 汪世荣:《中国古代判词研究》,中国政法大学出版社1997年版,前言。
　　② 黄源盛:《大理院司法档案的典藏整理与研究》,见黄源盛:《民初法律变迁与裁判(1912—1928)》,台湾"国立"政治大学法学丛书,第113页。

建立"所以然面"的"阐释"(interpretation)①,以此与专注于法典进行法律研究的进路区分开来。可以认为,单纯对法典的研究最多只能做到"应然"层面而已。所以,研究司法判决书是深入开展法制史研究,乃至把整个法学研究引向深入的一个方法。

在传统中国社会,一般将司法审判机关制作的裁判文书称为"判词"、"判牍"或"判语"等②,但这些保存下来的中国古代判词既包括了司法机关对具体案件的裁判文书,也包括具有明显文学性质的文人制作的拟判和单纯为应付科举考试而制作的判词,因此它们作为研究法律史的原始素材来说有一定的局限性。大陆学界对古代判决书的研究比较有代表性的著作主要有汪世荣先生的《中国古代判词研究》和童光政先生的《明代民事判牍研究》。③ 到清代中叶,具有判决书性质的《刑案汇览》和续编、三编以及《驳案汇览》的出现,与中国古代保留下来的判词具有相当大的区别,它是作为天下刑名总汇的刑部对于重大刑事案件所制作的上奏圣裁的判决记录,前述判词中包含的拟判等具有文学色彩的部分不复存在。作为司法判决的真实记录,以及数量的庞大,因此它对于清代,乃至整个传统社会的司法研究具有更大的价值。瞿同祖先生就是在充分利用《刑案汇览》的基础上,以丰富的学养,写出了到现今仍然是法制史研究名著的《中国法律与中国社会》一书。瞿先生在历史法学派和社会法学派诸西哲的启发下,从分析中国传统社会的法律条文入手,反观法律的实效问题。在瞿先生看来,"条文的规定是一回事,法律的实施又是一回事。某一法律不一定能执行,成为具文。社会现实与法律条文之间,往往存在着一定的差距。如果只注重条文,而不注重实施情况,只能说是条文的,形式的,表面的研究,而不是活动的,功能的研究。"④ 因此,瞿先生引用了《刑案汇览》中的个案和判例作为讨论法律实效问题的

---

① 黄源盛:《大理院司法档案的典藏整理与研究》。
② 中国社科院法学所的杨一凡先生正在进行古代判词的整理工作,该项目对法律史的深入研究有重大意义,笔者希望该成果能够早日面世。
③ 童光政:《明代民事判牍研究》,广西师范大学出版社1999年版。
④ 瞿同祖:《中国法律与中国社会》,见《瞿同祖法学论著集》,中国政法大学出版社1998年版,导论。

根据，进而从法律实效的角度探讨了传统中国社会中的家族、婚姻、阶级、巫术和宗教等因素对法律的影响，揭示了中国古代法律的主要特征和背后的法律意识形态。故可以说，瞿先生的《中国法律与中国社会》一书是利用判决文书研究中国古代法律的经典，为法律史"实然"层面的研究作了一个很好的注脚。在国外学术界，充分利用司法判决书来研究中国古代的诉讼制度已经成为法制史学界一个重要的研究领域，滋贺秀三、夫马进和黄宗智等学者在这方面取得了重大突破。①美国学者 D.布迪和 C.莫里斯就充分利用了《刑案汇览》中的案例汇编，通过对案例的分析为核心，写作了堪称外国学者研究古代法律杰作之一的《中华帝国的法律》。②

利用判决书研究近代法，我国台湾学者黄源盛先生作出了开创性的贡献。黄先生利用南京第二历史档案馆馆藏的民初(1912—1928)的司法判决档案，在进行系统整理疏释的基础上，对民初大理院判决的法源与规范立论、大理院的判决风格、大理院判决在法学方法上的运用作了阐释，并提出建立"法史文献学"的构想，随后运用大理院关于刑事诉讼程序的笺释研究了民初近代刑事诉讼的生成与开展、利用大理院民事判决研究大理院民事审判与民事习惯之间的复杂关系和关于诚信原则的法理及其运用，通过对平政院行政诉讼判

---

① 滋贺秀三通过中国古代官员制作的判词对清代诉讼制度中的情理、习惯等法源作了宏观的考察，最后得出了中国传统审判制度的四个特征：1. 审判在本质上是行政而不是司法；2. 民事审判(州县自理案件的审理)是一种"教谕式的调解"(didactic conciliation)而非审判(adjudication)，因此实定性的司法体系在传统中国社会无从发达；3. 中国的审判传统与西欧传统审判模式形成鲜明的对比，是人们从另一个方向上设想和建构秩序并将其发展到极度精致的产物，是另一种具有内在价值的人类文明的体现，从而证明了文化的多元性质。因此，滋贺秀三教授的研究在一定程度上突破了西方中心论的学术霸权。黄宗智教授充分利用档案中的判决资料来研究清代法律制度，即把抽象的法律规定及其意识形态与法律的实际运作进行比较，其结论是清代的法律制度是由背离和矛盾的表达和实践构成的，其表达与实践既对立又统一。清代的法律制度能够长期存在，在于它一方面具有高度道德化的理想和话语，另一方面它在操作之中比较实际，能够适应社会实际和民间习俗。尽管两人都是在利用判决书进行某个具体问题的研究，其具体结论也有矛盾和对立的地方，但此种对立则是一种学术研究走向深化的表现形式。(参见滋贺秀三：《清代诉讼制度之民事法源的概括性考察——情、理、法》和《清代诉讼制度之民事法源的考察——作为法源的习惯》，见《明清时期的民事审判与民间契约》，法律出版社 1998 年版；黄宗智：《清代的法律、社会与文化——民法的表达与实践》，上海书店出版社 2001 年版。)

② Derk Bodde. Clarence Morris. (1973) *Law in Imperial China*, Harvard University Press.

决的统计分析研究了平政院在民初的活动及作用。① 这些研究成果对于民初大理院和平政院本身的研究具有较强的说服力,对民国整个立法与司法的研究都具有直接的影响。黄先生的研究只是集中于民初大理院与平政院,而对于晚清各级审判厅则涉及不多。

利用判决书研究法律规则和司法的"实然"层面,这种求真的工作有相当大的难度。鉴于此,台湾著名法制史学家张伟仁先生就作了告诫:"用审判记录研究法制有一个重要的先决条件,一定要有很大数量才能挑选出确实具有代表性的案例,否则便不免有偏颇之虞。这一点,尤其在研究实体法的情形为然,凭少数的案例来说明某种实体法的涵义和适用是相当不足的。不过,如果用同样数量的案例来研究程序法,其结果或许会比较好一点,因为每个案例应该都适用过同一程序法的全部或一部分,假如它们每个在这方面都有详细的叙述,只要见到几十个,至多数百个,便应该可以看清楚这些程序法的某些部分或全部。"② 我进行本章研究主要的资料来源于各级审判厅的判决选编——《各省审判厅判牍》③,该书编辑的目的是供各省审判、检察厅人员与注意司法者检阅参考之用,汇集了批词、判牍、公牍、章程、规则和附录等六部分,举凡与司法有关的参考资料,大部分都在该书中有所体现。该书编纂于 1911 年冬,成书于 1912 年春④,故所搜集的司法批词和判词都为宣统年间京师和各直省省城商埠各级审判、检察厅的推事和检察官所制作。该书搜集了大理院及各省审判、检察厅批词二百三十三则,各级审判厅判牍一百九十五则。就数量而言,虽然与张伟仁先生的要求相比不是太多,但张先生的说法是针对某个朝代或时期,甚至整个传统社会,其既存判决记录数量庞大者而言。晚清各级审判厅的存在时间不长,最早的京师各级审判厅成立于光绪三十三年(1907)冬,大多数的省城商埠各级审判厅都是到宣统二年(1910)冬天方成立,而清室则于宣统三年(1911)灭亡,

---

① 参考黄源盛:《民初法律变迁与裁判》。
② 张伟仁:《清代法制研究》,台湾研究院历史语言研究所专刊之七十六,1983 年版,第 63 页。
③ 汪庆祺编:《各省审判厅判牍》,上海法学研究社 1912 年印行。
④ 参见《各省审判厅判牍》之凡例。

因晚清各级审判厅的存在时间既短,其所作判决书的数量当不会太多,因此以各级审判、检察厅制作的四百多则批词和判牍从实体法和程序法两个方面来考察晚清各级审判厅运作的实际情况,当可以免于偏颇之嫌。

第一节 从判牍考察各级审判厅的诉讼程序

一、影响各级审判厅运作的程序法概述

程序法是较实体法而言,实体法是规定权利义务关系的有无及范围的,而程序法是运用实体法的程式,二者相辅相成,不可偏废。曾任民初大理院推事的夏勤(1892—1950)就对二者之间的关系作了生动的比喻,"实体法犹车也,程序法犹轮也。轮无车则无依,车无轮则不行。"因此,"国家贵有实体法,尤贵有程序法"①。二三十年代在朝阳大学讲授过民事诉讼法的李怀亮先生也持有大致相同的见解:"实体法及程序法均为共同生活之维持及发达所必不可少之具。若一有一无,或一善一不善,与其无程序法,毋宁无实体法,与其程序法不良善,毋宁实体法不良善。盖实体上适用条理以为准据,较为容易。程序者,办理事件之次第顺序也,无实体法尚有条理可寻,无程序法则将无所措其统治方法矣。且实体法不善,一般良民尚有避之之法……若程序法不良善,则究其弊,必至不应逮捕者逮捕,不应处刑者处刑,有权利者不得享受权利,无义务者须得负担义务,故程序法尤非有完全且良善者不可。"② 这是民国学界对诉讼法重要性达成的普遍认识。近代诉讼法体系的建立,则始自晚清。

1. 《刑事民事诉讼法》草案

考察各国法律演进的历史,程序法往往先于实体法产生,但诉讼法的发展在各国则存在巨大的差异。传统中国的关于诉讼程序方面的法律规定,散见于刑法典之中,虽有诉讼法规的存在,但却无诉讼

---

① 夏勤:《刑事诉讼法要论》,重庆商务印书馆1944年版,第5页。
② 《民事诉讼法》,朝阳大学法律科讲义,京师游民习艺所1923年印刷,第1页。

法的专名,民国学者徐朝阳在研究中国古代诉讼法时就因此颇有感慨,"至重且要之诉讼法,不克及早独树一帜,不亦可慨乎"①? 延至晚清,为收回领事裁判权,沈家本、伍廷芳鉴于"日本旧行中律,维新而后,踵武泰西,于明治二十三年间,先后颁行民事、刑事诉讼等法,卒使各国侨民归其衿束,借以挽回法权。推原其故,未始不由于裁判、诉讼咸得其宜。中国华洋讼案,日益繁多,外人以我审判与彼不同,时存歧视……若不变通诉讼之法,纵令事事规仿,极力追步,真体未充,大用未妙,于法政仍无济也"②,于光绪三十二年(1906)制定了《刑事民事诉讼法》草案。沈家本、伍廷芳将该草案作为适应现今中国实际情形的诉讼简明暂行法规。将该草案与传统中国散见于实体法中的诉讼法规比较,该草案打破了传统民刑诉讼程序混杂编排的格局,将诉讼规则分为三个不同的部分:刑事规则、民事规则和刑事民事通用规则,首次明确将民事案件和刑事案件的审理程序区分开来。③ 另外,草案还采纳了行于西方各国的律师制度、陪审制度和公开审判制度。但该草案并没有采纳盛行于泰西的检察制度,仍由审判机关同时享有犯罪诉追和裁判的权力,没有改变中国传统司法体制里的"纠问主义"特征。清朝廷将该草案下发将军、督抚和都统等地方大员提意见,遭到了大部分人员的反对,尤以时任湖广总督的张之洞的批评

---

① 徐朝阳:《中国古代诉讼法》,商务印书馆 1926 年版,第 5 页。
② 沈家本、伍廷芳:《刑事民事诉讼法》草案。
③ 民国学者徐朝阳在考察了中国古代的诉讼后,从《周礼》中对危害严重程度不同的案件处理的不同机关和方法为根据,认为它是"诉讼之区别刑事、民事,本各国最早通行之思想,于我国古代盖有微徵。"此种观点尚显中正,而徐氏进一步推论,因《郑注》有云:"讼谓以财货相告者","刑谓相告以罪名者",认为"可知民事与刑事诉讼,在古代之司法机关,已有划然之区分"。姑且不论单纯的片言只语只是思想史的一部分,并没有形成特定的制度,就证之中国古代的司法实践,作为民事的"钱债细故"与刑事案件本身及其适用的程序之间的区划尚不是十分清晰,而其背后也缺乏相关的理论支撑,因此此种观点类似中国近代学界广泛存在的"中源"说范畴,有牵强之嫌。见徐朝阳:《中国古代诉讼法》,第 11—16 页。

意见为重要。① 最后,该草案遭搁置。② 总之,尽管该法"名为简明诉讼法,实际甚为混杂,不特民刑诉讼不分,而民事被告仍有拘提、监禁等规定,甚不合理,且又混有强制执行法、破产法及律师法等事项,立法技术仍甚幼稚,但在当时则为划时代的改革,是第一部独立的、进步的诉讼法"③。所以,该草案的一些条款背后所体现的法律原则和精神仍然可能为各级审判厅在审判实践中所遵循。

2.《大清刑事诉讼律》草案和《大清民事诉讼律》草案

晚清法律改革中与审判程序有关的法律草案和章程还有《各级审判厅试办章程》、《法院编制法》、《大清刑事诉讼律》草案和《大清民事诉讼律》草案。《各级审判厅试办章程》和《法院编制法》的内容,前面已作了较为具体的叙述,兹不赘述。这里仅对两法的效力作一补充。《各级审判厅试办章程》于光绪三十三年(1907)十月二十九日,也就是京师各级审判厅成立之前由法部上奏④,明确指出其试办和暂行性质,"其未经议覆之先,拟暂由各厅先行试办,俟覆奏奉旨后再行

---

① 张之洞主要从两个方面反对该草案,其一是该草案采纳的西法与中法矛盾,不符合中国现今情形,其实行的后果是"难挽法权,转滋狱讼"。因为"法律之设,所以纳民于轨物之中;而法律本源,实与经术相表里,其最著者为亲亲之义,男女之别,天经地义,万古不刊。乃观本法所纂,父子必异财,兄弟必析产,夫妇必分资。甚至妇人女子,责令到堂作证。袭西俗财产之制,坏中国名教之防;启男女平等之风,悖圣贤修齐之教"。其二是不符合法律制定的先后顺序,因此与法律原理相背,"西洋各国,皆先有民法、刑法,然后有刑事、民事诉讼法。即日本维新之初,亟亟于编纂法典,亦未闻诉讼法首先颁行。如刑法及治罪法俱施行于明治十五年,旧民法与民事诉讼法俱公布于明治二十三年是也。有诉讼之法,犹须有执行之官。故必裁判官权限分明,而后诉讼法推行尽利。如德国之旧诉讼法与裁判所编制法同时实行是也。中国律例详刑事而略民事,即以刑事而论,亦与西律悬殊。综观本法所编各条,除'中外交涉'外,大抵多编纂刑法、民法以后之事,或与厘定裁判官官制相辅之文。"因此正当的解决办法是现在只制定诉讼法试办章程,先编订各项实体法和法院编制法,然后再制定刑事、民事诉讼法,争取达到"变法而不废法之功效"。见刘坤一、张之洞:《江楚会奏变法三折》。
② 本论文写作即将完毕之际,从师弟瑞峰处得知,关于该草案是否在晚清实行过,尚需进一步考证。如台湾学者雷禄庆认为,该法"经修正后于宣统二年颁行,名为大清民事刑事诉讼法。"(雷禄庆:《中国法制史》,台湾商务印书馆1972年版,下册,第749页。)惜从该书中不能发现雷氏提出此点的根据。所以对于此问题尚需进一步研究。
③ 雷禄庆:《中国法制史》下册,第752页。
④ 该章程的制定在很大程度上是让京师各级审判厅的筹设有法规可循。法部奏折有云:"第天津开一省之先,而京师实各省之准。此次办法,系乎全国司法机关,自应更求完密。"(见《法部奏酌拟各级审判厅试办章程摺》),但最后也成为指导筹设外省各级审判厅的重要法规之一。

遵照,并通行试办省份,以昭划一"①。该章程第一百一十九条明确规定了其效力期间,即"本章程施行期间,自各级审判厅开办之日为始,俟法院编制法及民事刑事诉讼法颁行后,本章程即停止施行"②。而晚清的民事诉讼法和刑事诉讼法都只有法律草案的编纂,而未能正式施行,所以就法律效力而言,《各级审判厅试办章程》在整个晚清皆适用,其失效的是那些与《法院编制法》相抵触的条款。而那些与《法院编制法》不相抵触,或者是《法院编制法》所未能规定的诉讼方面的条款依然是有效的。

自从沈家本诸人奏进的《刑事民事诉讼律》草案被搁置之后,由于各级审判厅的逐渐筹建,而没有相应的正式程序法以遵循,必将妨碍这些新司法审判机构对案件的审理,因此编纂系统的诉讼法典的工作一直没有停止。到光绪三十四年(1908),修订法律馆将诉讼法按照民事、刑事分离,分别编纂民事诉讼律和刑事诉讼律草案。宣统二年(1910),修订法律大臣沈家本、俞廉三等在修律顾问冈田朝太郎的协助下,完成了《刑事诉讼律》草案,并在该年十二月将该草案进呈。该草案是在采纳各国刑事诉讼法通例,尤其是借鉴日本明治二十三年(1890年)颁布的《刑事诉讼法》的基础上制定的。就内容而言,该草案共六编十四章五百一十五条,第一编总则,分审判衙门、当事人、诉讼行为三章;第二编第一审,分公诉、公判两章;第三编上诉,分通则、控告、上告和抗告四章;第四编再理,分再诉、再审和非常上告三章;第五编为特别诉讼程序,包括大理院特别权限之诉讼程序和感化教育监禁处分程序两章;第六编为裁判之执行。该草案的主要特点,按照草案编纂者的说法,大致有下述八个方面:

一曰诉讼用告劾程式。查诉讼程式有纠问、告劾之别。纠问式者,以审判官为诉讼主体,凡案件不必待人告诉,即由审判官亲自诉追,亲自审判,所谓不告即理是也。告劾式者,以当事人为诉讼主体,凡诉追由当事人行之,所谓不告不理是也。在昔各国多用纠问式,今

---

① 《法部奏酌拟各级审判厅试办章程折》,见《大清法规大全》卷七"法律部之审判"。
② 《法部奏酌拟各级审判厅试办章程》,第一百一十九条,见《大清法规大全》卷七"法律部之审判"。

则概为告劾式,使审判官超然屹立于原告、被告之外,权衡两至,以听其成,最为得情法之平。

二曰检察提起公诉。犯罪行为与私法上之不法行为有别。不法行为不过害及私人之利益,而犯罪行为无不害国家之公安,公诉即实行刑罚权以维持国家之公安者也,非如私诉之权仅为私人而设,故提起之权,应专属于代表国家之检察官。

三曰摘发真实。其义有三:一为自由心证。证据之法,中国旧用口供,各国通例,则用众证,众证之优于口供,无待屡述。然证据而以法律豫定,则事实皆凭推测,真实反为所蔽,宜悉凭审判官自由取舍。一为直接审理。凡该案关系之人与物必行直接讯问、调查,不凭它人申报之言辞及文书,辄与断定。一为言辞辩论。于原被两造之言辞辩论而折衷听断,自经辩论之后,于被告之一造,亦可察言观色,以验其情之真伪。

四曰原被待遇同等。同等云者,非地位相同,指诉讼中关于攻击防御予以同等便利而言。盖原告之起诉,既为谙习法律之检察官,若被告系无学识经验之人,何能与之对待?故特许被告人用辩护人及辅佐人,并为搜集有利证据,与以最终辩论之权,庶两造势力不至有所盈朒。

五曰审判公开。此本为宪政国之第一要件。盖公开法庭,许无关系之人旁听,具瞻所在,直道自彰,并可杜吏员营私玩法诸弊。

六曰当事人无处分权。查民事诉讼乃依私法上请求权。请求私权之保护者,当事人于诉讼中均得随时舍弃。惟刑事诉讼乃依公法上请求权,请求国家科刑权之适用者,其权故属国家,虽检察官不得随意处分,被告更不待言。是以近日各国立法例,除亲告罪外,不准检察官任便舍弃起诉权,不许犯人与被告人擅自私和,并在诉讼中撤回公诉。

七曰干涉主义。民事诉讼当事人有处分权,审判官不得干涉。至刑事诉讼当事人无处分权,审判官因断其定罪之有无,应干涉调查一切必要事宜,而不为当事人辩论所拘束。

八曰三审制度。三审制度即《法院编制法》所定,不服第一审可以提起控告而请求第二审之审判,不服第二审可以提起上控而请求第三审是也。①

该草案进呈后,清廷即交宪政编查馆核复,未及核复完毕,清廷即告灭亡。所以《刑事诉讼律》草案在晚清仅是一个法律草案,没有真正施行过。但其规定的一些诉讼原则则为晚清各级审判厅在审判实践中加以采用。

《大清民事诉讼律》草案也和《大清刑事诉讼律》草案同时编订,由修律大臣沈家本、俞廉三与《刑事诉讼律》草案同时进呈。该草案共四编二十二章八百条。按照沈家本、俞廉三的归纳,其纲要大致分以下四点:

第一,"官署审判民事,首重权限,称之为审判权。其官署组织属诸内部者,谓之编制;属诸外部者,厥有管辖。其职员资格,亦有二种:1. 任用资格,如考选录用等事也;2. 奉职资格,如回避、拒却等事是也。审判权及内部组织、任用资格及制度之事,法院编制法定之。至外部组织及奉职资格,及职务之事,民事诉讼律定之。依类相从,区划明晰,而权限繆輻之弊一清,此关于审判衙门之宜规定者也。"故该草案第一编为审判衙门,分事物管辖、土地管辖、指定管辖、合意管辖、审判衙门职员之回避拒却及引避等五章。

第二,"民事诉讼非俟人民起诉不能成立。既有起诉人,则必有相对人。起诉人一曰原告,相对人一曰被告,其受委任而从事诉讼者有诉讼代理人,其偕同而就诉讼者有诉讼辅佐人。命名既殊,地位各异,惟诉讼责无旁贷,案牍绝少牵连。庶两造有平等之观,而局外免波及之虑。至诉讼费用,必有所归,或预为征收,或事后交纳,亦关系于当事人之权利义务也。此关于当事人之宜规定者二也。"故第二编为当事人,分当事人能力、多数当事人、诉讼代理人、诉讼辅佐人、诉讼费用、诉讼担保、诉讼救助等七章。

第三,"诉讼既与程序迭进,以主义言之,则有言辞审理、书状审理、直接审理、间接审理诸名目;以阶级言之,则有第一审、上诉审、再

---

① 李贵连:《沈家本年谱长编》,第367—369页。

审之区别。学说既更仆难终,层析亦繁复易紊。折衷取舍,允贵周详。又若各审有公用之法,则自书状、送达,以迄诉讼记录,理属一贯,义主兼赅,必有共同之规,乃无浩瀚之虑。又若各审之进行方法,自起诉以迄裁判,必须有法定之准绳,乃能杜民情之诡辩。此关于通常程序之宜规者三也。"因此第三编为通常诉讼程序,分总则、地方审判厅之第一审诉讼程序、初级审判厅之诉讼程序、上诉程序、再审程序等五章。

第四,"通常诉讼,确当为先,简速次之。然遇有一种诉讼,最贵敏速,一或濡滞,受损实多。若必尽依通常办法,于保护人民之道既偏而不全,则于国家法令之尊或疑而不信。各国民事诉讼律于督促程序、证书诉讼、保全诉讼,皆另订办法,务求简洁,俾免贻误。此外如权利状态不能确定,则有公示催告程序;婚姻亲子,事关公益,不能不予法官以干涉之权,则有人事诉讼。凡此之属,皆必设特别办法,乃能推行尽利。此关于特别程序之宜规定者四也。"① 故第四编为特别诉讼程序,分督促程序、证书程序、保全程序、公示催告程序、人事诉讼等五章。

《大清民事诉讼律》草案的最后命运也和《大清刑事诉讼律》草案一样,但其规定的一些诉讼原则仍然为晚清各级审判厅在审判实践中加以采用。

3. 各级审判厅、检察厅办事章程或规则

至宣统二年底,各直省省城商埠各级审判厅基本完全成立。由于全国没有统一适用的诉讼法规可以遵循,有些省份的审判厅和检察厅制定了通行于本官署及其下属官署的办事章程或暂行章程或规则。这些办事(暂行)章程或规则有很多关于诉讼程序方面的规定,从而在一定程度上弥补了晚清缺乏全国范围内能够统一适用的系统性诉讼法规的问题,是各级审判厅、检察厅能够顺利运作的基本保障之一。

《各级审判厅判牍》里收录的这类章程或规则有《直隶各级审判检察厅暂行章程》、《上海地方检察厅试办简章》、《河南初级审判厅章

---

① 沈家本、俞廉三:《进呈大清民事诉讼律草案折》。

程》、《河南初级检察厅章程》、《河南地方审判厅章程》、《奉天特别地方审判厅章程》、《上海各级审判厅办事规则》、《直隶各级审判厅办事规则》、《四川各级审判检察厅事务通则》、《直隶各级检察厅办事规则》、《贵州各级审判检察厅办事规则》等十一个规则或章程。就其内容加以考察,基本上不存在大的差别。① 下面试以《直隶各级审判厅办事规则》为例来描述其大致包含的内容。

《直隶各级审判厅办事规则》共十二章,一百二十八条。第一章总则(第 1—3 条);第二章职权(第 4—12 条);第三章审判通则(第 13—64 条),分受诉、拘传、预审、公判、判决、执行、和解和管收保释等八节;第四章法庭秩序(第 65—72 条);第五章旁听规则(第 73—77 条);第六章讼费(第 78—86 条);第七章公牍程式(第 87—88 条);第八章厅员统则(第 89—107 条),分规则、办公时间及值宿、修暇和代理四节;第九章图书室(第 108—110 条);第十章书记生(第 111—115 条);第十一章承发吏(第 116—122 条);第十二章庭丁(第 123—126 条),附则(第 127—128 条)。

从其内容看,既包括了诉讼法的内容,也有《法院编制法》的规定,但居核心地位的条款是审判通则,其内容基本上属于诉讼法方面的,将审判过程细化为上述八个部分,无疑受到了《大清民事诉讼律》草案和《大清刑事诉讼律》草案中一些审理程序方面规定的影响,对于各级审判厅审理案件的进行起了重要的指导作用。但仍然存在严重的缺陷,最明显的是没有把民事案件和刑事案件所适用的诉讼程序明确区分开来,没有提到法庭辩论、上诉、再审等一个完整的诉讼过程不可或缺的阶段。

二、各级审判厅审理案件的程序——结合"批词"和"判词"进行考察

晚清各级审判厅的设立,除初级厅以外,地方审判厅和高等审判

---

① 当然存在一些细微的差别,但这些差别基本上只是条文用语上的,就其实质内容而言,相同的地方占绝大多数。这是否是一种为表现司法革新、为彰显官员政绩而相互抄袭的官样文章?因为证据的缺乏,姑且于此存疑。

厅都把民庭和刑庭分别设立,分别审理民刑案件;初级厅虽然一般只设立一到两名推事,但是由于各级审判厅是一个系统性的机构设置,上诉制度的存在保证了此种系统性在实际运行中的遵行,所以初级厅在审理案件时基本上也贯彻了民刑案件分别审理的原则,其直接表现是它们分别适用不同的诉讼程序和判决的不同结果。这种判决的区别表现在是确定罪之有无抑或理之曲直。所以,欲考察各级审判厅审理案件的程序,必须分民事案件和刑事案件两部分来分析。

"批词"是中国传统司法审判中的一种专门司法文书。"批"字,《说文解字》作"㧙",云"手击也"。较早见于《左传》庄公十二年,"遇仇牧于门,批而杀之。"后引申为排除、削、批示等意义,由批示又引申出"评判"之意。传统律学中的批词之"批"则有评判的意思。①在传统社会,批词是诉讼提起于官府后,作为审理案件的地方官对于案件是否符合起诉的条件进行审查,其审查的结果必须以书面形式告知当事人,如果诉讼成立则案件将进入诉讼阶段,如果审查认为起诉理由不充分则不准立案,且须附有简短的理由说明。这种书面形式的审查结果称之为批词。《各级审判厅判牍》中的第一部分就是批词,共收录批词233则,制作主体包括自大理院、总检察厅到各级审判厅、检察厅的推事和检察官。"判词",即判决书,是各级司法审判衙门对于进入诉讼程序的案件所作出的裁决。

1. 各级审判厅审理民事案件的程序

根据前面对晚清民事程序法的论述,基本上不存在各级审判厅能够遵循的系统化的诉讼法规,而程序对于案件的审理又具有重要的意义,其不容回避显见。有效成文法规的匮乏② 使得负责案件审理的各级审判厅只能从以下三个方面去寻求可资利用的资源:(1)《现行刑律》中有关诉讼方面的规定及其传统司法机关审理案件所遵循的程序方面不成文惯习;(2)《大清刑事民事诉讼律》草案和《大清

---

① "批"作评判之意,也有用于文学作品的例子,如元朝姚桐寿在《乐郊私语》中就有:"(杨廉夫)遂运笔批选,止取鲍恂、张翼、顾文煜、金炯四首。"

② 《各级审判厅试办章程》和《法院编制法》对各级审判厅审理案件的程序作了原则性的规定,实际运行则需要细化和操作性极强的规则。笔者是在这个意义上来说明程序方面成文法规的欠缺。

民事诉讼律》草案中所体现的诉讼法原理;(3)各级审判厅、检察厅办事(暂行)章程。下面将利用各级审判厅制作的民事方面的批词和判词进行实证考察。

各级审判厅审理的民事诉讼一般由原告向审判厅起诉。关于审判厅的管辖,一般都严格遵循了清廷在宣统元年颁布的《初级暨地方审判厅管辖案件暂行章程》的规定。起诉须用法定状纸;如果不用法定状纸起诉,审判厅一般不会受理。状纸必须由审判厅设置的写状书记缮写,写完之后该书记盖戳为凭证,然后将证人证物列上,与诉状一起呈递审判厅,由审判厅以批词的形式决定其是否受理。① 下面对各级审判厅的批词作一分析。

批词一　京师地方审判厅批王学同呈诉赵姓等串通铺业一案

此案前经明白批示,兹据该原告王学同诉称,光绪二十二年四月十一日,伊师郭喜成等将久成桶铺转租李有儿生理,凭中保人说合,十五年为满押,租银十两,每年租家具四两,有旧家具单两张,并有字据,现伊师年老不能来京,交给该原告字据取赎等语。查该原告所诉,价额在二百以下,照章应归初级受理,仰即迳赴该管初级审判厅呈诉可也。

批词二　京师地方审判厅批徐宋氏呈诉安殿君霸占水道一案

据诉状悉。该状内称该原告有雍和宫水道一处,于光绪三十二年租与该被告安殿君承管,四年为满,立有字据,现已逾期年余,霸占不交等语。查京师各地井水不许挑水之人把持,多家著有定例,如该被告安殿君果有霸占情事,系属刑事性质,仰该原告徐宋氏另具刑事诉状呈诉可也。

批词三　京师地方审判厅批吉苏氏呈诉崇志卖房纠葛一案

查该原告吉苏氏与该被告崇志既属母子,何至卖财各居,该被告又何敢擅将该原告住房售卖,竟不给与价银之理?且该状内所叙亦不明晰,又未开列证人证物,本厅无从核办,所诉应不准理。

---

① 笔者考察了《各级审判厅判牍》中的所有批词,发现批词的结论无非二种:1. 所诉驳回;2. 管辖违误,告诉应投诉之地方。由于没有见着结论是肯定起诉成功的批词,所以估计起诉符合条件,自动进入诉讼阶段,一般不用审判厅作批词告知原告。

批词四　京师地方审判厅批王曾望呈诉裴维新抗债不还一案

该被告裴维新业经禀传无著,难保不潜回原籍。查该原告王曾望前在河南省城长发隆绸缎庄存银三千两,五厘起息。去腊向该号提款,本利俱无,该号领事声称只可分货等语。足见该号亏累外欠,决不止该原告一家,即应在河南省审判厅呈诉,就近清理。兹本厅即将该被告传到,亦碍难核办,仰该原告仍赴河南省审判厅呈诉,以便关追办理可也。

批词五　京师内城地方审判厅批王郑氏遭抱诉王赞臣独霸家产一案

该原告王郑氏之夫王四与王赞臣系属兄弟,如果王赞臣吸烟纵赌,该原告夫妇恐其挥霍家产,好意相劝,赞臣亦岂能遽将原告之夫妇殴打辱骂欲赶出门外?且亦何至因该原告之夫不走,即手执洋枪击放?所称各节殊难凭信。此等臆断语,似非法律文所当用。况案关争产,应由原告之夫出名。虽据称怕死逃走,必非不知去向。仰该原告寻觅伊夫自行呈诉可也。

批词六　南昌地方审判厅批高陶氏呈词

该氏夫妇反目,不值一诉,据称尔夫高赞庭挟妾忘妻,不过一薄幸浪子耳。此种下流行为,非法律所能遍及,应仍请凭戚友劝戒调和,责令月付钱文以资该氏养赡。勿遽涉讼,致伤恩义。

批词七　安庆地方审判厅批段崖清呈诉大局攸关等情一案

清节堂为公立收养孀妇之地,刘段氏愿进堂守节,本无不可。段佐朝必令刘贤章分拨家产,捐附巨金,未免强人所难。故前批特斥。今据该堂司事段崖青禀称捐赀多少听便,刘贤章亦当附顺媳志,准其入堂守节,毋得阻挠所请。传案伤送,似可不必。青年妇女涉足公庭,亦非所以保全体面。该司事既报告各董,佥许留养,即由氏自行入堂可也。

下面将从《判牍》中选出的这七则审判厅批词来分析起诉不予受理的原因。① 考察上述七则批词,发现起诉被拒却的原因有三个方

---

① 刑事案件由检察厅决定是否该向法院提起公诉,其批词应该由检察厅提出。所以,尽管有审判厅作出的批词,也有检察厅作出的批词,但一般而言,由各级审判厅作出批词的案件属于民事案件,由各级检察厅作出的批词的案件属于刑事案件。

面:1.起诉审判厅错误,分三种情况:混淆了刑事和民事的性质,如批词二;虽属于民事案件,混淆了初级审判厅和地方审判厅的管辖范围,如该在地方审判厅起诉的,却误在初级审判厅起诉,反之亦然,如批词一;为审判便利,应该在其他地方的相应级别的审判厅起诉,却误在当前审判厅起诉,如批词四。对于诉状中对于审判厅管辖的违误,审判厅在批词最后都会告诉原告正确的系属审判厅。2.原告不符合起诉的主体资格。在晚清,妇女的民事行为能力受到限制,女子出入公堂,与礼教不容,非所以养廉耻之道。当夫妻共同作为原告,则只能由夫起诉,如批词五;批词七更明确指出,"青年妇女涉足公庭,亦非所以保全体面"。3.诉状所列要件的欠缺。分两种情况,第一种情况是诉状的形式要件欠缺,如诉状之后没有黏附证人证物等可以作为证据的资料,如批词三;第二种情况是诉状的实质要件欠缺,比较重要的一点是家族之间的纠纷,不属于法律调整的范畴,如批词六。如果诉状不存在上述瑕疵,案件就会自动进入正式的诉讼阶段。

民庭收到诉状后,由庭长或推事发出传票,详叙案情,饬承发吏持送被告人,令其于限期内来厅辩诉。辩诉后由庭长或推事详察两造诉状中有无应添传之证人与关系人,其应添传者再于原票上注明发传限期,传令一干人证,齐集听候审理。然后定期公判,审判厅并有义务将其制作的判决书送达给双方当事人。这一点不同于传统司法体制,各级官员所制作的判决书一般只在公堂上宣布,称为堂谕,不送达给当事人。各级审判厅制作的判词在某种程度上反映了诉讼的程序。

判词一　互争公用之井

钱塘初级审判厅案

呈诉事实:据王绅锡荣诉称,于光绪三十四年承买钱邑惠民巷田姓基地二亩五分七厘零,内有石井一口,距离街心丈余,墙垣尚未隔住,故近邻得随意汲水,现须建筑,若将此井让出,占地约五六十方尺,室碍甚多,邻近尚以需水不便,已允于西角基地之内围墙之外另开一井,费由己出,井供众用。乃唐寿卿、沈大明等意犹未足,多方要挟,突于闰六月二十五日擅加井栏,并立石碑,刻有:"惠民古井。宣统三年秋月重修。芝松太平里人公建"字样。如此妄行干涉,纠众挟制,殊非情理所能喻,因之起诉。旋据唐寿卿等诉称:惠民巷内向有公井一口,色清味淡,大旱不涸,邻近数百家赖以汲饮,并藉消防,久成习惯。自兵燹以来,业户已迭更四、五姓,皆知存留公井,顾全乡谊。乃商会协理王锡荣新买此产,一旦举为己有,徒以另开一井为词,无如惠民巷街道狭小,当路开井有碍交通,况新开之井是否不生疫疠及大旱不涸并无把握各等情来厅。当即饬传原被到案,两造各执一词,相持不下。旋经本厅实地履勘后,再行传集两造讯明前情,应即判决。

证明曲直之理由:此案王绅锡荣承买田姓基地,内有食井一口,载明契上。此次拟欲按基圈井,本属所有者应得之权利。惟查该井向归公用,即从兵燹后计算,迄今已有四十余年之久。邻近居民日常汲水者不下数百户,是汲水地役权早因时效而取得者也。该基地虽经田姓转售王姓,然该基地上之食井一口向供众用,则王绅锡荣理不得独自主张其所有权而置此地役权于不顾,此法律上习惯上之通例。我国民法虽未颁布,而习惯即为立法之基础,又为立宪时代之国民共当遵守。兹据王绅锡荣诉称将该井圈入墙内,愿于西角基地上另开一井以供众用,亦明明知地役权在所有权范围以内,不得不互为兼顾,足见深明法理,不独热心公益已也,殊堪嘉许。独不解所有权者,同一牺牲一角地,姑无论另开一井势必多需时日浪费金钱,且邻近居民久认旧井之利益甚大,相传有白沙泉之称,早存取之不竭用之不尽之观念,即另开之井幸而掘井得泉,犹恐邻近居民之心理保无有新不敌旧,更生意外之要求,将来之缠讼,伊于胡底?本厅职守司法,不敢不斟情酌理,一秉至公。今证之法理既如此,揆之心理又如彼,惟有将邻近居民新建之"惠民古井"等字样概行撤消,特书"王氏惠民井",一以表明所有权之界限,一以保护地役权之存在,俾数千人口之饮水仰给于该井者,依然攘往熙来,咸乐王氏惠民之至意,论情论法,其理一也,敢以质诸原被告。此判。①

---

① 欲客观考察判词中所体现的程序问题,光凭一个或几个判词是不足以说明问题的,有时还可能存在相当大的误差。因此,我所选择的判词都是属于在《各级审判厅判牍》里面在程序方面具有一定代表性的判词。因为限于篇幅,一般只完全引用一个,以达到窥一斑而见全豹之目的。

观以上判词可知,晚清各级审判厅的判词一般分为三部分:1. 两造的事实陈述,明确争议之点所在;2. 证明两造理曲理直之缘由,一般有两点,即确认事实真相和所援引的法理根据(法源);3. 判决主文,也就是审判厅审理该案件的结果。晚清各级审判厅的法庭辩论是存在的,如上述判词所说的"当即饬传原被到案,两造各执一词,相持不下。旋经本厅实地履勘后,再行传集两造讯明前情,应即判决。"而且双方辩论还不止一次。至于其是否充分到足以判决的程度,则出于推事的自由裁量,则不得而知矣。因为"传集两造讯明前情,应即判决"之类的话,乃是判词的套语,不足为凭。

关于上诉,晚清实行四级三审制,即不服初级厅判决的,可以到地方审判厅控诉,然后到高等审判厅上告;不服地方审判厅判决的,可以到高等审判厅控诉,然后到大理院上告。

判词二 互争园地不服初级判决上诉

安庆地方审判厅案

缘陈文富、陈厚德籍隶怀宁县,自明族居本邑沿山保陈家湾地方,屋宇栉比。后因族众四散,遂以老屋为享堂,享堂西北槽门日久坍塌,与门外隙地相合,管祠人乃作为园以种菜。上年十一月间,陈文富查得杨奉先在伊园内盗砍树木,因向怀宁初级审判厅起诉,杨奉先、杨炳煌欲图抵制,觅得道光十五年白契一纸,谓园属己。经初级审判厅调查,契据系属影射,园仍判归陈姓执业,杨奉先、杨炳煌不服,上诉到厅。本厅查契系陈华桂出卖,内载有瓦屋六间,坐落陈姓老屋南首,以外又菜园一个,杨炳煌即执此契为陈姓菜园属己之证,"以外又"三字为菜园与基屋不连之证。不知远年白契,本难尽凭,即使可凭,而杨姓契地在老屋南,陈姓菜园在老屋西北,亦不能因一"外"字以为贯串。且此园半跨享堂槽门,系属陈姓公地,当时陈华桂亦无擅卖之理,况历年来此园均归陈姓管业,杨姓一向无人过问,乃待盗砍园树案发被控到厅,始称园属杨姓,显系意存抵制,怀宁初级审判厅所判甚是,杨炳煌犹哓哓置辩,谓此园尚照契载,四围有老墙壁脚可凭。本厅不厌求详,除反复驳诘外,复饬承发吏李辰、王世辅到地,眼同地保及原被两造勘看,勘得该园只一面尚有墙脚可指,余面均不能指认,应照初级厅原判,园归陈姓管业,杨奉先所砍树木所值无多,从宽免究。讼费银三钱,证人杨月庭、杨万周庭费各五钱,承发吏勘看川资,食宿费计银二两二钱,由本厅垫付,照章均责令杨奉先、杨炳煌分别归缴。此判。(民)

判词三　互争园田不服地方初级两厅判决
安徽高等审判厅案

缘杨奉先、杨炳煌、陈文富均籍隶怀宁县。杨姓祖坟前面山下有空地一片,在沿山保陈家湾陈氏享堂西首,系道光年间价买陈华桂房屋,拆为坟前余地,与陈姓老屋现为享堂之地毗连。嗣因陈姓享堂前院墙屋倒塌,将东偏之隙地改作菜园。上年十月间杨奉先在该园边砍去树木二株,被陈文富查知,到怀宁初级审判厅起诉。杨炳煌因陈华桂所卖房地原契内载有"外又菜园"字样,适原买契载之菜园已荒,而杨奉先盗砍树木之区即陈姓享堂前院,墙倒塌后改作菜园之地,杨炳煌遂挟持原契,顿生狡谋,冀为其兄掩盖盗树之愆,并可遂其巧占菜园之计,因到庭即冒认陈姓菜园为己产,经初级厅察知杨炳煌借契影射情形,将菜园仍判归陈文富管业。杨奉先同弟炳煌不服,到地方厅控诉,又不直。复至本厅上告。本厅传齐原被,由承审推事前往勘验,勘得杨姓空地在陈姓享堂西首,陈姓享堂系坐南朝北前后三层,其北首之前一层半已倒塌,院墙亦倒塌俱尽,惟大门门墩尚存,门墩左边即有现时陈种菜之小园,由门墩往东直行,查当日院墙旧址系横亘该园之中心,核与杨姓所称四围墙壁脚迥不相符。该园四围亦并无墙壁脚可验,再就享堂院墙左右参观,该菜园实在陈姓享堂基址之内,其园边有已伐之树根两个,根株具在,杨奉先自认为伊手所砍,与陈姓所呈图说比对符合。审勘明确,应即判决。查杨奉先与陈文富控争之菜园,其园地既坐落在陈姓享堂前之东北隅,而杨奉先呈验价买陈华桂房地契据,其地在陈姓享堂之西南隅,所呈图又注称在陈姓享堂东边墙外,勘验种种不符,即为借契影射之确据。且杨姓买地之时在道光年间,而陈文富现种之菜园始于光绪初年,因享堂院墙倒塌后将墙内外隙地改为菜园,在院墙未倒以前,陈华桂卖地之日断不能于数十年前预知。族中享堂前公地院墙具在,必将变为菜园,敢于指卖。且亦断无能力以族中享堂前公地擅自私卖之理。此案杨奉先兄弟明知盗伐陈姓树木之不合,遂思以旧契影射陈姓祖遗公地,肆其并吞之谋,并掩其盗树之咎,实属刁狡。案经初级、地方两厅秉公判决,复敢逞其健讼伎俩来厅上诉。经本厅彻底查明,当面诘责,杨奉先兄弟俯首无词,应仍照初级地方厅各原判,归陈文富管业,杨奉先所执白契一纸,年久未税,本应作废,并将该地充公,姑宽限于一月内赴怀宁县换写三联新契,照章投税,违则此契永作为无效,基地充公,以儆刁玩。白契当庭发还,并照会怀宁县知照。杨奉先所砍陈文富地内树二株,判令赔陈文富洋一元,交陈文富具领完案。又杨炳煌本月初五日三更时分来厅打门喧扰,殊属目无法纪,本应重惩,姑念到厅即行认罪,从宽比照扰乱法庭秩序条款罚洋四元。讼费三钱,证人杨月庭到厅费五钱,承发吏随勘川资、食宿费二两二钱,均着杨奉先照缴。此判。(民)

判词二是不服初级审判厅判决的控诉案件,民事案件的上诉是由不服判决的一方当事人向上级审判厅提起,该上级审判厅传集两造驳诘辩论,一般都要重新调查事实,即判词二中所说的"复饬承发吏李辰、王世辅到地,眼同地保及原被两造勘看",然后在两造驳诘辩论和调查事实的基础上作出自己的判决,本案的判决就是地方审判厅维持了初级厅的判决,宣告上诉人第一级上诉失败。

判词三是经上诉人上诉至地方审判厅维持原判之后不服上告于高等审判厅的案件。该上告审判厅"传齐原被,由承审推事前往勘验",根据两造的辩论和勘查之结果,基于自己所了解的法定事实,作出了维护地方和初级审判厅的判决。

综上所述,晚清各级审判厅审理民事案件,先由系属审判厅审理原告的诉状,以批词的形式决定受理与否,没有批词的情况一般就意味着案件自动进入诉讼审理阶段。系属审判厅发出给被告或证人、鉴定人的传票,确定双方在规定的时间到法庭陈述事实,法庭一般都会主动调查案情真相,然后据此作出判决。由此诉讼进入上诉阶段。从判词看出,晚清三审制中民事案件的控诉审和上告审基本都是传集两造辩驳,自己重新调查事实,据此作出推翻、改变或维护原判决的判决。在民事案件中,第三审主要还是就事实进行审理,并不是严格的法理审,即使有法律审查,也是与事实审查同时进行的,不存在单纯的法律审。民事案件经过了上诉审以后,判决得以确定,遂进入执行阶段,至此,民事诉讼程序结束。

2. 各级审判厅审理刑事案件的程序

晚清的刑事诉讼也和民事诉讼一样,缺乏可资通用的系统成文法规。但《各级审判厅试办章程》和审判厅自己的办事规则和章程从原则上对刑事诉讼程序作了规定,各级审判厅在审理案件的过程中逐渐形成了其审理刑事案件的一般程序。下面以各级检察厅的批词和各级审判厅的刑事判词来具体说明此问题。

(1) 各级检察厅的批词与刑事诉讼的提起

光绪三十二年颁布的《大理院审判编制法》中确立了检察制度,并为随后的《各级审判厅试办章程》和《法院编制法》所承认并完善。所以晚清各级审判厅审理刑事案件,除亲告罪外,一般都是通过检察官提起公诉而进行刑事诉讼的。① 所以刑事诉讼的提起,受害者应向检察官陈述对手方的犯罪事实,由检察厅以批词的形式决定是否向审判厅提起公诉。当然也有检察官自己发现犯罪而以职权提起公诉的情况,然不在本文分析批词的范围内,故从略。

批词八　贵州高等检察厅批绥阳县民吴华章上诉李作舟强奸幼女一案

该民之女被李作舟诱去强奸,据称已成,但经官传讯时,已否验明供词,均属含混。案关生死出入,未便据一面之词遽予准理。原判李作舟罚款充公是否持平,候文行绥阳县查明案情,覆到核夺。该民着回州候案,勿得逗留滋累。

批词九　贵州高等检察厅批清镇县民钟克典上诉陈凤昌霸妻毁房一案

---

① 《各级审判厅试办章程》第一百三条规定:"凡刑事虽有原告,概由检察官用起诉正文提起公诉。其未经起诉者,审判厅概不受理。现行犯附带犯罪、伪证罪,可不经检察官起诉而为预审或公判,但必须通知检察厅存案。"《法院编制法》第九十条规定了检察官的公诉职权。(见《大清法规大全》,法律部之审判)。

陈凤昌诱拐汝妻,既在清镇县控告周子成烧毁汝之草房,因何又在贵筑呈诉,虽据称住所乃清镇,插花必有专管之官。控告既歧,事实未必尽真。且烧房已隔月余,如系贵筑辖地,当时何不赴地方检察厅呈诉。种种支离,殊难凭信。查所诉诱拐烧毁均陈凤昌等所为,应由原控之清镇县并判。如有不服,再行依法递控,毋庸越渎。

批词十 梧州地方检察厅批潘黎氏呈诉黎福礼等逆子串陷累害族亲一案

家庭小故,动辄构衅,似此浇风,实不可长。所诉嗣子不甚尽职,如果属实,自当与族老劝谕教诲。李寿林等身厕绅耆,亦负有责任,何必哓哓渎诉,至潘福灵、潘福滔等被防勇解县,此中必有原因。该犯现尚未移解过厅,何得遽来取保,殊属冒昧。此斥。

批词十一 云南初级检察厅批孔庆元呈诉朱明清纵放牛马残食皇粮一案

畜产践食苗种要求赔偿,不得作刑事告理。

批词十二 云南初级检察厅批李华呈诉李森等倚势朋殴一案

据呈堂弟殴兄,邀凭族长并携宗谱或宗图呈厅听候核示。

批词十三 贵阳地方检察厅批刘谢氏呈词

查此案前据刘陈氏具控到厅,当以所控各情,事涉暧昧,批斥未理。兹据呈诉各节,亦属见理不明。该氏子死媳孀,成婚未久,青年守节,情至堪怜,待遇不可过薄。如果逾恒推爱,人岂无心,乃称尔媳透漏家财,又谓尔媳不应受产,均非情理。家庭变故每因小忿而成,应自妥为理处。所控并非刑事,本厅原可不阅,惟不欲尔等失和,故特明白批谕。尔其思之。

考察上述批词,检察厅对于不予提起公诉的案件方制作批词,与前述审判厅制作批词在这一点上相似。① 检察厅对于受害者要求提起公诉以批文的形式拒绝的理由大致有如下几种:1. 管辖违误。又大致分两种情况,第一种情况是误把民事案件当成刑事案件,请求检

---

① 检察厅制作的批词并不只是对于案件不予提起公诉给受害人的,还有针对请求释放人犯、免除罚金等司法执行措施作答复的批文,也有答复下级检察厅请求提起公诉的答复。因为这几类与本文论述刑事诉讼程序无关,故不详论。

察官提起公诉的情况,如批词十一;第二种情况是应该在彼检察厅请求提起公诉,而受害者却在此检察厅提起公诉,如批词九。2.受害者陈述的相对方犯罪事实不清楚,检察厅以为提起公诉的证据不充分,如批词八和批词十二。3.对于受害者的陈述,检察厅以为不值得提起公诉,在批词中以调解的口吻劝诫当事人,达到不予构讼之目的,如批词十和批词十三。

如果检察厅没有以批词的形式拒绝受害者提起公诉的请求,则一般意味着检察厅将以职权向同级审判厅提起公诉,至此,刑事案件正式进入诉讼审理阶段。

(2) 疑难刑事案件的预审

光绪三十二年(1906)颁布的《大理院审判编制法》规定了大理院对于所管辖案件的预审制度①,随后这一预审制度在光绪三十三年(1907)颁布的《各级审判厅试办章程》里得到了确认,并专门在"审判通则"一章里辟了"预审"一节,规定:"凡地方审判厅第一审刑事案件之疑难者应行预审"。另外,还规定了两种应该直接预审的案件:"凡现行犯事关紧急者,预审推事可不待检察官之请求迳行预审,但须知照存案";"凡公判案件,因证人、鉴定人供诉不实,或本系重罪,受理时认误为轻罪者,或由轻罪发觉其他重罪者,均由审判官移送预审"。预审应秘密进行,"凡预审案件,除预审推事、检察官、录供者莅庭外,不准他人旁听。"② 所以按照规定,各级审判厅实行了重大疑难刑事案件的预审制度。

《各省法官统计表》中大量预审推事的存在就是预审制度在各级审判厅存在的明证,另外,笔者还找到了一份预审报告书。下面以此报告书为例来分析晚清各级审判厅实行的预审制度。

宁波地方审判厅判决方得胜白昼抢劫伤人案预审报告书

预审推事为报告事,案于宣统三年(1911)五月初一日上午十时,

---

① 该法第二十一条规定"大理院因重大刑事案件得为秘密预审",第二十五条规定"大理院长官于大理院权限之内第一审事件得命审判官先为预审"。见《大清法规大全》,第七卷"法律部之审判"。

② 《各级审判厅试办章程》,见《大清法规大全》第七卷"法律部之审判"。

准检察厅口头起诉,方得胜白昼抢夺新德顺钱店银洋一案,经本庭严行预审。据该犯方得胜供称:光绪三十年在宁波大校场充当营勇,销差回籍已久,四月廿五日来宁,与素识在逃之叶福表、范老总同住新城隍庙马带店,各道贫难,该犯起意抢夺,得赃分用。叶福表、范老总均各允从。五月初一日早,该犯身藏刺刀两把,与叶福表、范老总同行,至全家湾,见新德顺钱店正在兑换银两,该犯等遂进内抢得银洋。因邻佑鲍仁宝守住店门,该犯用身带刺刀,戳伤鲍仁宝左乳等处,遂即分头逃逸,被邻佑人等协同岗警追赶拿获。诚恐该犯所供不实不尽,再三研鞫,矢口未移,饬传事主盛善香对质,所供情形,亦复相符。供证确凿,理合提起公纠,须至报告者。①

考察预审报告书,预审除了《各级审判厅试办章程》所规定由审判厅径直预审的两种情况外,一般都是先由检察厅起诉,审判厅根据案件是否有疑难之处决定要不要预审。其决定案件是否有疑难在晚清不存在既定的客观标准,一般由审判厅根据案件的具体情况决定。根据《各级审判厅判牍》中的判词记载,刑事案件的一部分是经过了预审程序的。② 在审判厅决定要预审以后,案件发交给预审推事进行预审。预审先由预审推事向犯罪嫌疑人讯问犯罪事实,然后与受害者、证人驳诘,当然预审推事也可以依职权主动调查证据。然后综合证据情况,作出结论。报告书的结论一般有两种:其一是犯罪证据充足,请求公判,如上文的预审报告书;另一种就是证据不足,不予公判,在这种情况下,检察官还可以再次调查证据,俟证据充分,重新提起公诉。从上文所引预审报告书的内容来看,一般是对犯罪事实进行审查。预审中所确定的事实往往就是公判定罪量刑的直接根据,由于预审所陈述的事实乃预审推事有意识地按照法律规定所进行的事实重构,相应地暗含了应该适用的法律规则,故公判在很大程度上只是一个公开宣告的形式。如以上所引宁波地方审判厅判决方得胜白昼抢劫伤人案,检察厅提起公诉在宣统三年五月初一日上午十时,

---

① 《法政杂志》第 1 年第 5 期,宣统三年六月。
② 在《各级审判厅判牍》辑录的 117 个刑事案件判词里,有 11 则判词提到了"经本庭预审"的字样,其比例大致在 11% 左右。

当即进行预审,而宣告判决和制作判决书都在当天完成,公判判决书所据以判决的案件事实与预审报告的叙述基本相同。故如果刑事案件有预审阶段,预审对于案件的最后判决具有举足轻重的地位。

(3) 各级审判厅的判词与诉讼的进行

检察厅向同级审判厅提起公诉以后,前面谈到疑难案件须由审判厅预审,但大多数的案件就直接进入了审判厅直接审理的阶段。先来看一则判词。

判词四　贵阳地方审判厅判决冯双僖殴伤李白老越日身死一案

起诉缘由

宣统三年三月二十七日,据贵筑县凯龙寨人李应富报称:本年二月二十二日,民子李老四因不见米数升,疑媳冯氏窃卖,当向查问,冯氏不依吵闹。民子将其送回媳兄冯双僖家。二十八日,民因事外出,冯双僖、陈长生将冯氏送回,民子当向冯氏斥骂,冯氏进房躲避。民子就骂冯双僖不知教训,冯双僖不服回詈。民子抓住冯双僖殴打,冯双僖举拳回殴,适伤民子脐肚倒地。经陈长生喝住,冯氏赶出,将民子扶入房中,适民回家,问明情由,延医调治无效,至三月二十六日因伤身死,报验缉究。

勘验情形

勘得凯龙寨距城三十里李应富住房,一向三间,中系堂,左右均系卧室。李老四尸身仰卧右室内床上,饬令将尸移放平地,面对众,如法相验。

验得已死李老四,问年三十一岁,仰面致命脐肚一伤,围圆四寸一分,青紫色,系拳殴伤。馀验无故。委系受伤后,因伤身死。报毕亲验无异,当场填格取结,尸饬棺殓。

　　　　　　　　　　　　　　　　检察官　何扬烈　莅验
　　　　　　　　　　　　　　　　检验吏　来宗济　喝报

供　词

据尸父李应富供与报词同。

据尸妻李冯氏供:已死李老四是小妇人丈夫,冯双僖是小妇人哥子。丈夫性情不好,常把小妇人斥骂,小妇人都不敢回言。宣统三年三月二十二日,丈夫因不见米数升,说是小妇人偷来卖了,向小妇人查问。小妇人不依吵闹,丈夫就把小妇人送回哥子家。哥子问明小妇人并无窃米的事,于二十八日约同表兄陈长生,一路把小妇人送回。丈夫见小妇人回家,就把小妇人斥骂。小妇人进房躲避,丈夫就骂哥子不知教训。哥子不服回詈,彼此抓打。小妇人急忙跑出拉劝,陈长生也在喝阻。小妇人见哥子已把丈夫脐肚殴伤倒地,小妇人忙把丈夫扶进房中。适丈夫父亲由外转回,问明情由,请医调治。哥子当就跑了。不料丈夫伤重,医治没效,到三月二十六日因伤身死。今蒙审讯,小妇人并没窃米的事是实。

据见证陈长生供:这犯案的冯双禧是小的表兄,李冯氏是表妹,李老四是表妹夫。宣统三年三月二十八日,小的到冯双禧家闲坐,冯双禧说李老四疑李冯氏偷米,就把李冯氏送回。他已问明李冯氏并没偷米情事,约小的同他把李冯氏送回夫家。小的应允,随同李冯氏、冯双禧一路走到李老四家,李老四见李冯氏转回,当就斥骂,李冯氏躲进房中。李老四就骂冯双禧不知教训,冯双禧不服回詈,李老四抓住冯双禧衣领殴打,冯双禧举拳回殴,适伤李老四脐肚倒地。小的急忙上前喝住,李冯氏赶出拉劝,把李老四扶进房内。适李老四的父亲李应富也由外转回,问明情由,请医调治。不料李老四伤重,医治没效,到三月二十六日因伤身死,今蒙传讯,委系救阻不及是实。

据凶犯冯双禧供:年三十七岁,贵筑县人,父母都故,弟兄二人,小的居长,娶妻生有子女。已死李老四是小的妹子丈夫,素好没嫌小的妹子。冯氏嫁与李老四为妻,他们夫妇平日不甚和睦。宣统三年二月二十六日,李老四把妹子送回,说妹子偷米私卖,当就转去。小的问明妹子并没偷米的事,就于二十八日约同表弟陈长生一路,把妹子送回李老四家。李老四见妹子转回,当就斥骂,妹子进房躲避。李老四就骂小的不知教训,小的不服回詈,李老四把小的衣领抓住,用拳殴打。小的情急,举拳回殴,适伤李老四脐肚到地。陈长生上前喝阻,妹子赶出拉劝,把李老四扶进房中。适李老四的父亲李应富由外转回,小的当就跑了。不料李老四伤重,医调没效,到三月二十六日因伤身死。今蒙审讯,委止口角争殴,适伤致毙,并非有心欲杀也,没起衅别故是实。

犯罪之事实

缘冯双憘籍隶贵筑县,已死李老四系冯双憘妹夫,素好无嫌。李冯氏系李老四之妻,平日不甚和睦。宣统三年二月二十二日,李老四因不见米数升,疑系李冯氏窃卖,当向查问。李冯氏不依吵闹,李老四即将李冯氏送回冯双憘家。冯双憘问明李冯氏并无窃米情事,即于二十八日,约同其表弟陈长生,将李冯氏送转李老四家,李老四见李冯氏转回,当向斥骂。李冯氏进房躲避。李老四即骂冯双憘不知教训,冯双憘不服回詈,李老四将冯双憘衣领抓住,用拳殴打。冯双憘情急,举拳回殴,适伤李老四脐肚到地。经陈长生上前喝阻,李冯氏赶出拉劝,将李老四扶进房中。适李老四之父李应富亦由外转回,问明情由,延医调治,延至三月二十六日,因伤身死。报经请验获犯,起诉预审明确,送交公判。提案覆讯,据供前情不讳,诘非有心致死,亦无起衅别故,究诘不移,案无遁饰,应即判决。

援据法律各条及理由

查现行例载,斗殴伤人,辜限内不平复,延至限外。若手足伤,限外十日之内,因伤身死者,拟流三千。又律载:手足殴伤人者,限二十日平复各等语。此案冯双憘因口角争殴,用拳适伤李老四脐肚,越二十八日因伤身死,系在保辜正限外,馀限十日之内。该犯与李老四虽系亲属,并无服制,应同凡论。冯双憘合依斗殴伤人手足伤限外十日之内因伤身死者,拟流三千里例,毋庸解配,收入本籍习艺所工作十年,限满释放。李冯氏并无窃米情事,应与救阻不及之陈长生均毋庸议,无干省释。尸棺饬埋。宣统三年四月初八日判决。

         刑庭庭长 周声汉 押
           推事 李荫彬 押
           推事 张 锐 押
         莅庭检察官 何扬烈 押

  刑事审判在检察官提起公诉以后,审判厅开始案件的审理。重要的刑事案件检察官还要亲临犯罪现场进行勘验,并须将勘验情况作成文字材料送交审判厅。审判厅确定审理日期后,在未开庭之前,由庭长或推事具片通知检察厅派员莅庭,带上犯罪嫌疑人,传集受害者、证人、鉴定人等,在获取犯罪嫌疑人、受害者、证人、鉴定人口供的基础上,当堂质证,审判厅也可以依职权或应当事人的申请重新勘验,调查证据,以确认案件事实。在案件事实确认的前提下,寻求适当的法律依据进行判决,一般而言,经过公判的刑事案件,经合议决定后,至迟不能超过三日必须进行判决的宣告。刑事案件须传集一干人证,公开法庭宣布判词。至判词宣告之日起,第一级审理完成。案件因此进入上诉阶段。

各级审判厅刑事审判与民事一样,都实行四级三审制。按照《初级暨地方审判厅管辖案件暂行章程》的规定,凡是"依现行刑律罪该罚金刑以下者或依其他法令罪该罚金二百元以下或监禁一年以下或拘留"的刑事案件,第一审由初级审判厅审理,这类刑事案件由初级厅审理后,如果检察厅或犯罪嫌疑人以及受害者对判决结果不服,可以向地方审判厅控诉(受害者的上诉要通过检察厅提起抗诉),不服地方审判厅判决的,还可以照章上告至高等审判厅。其他种类的刑事案件一般由地方审判厅初审,至高等审判厅控诉,不服可至大理院上告。

判词五　奉天高等审判厅审理斗殴杀人一案

缘王永恒与许成满素好无嫌,彼此同受雇永增园饭馆佣工。宣统三年正月初一日,王永恒与许成满坐谈笑,许成满向称头晕,王永恒戏说思家装病,许成满以欲同王永恒之妻睡宿之言回谑,王永恒用手将许成满推扑炕上,撞出鼻血,并挣伤左肋,许成满起身还推,王永恒用拳格伤其右腮颊,许成满复向扑推,王永恒闪侧,复从身后推送,致许成满扑跌炕沿,磕伤肚腹。至四月初四日,因伤殒命。报由辽阳地方检察厅验明尸伤起诉,移送审判厅讯明前情,将王永恒依斗杀律拟绞,于三月初九日判决。该地方检察厅以衅起和同相戏,死由回推栽跌,正与戏杀律注相符,即谓互相推扑已有斗情,亦当引例,不宜引律等情,转请覆判到厅。查戏杀意义,谓彼此所为之事皆知其足以相害,而两人情愿和同以为之,因而致伤人命,乃得谓之戏杀。律注以堪杀人之事为戏,如比较拳棒之类二语,其义自明。今王永恒因许成满用言戏谑,先将其推倒受伤,继复因许成满回扑,又用拳将其格伤,迫被再扑,该犯既已闪侧,乃复从后推送致将其扑跌受伤身死,一推一扑,再接再厉,虽未互相骂詈,而争斗情形已实,无词可曲为解脱,正不得以衅起戏谑,遂强附为戏杀。该地方审判厅将该犯依斗杀律拟绞监候,情罪极为允协,应仍照原拟判决。查现行刑律载:斗殴杀人者,不问手足他物金刃并绞监候等语。此案王永恒因许成满用言戏谑,将其推倒炕上,迫被回扑,辄复从后推送,致磕其肚腹身死,实属斗杀,自应按律问拟。王永恒应仍如辽阳地方审判厅原判,合依斗殴杀人者不问手足他物金刃并绞律,拟绞监候。衅起戏谑,死由推磕,应酌入秋审缓决。尸棺饬埋。此判。

判词五是控诉审的判词,该案件由辽阳地方审判厅初审,检察厅以适用法律错误提起抗告,高等审判厅在分析律文原意的基础上作出了维持地方审判厅判决的第二审判决。从该高审厅的判词可以看出,控诉审只是针对提起控诉的理由进行审理,并不对案件进行全面审查。

如果仍然不服控诉审的判决,还可以向上一级审判厅,即高审厅或大理院提起上告。

判词六　浙江高等审判厅判决许行彬行使伪印花案

犯罪事实:缘许行彬即许祖谦,籍隶海宁州,浙江高等学堂师范科毕业生,现充西湖报馆主笔,与拱埠妓女百里香相识。宣统三年闰六月初八日,百里香因民事案件赴拱埠初级审判厅购买状纸,该厅书记生以已过办公时间,嘱令翌早来买,并备带诉讼印纸费勿误。是晚许行彬至百里香家,提起诉讼之事,询悉须贴印花,随在身边取出诉讼印纸二张,计数六元,交与百里香收用。初九早由百里香之父母管文标、管黄氏携带印纸赴该厅买状,核计该民事案件照章应贴三元之印纸,当向索费。管文标夫妇即将带来之印纸呈出,要求贴用。写状书记生诧异,向该厅请示,即经该厅以印纸系官厅专卖之物,诉讼者不应自有,移由检察厅究出前情,提起公诉。查验前项印花既无针孔,又无胶水,显系伪造之物,当传许行彬研讯。据供称,系本年四月间在火车上拾得收藏,祇有二张,不知其非可用之物,故借与百里香等语。即经该厅将许行彬比照伪造邮票者,计赃准窃盗论,知情行使者,减一等,于窃盗赃一两以上,工作四个月罪上减一等,拟工作二个月,判决在案。许行彬不服,上诉,复经地方审判厅传讯,供述如前。该地方厅以许行彬当日之目的不过为希图便宜,要好于人起见,与知情行使者有别,依初级厅所拟工作二个月上,减拟工作一个月判断。该检察厅旋以伪造私售各项印纸,法部业有奏定暂行章程,审判厅比照邮票章程拟断,显系援引错误,呈请高等检察厅上告前来。本厅查法部拟订民刑讼费暂行章程第二十八条载:凡各项印纸由京外各检察厅发行,有伪造及私售者,除没收其现有之印纸外,科以二十元以上二百元以下之罚金云云,固系伪造私售各项印纸之单行法制,但查法部原奏系声明饬交宪政编查馆核议具奏,请旨颁布。本年六月间,法部通行各省整顿司法收入各费文内,亦经声明前所拟订诉讼暂行章程不过完全拟定之手续,未经法制院核议奏请颁布之先,尚为无效之法律,当然未便适用。该地方检察厅上告所根据之理由系属误会,应毋庸议。惟查例载:伪造邮票及信片已成者,计赃准窃盗论,为从及知情行使者,减一等等语。行使伪造邮票,限于知情者,始照伪造减等问拟,若不知情,则不坐罪,此法律上当然之解释。现行律内关于诈伪各条,亦大都如是。此案许行彬借与百里香之印纸,虽系伪物,察核各该审判厅原审供词,系许行彬于二月前在火车拾得,并非其伪造,非知其伪造故意行使。则在法律上,许行彬对于此项印纸之是否伪造不负责任,对于官厅所专卖,民间不应有之印纸,拾得后不送官而行使乃负责任。各该审判厅比例知情行使伪造邮票,减等科断,亦未妥协,自应另行比例问拟。

援据法律理由:查律载:于官私地内掘得异常之物,非民间所宜有者,限三十日内送官,违者处八等罚。又,断罪无正条,比附加减问拟各等语。此案许行彬所有印纸,虽不知系伪造,然印纸非民间所宜有之物,许行彬在火车拾得后,并不依限送官,而又擅借于人行使,仍属罪有应得。惟例无治罪专条,查拾得与掘得无异,印纸系官厅专卖品,即非民间所宜有,又擅借人行使,与仅不送官者有间,合比例加等问拟。

判决主文:许行彬即许祖谦,合比照于官私地内掘得异常之物非民间所宜有者,限三十日内送官,违者处八等罚律上,量加二等,处十等罚。案已第三审,无再上告之权,即由检察厅查照执行,馀照该地方审判厅原判决办理。

  判词六为上告审判词。本案上诉人许行彬不服初级厅判决,控诉于地方审判厅,检察厅以适用法律错误,提起上告于高等审判厅,高等审判厅解释了此法律问题后,重新进行判决。由于该上告审的争点只在法律适用问题,故高等审判厅判决的着重点也只在法律解释上面。是不是晚清各级审判厅刑事上告审只审查法律问题,限于资料,无从悬揣,故置疑。刑事案件经上告审之后,判决确定,诉讼审理程序至此终结。

  通观晚清各级审判厅关于审理民刑案件的程序,尽管没有全国统一适用的系统诉讼法规,但各级审判厅在审理民刑案件时还是基本按照近代西方诉讼法律原理进行的,与传统的司法审判制度所适用的诉讼程序比较,是一个划时代的进步。其诉讼程序方面的成果为民国各级审判厅所继承,间接促进了民国诉讼法典的编纂。但各级审判厅在仿照西方的诉讼程序运行时也出现了误读的情况,如四级三审制度的上告审,一般只是审理法律的适用问题,其着眼点在于法律适用的统一和系统性。而各级审判厅对案件的上告审,如前面的民事案件上告审理中,着重点却在事实的探究上,这显然误读了三审制,以为其仅仅是出于"审讯不厌其详"的考虑。此种误读,是移植过来的西方法律制度与中国固有法律文化不恰当结合的结果。从法律移植的角度讲,它是法律移植过程中经常出现的现象。因为,在法律移植的初期,由于对移植对象缺乏整体的把握,法学研究以及司法实践都处于幼稚阶段。

  通过考察晚清各级审判厅审理民事、刑事案件,尽管没有正式生效的系统诉讼法规的指引,但是推事们利用已有的零星程序方面的规定,如《各级审判厅试办章程》等,结合尚未生效的民事诉讼律和刑事诉讼律草案里面的相关规定,分别发展出了一套关于民事案件的审理程序和一套刑事案件的审理程序,从而在实务上把民事案件的审理彻底从刑事中分离出来,为改变传统中国民刑案件审理不分的审判体制找到了一条道路,为中国以后民事诉讼法和刑事诉讼法的发展奠定了基础。晚清各级审判厅在中国司法程序近代化过程中的开创之功不可抹煞。

第二节 从判词考察各级审判厅的实体审判

一、各级审判厅可能适用的实体法

1.《大清现行刑律》

晚清的法律改革发生的一个重要原因即是既有的《大清律例》不能适应已经发生变化的情势,尤其是其存在本身对于收回列强在华领事裁判权是一个障碍。既然晚清法律改革最主要的动机在于收回法权,欲达此目的,必须对《大清律例》进行改造。自光绪二十八年(1902),沈家本、伍廷芳奉命修律就开始了对《大清律例》的改造工作。清朝修订律例,本是常事。按照乾隆定例,律文为万古不变之常经,不准修改,例则五年一小修,十年一大修。此定例从乾隆年间一直坚持到同治九年(1870)。从同治九年到光绪二十八年这三十二年的时间里,《大清律例》就一直没有修订过。沈家本此次对《大清律例》的修订,一般而言包括删除、修改、修并、移并和续纂五项,其深度、广度以及对后世的影响超过了以往任何一次修订。此次修订的结果形成了《大清现行刑律》。①

关于《现行刑律》的内容,沈家本在呈上《现行刑律》的奏折里就

---

① 关于《大清现行刑律》的修订过程,李贵连先生在80年代初期就做了准确的考证。光绪三十四年正月二十九日,沈家本、俞廉三向清廷《奏请编订现行刑律以立推行新律基础摺》,请求继续"删订旧有律例及编纂各项章程",编订后"定其名曰现行刑律"。《现行刑律》的名字由此而始。同年五月廿八日,宪政编查馆大臣奕劻会同法部上奏,赞成沈家本的意见。《现行律例》正式开始编订。一年以后,宣统元年八月二十九日,沈家本、俞廉三主持编订的《现行刑律》告竣,奏上清廷。同年十二月二十三日,奕劻将宪政编查馆核议后的《现行刑律》进呈,请求将原稿和核定稿一起交沈家本等缮写后刊印颁行。宣统二年四月初七日,奕劻、沈家本联衔奏进缮写后的《现行刑律》定本。朝廷下谕:"著即刊刻成书,颁行京外,一体遵守。"并要求各级官员"务当悉心讲求,依法听断,毋得任意出入,致滋枉纵。"是年九月初二日,《现行刑律》刊印告竣,奕劻、沈家本再次联衔上奏,请求"嗣后凡内外问刑各衙门,悉照此次刊印之本为凭",不准援引其他版本。见李贵连:《〈大清新刑律〉与〈大清现行刑律〉辨正》,载《法学研究》1982年第2期。

明确指出,"仍依大清律篇目,自名例至河防三十门","虽隐寓循序渐进之义,仍严遵旧日之范围"①。其中三十门分别是名例、职制、公式、户役、田宅、婚姻、仓库、课程、钱债、市廛、祭祀、礼制、宫卫、军政、关津、厩牧、邮驿、贼盗、人命、斗殴、骂詈、诉讼、受赃、诈伪、犯奸、杂犯、捕亡、断狱、营造、河防,共三百八十九条律文,一千三百二十七条例文。另外,该《现行刑律》还附有《禁烟条例》和《秋审条例》。

欲考察《现行刑律》的效力期间,首先必须对其性质有所认识。沈家本诸人认识到法律施行之效果与社会生活的诸多方面有密切的联系,虽然《新刑律》草案已经在上一年进呈,且《新刑律》草案"专以折冲樽俎,模范列强为宗旨",是将来应该施行的良法,但考虑到"刑罚与教育互为盈朒,如教育未能普及,骤行轻典,似难收弼教之功,且审判之人才,警察之规程,监狱之制度,在在与刑法相维系。虽经渐次培养设立,究未悉臻完善"。所以,"论嬗递之理,新律固为后日所必行,而实施之期,殊非急迫可以从事"。不仅如此,还有日本的成功经验可以借鉴,"日本未行新刑法以前,折衷我国刑律,颁行新律纲领,一洗幕府武健严酷之风,继复酌采欧制,颁行改订律例三百余条,以补纲领所未备,维持于新旧之间,成效昭著"②。所以,沈家本诸人编订了《现行刑律》。而《新刑律》是实现宪政之后才适用的法律,终有清一代,原则上未能施行。同《新刑律》相比,《现行刑律》"没有动摇旧律的基本精神"③,比较容易贯彻施行,故《现行刑律》的效力期间当为从宣统二年(1910)四月初七日清廷下谕各地遵照至清朝灭亡。但其实际上被利用来审判案件的时间可能更早④,所以它成为各级审判厅判决案件所适用的主要法源。

2.《大清新刑律》

《大清新刑律》的制定始于光绪三十一年(1905),其编纂,"经法

---

① 见《清末筹备立宪档案史料》下册之"沈家本、俞廉三奏折"。转引自李贵连:《〈大清新刑律〉与〈大清现行刑律〉辨正》。
② 沈家本:《修订法律大臣沈家本等奏请编订现行刑律以立推行新律基础折》,见《清末筹备立宪档案史料》,第852页。
③ 王伯琦:《近代法律思潮与中国固有文化》,第16页。
④ 李贵连先生经过详密的考证之后认为,"《现行刑律》在钦定本未正式刊行告竣前,就已被援引审理案件。"见李贵连:《〈大清新刑律〉与〈大清现行刑律〉辨正》。

律馆三阅寒暑,易稿数次,始克告竣"。① 草案由沈家本等于光绪三十三年(1907)八月廿六日和十一月廿六日两次进呈。清廷发交部院督抚大臣签注,从此该草案陷入礼法之争的泥潭。《新刑律》在晚清共经七案,历时六年,到宣统二年十二月二十五日,资政院、宪政编查馆会奏清廷颁布新刑律,清廷方才予以颁布。②

下面以清廷最后颁布的《新刑律》第七案为准来考察《新刑律》的具体内容。《新刑律》共分二编五十三章四百一十一条,其中第一编为总则,分法例、不论罪、未遂罪、累犯罪、俱发罪、共犯罪、刑名、宥减、自首、酌减、加减刑、缓刑、假释、恩赦、时效、时期计算、文例等十七章,共八十八条;第二编为分则:包括侵犯皇室罪、内乱罪、外患罪、妨害国交罪、泄漏机务罪、渎职罪、妨害公务罪、妨害选举罪、骚扰罪、逮捕监禁者脱逃罪、藏匿罪人及湮没证据罪、伪证及诬告罪、放火决水及妨害水利罪、危险物罪、妨害交通罪、妨害秩序罪、伪造货币罪、伪造文书及印文罪、伪造度量衡罪、亵渎祀典及发掘坟墓罪、鸦片烟罪、赌博罪、奸非及重婚罪、妨害饮料水罪、妨害卫生罪、杀伤罪、堕胎罪、遗弃罪、私滥逮捕监禁罪、略诱及和诱罪、妨害安全信用名誉及秘密罪、窃盗及强盗罪、诈欺取财罪、侵占罪、赃物罪、毁弃损坏罪三十六章,共三百二十三条。

就其内容来分析,该法为模仿日本新刑法制定而成,是中国第一部现代刑法典,它打破了传统的诸法合体、民刑不分的法典编纂体例,成为单纯的刑事法规。它对整个民国时期刑事立法和司法产生了巨大的影响。③

关于《新刑律》在晚清司法审判中的作用,单纯就规定而言,它应当是实行宪政以后才适用司法审判的刑事法典,而清末正式的宪政一直没有能够实现。而《新刑律》之所以在宣统二年颁行,是因为

---

① 冈田朝太郎:《论大清新刑律之重视礼教》,载《法学会杂志》宣统三年第一期,宣统三年五月十五日发行。
② 关于《新刑律》编纂过程中的争议以及《新刑律》草案在争议影响下的修改,李贵连先生作了清楚的解说。参见氏著:《沈家本传》,第284页。
③ 黄源盛先生对这一问题有深入的研究,参见氏著:《民元〈暂行新刑律〉的历史与理论》、《民国四年〈修正刑法草案〉撷遗》和《民国七年〈刑法第二次修正案〉及其改订案述评》,见氏著:《民初法律变迁与裁判(1912—1928)》。

"《新刑律》颁布年限,定自先朝筹备宪政清单,现在设议院之期已经缩短,《新刑律》尤为宪政重要之端,是以续行修正清单,亦定为本年颁布,事关筹备年限,实属不可缓行",因此清廷才将《新刑律》总则、分则暨暂行章程先为颁布,为实行作准备。朝廷在颁布之时曾经明确指出,"俟明年资政院开会仍可提议修正,具奏请旨,用符协赞之义,并著修订法律大臣,按照《新刑律》,迅即编辑判决例及施行细则,以为将来实行之预备。"① 就该法的性质而言,其适用于宪政以后,可以断定《新刑律》没有正式施行。但从该规定分析,好像《新刑律》又在审判中实施过。因为,如果在司法审判中没有适用《新刑律》及其背后体现的刑法理论,那修订法律大臣又如何能够编辑相关的判决例呢?关于这一对相互矛盾的结论,下面将对各级审判厅的判词进行实证分析,希望能够得出实际的结论。

3.《大清民律》草案

晚清法律改革一个重要的指导原则就是改变传统中国诸法合体、民刑不分的法典编纂方法,制定专门的刑法和民法典。对于中国古代有无民法这个问题,从晚清法律改革始一直争论到今天还没有确切的结论,本来这就是一个见仁见智的问题,但可以肯定的是在中国传统里不存在专门的民事法典。所以晚清是首次编纂民法典,加之我国幅员辽阔,各地风俗习惯相差甚大,固欲完成此宏伟事业要克服相当大的困难。但当时负责修律的官员们已经意识到民法的重要性,"民律之设,乃权利义务区判之准绳,凡居恒交际往还,无日不受其范围"。修订法律馆聘请了曾任日本大审院判事、京师法律学堂教习的法学士松冈义正协助调查民事习惯,然后"依据调查之资料,参照各国之成例,并斟酌各省报告之表册",于宣统三年初完成草案初稿。后因文义艰深不易懂,故逐条添注案语,费时八个月,于宣统三年九月完成。

编纂《大清民律》草案的指导方针,据时任修订法律大臣的俞廉三总结有四个方面:

---

① 《宪政编查馆大臣奕劻等奏刑律黄册缮写告竣装潢进呈折》,见《清末筹备立宪档案史料》下册,第891页。

（1）注重世界最普通之法则。瀛海交通于今为盛，凡都邑、巨埠，无一非商战之场，而华侨之留寓南洋者，生齿日益繁庶，按国际私法，向据其人之本国法办理。如一遇相互之诉讼，彼执大同之成规，我守拘墟之旧习，利害相去，不可以道里计。是编为拯斯弊，凡能力之差异，买卖之规定，以及利率时效等项，悉采用普通之制，以均彼我而保公平。

（2）原本后出最精之法理。学说之精进，由于学说者半，推之法律亦何莫不然，以故各国法律愈后出者，最为世人注目，义取规随，自殊剽袭，良以学问乃世界所公，并非一国所独也。是编关于法人及土地债务诸规定，采用各国新制，既源于精确之法理，自无凿枘之虞。

（3）求最适于中国民情之法则。立宪国政治几无不同，一则由于种族之各观念，一则由于宗教之支流，则不能强令一致，在泰西大陆尚如此之区分，矧其为欧、亚礼教之殊，人事法缘于民情风俗而生，自不能强行规恍，致贻削趾就履之诮。是编凡亲属、婚姻、继承等事，除与立宪相背酌量变通外，或取诸现行法制，或本诸经义，或参诸道德，务期整饬风纪，以维持数千年民彝之不敝。

（4）期于改进上最有利益之法则。文子有言：君者盘也，民者水也，盘圆水圆，盘方水方。是知匡时救弊，贵在转移，拘古牵文，无裨治理，中国法制历史，大抵稗贩陈编，创例盖寡，即以私法而论，验之社交非无事例，徵之条教反失定衡，改进无从，遑论统一。是编有鉴于斯，特设债权、物权详细之区别，庶几循序渐进，冀收一道同风之益。①

《大清民律》草案按照《德国民法典》的体例分为总则、债权、物权、亲属、继承五编，共三十七章。由于亲属、继承两编关涉礼教，奉清朝廷谕旨，由修订法律馆会同礼学馆再行修订后呈进，故此次俞廉三所进呈的只是总则、债权、物权三编，共一千三百十六条。其余两编还未来得及进呈，清廷已经覆亡。虽然该草案在晚清没有机会实

---

① 《修订法律大臣俞廉三等奏编辑民律前三编草案告成缮册呈览折》，见《清末筹备立宪档案史料》下册，第912—913页。

行,在其制定过程中所吸纳的西方民法原理以及调查的风俗习惯对各级审判厅的判决会有一定的影响。

二、各级审判厅的实体法运用问题——以《判牍》中的判词为对象进行考察

1.《各省审判厅判牍》中的判词编排体例与刑事民事案件的划分

由于《各级审判厅判牍》中所收录的判词是按照《现行刑律》的编排体例归类的,也就是按照中国传统刑法典来分门别类的,将所有收录的判词分别归入户婚、田宅、钱债、人命、族制、市廛、盗窃、斗殴、诉讼、赃私、诈伪、奸拐、杂犯、禁烟十四门,按照晚清关于刑事(确定罪之有无)和民事(确定理之曲直)的分类来重新编排的话,如附录表二中所归纳的,户婚、田宅、钱债、族制诸门大致都可以归入民事案件的范畴,人命、盗窃、斗殴、赃私、诈伪、奸拐和禁烟诸门则大致可以归之入刑事案件的范畴,而诉讼、市廛、杂犯门中的案件则很难统一将之归入单纯的民事或刑事案件里面,需要对这些案件的具体情况作分析之后才能确定它到底是属于民事案件还是刑事案件。下面对诉讼门、市廛门和杂犯门的案件作进一步的分析。

诉讼门共收录了九个案件,其中有八个案件都是以确定一方当事人有罪为判决的,由于案件是以确定罪之有无为特征的,其属于刑事案件当无争议。再来看剩下这一个案件的判词:

判词七　非因财产而起诉

贵阳地方审判厅案

缘王张氏贵筑本城人,其夫王松亭没后,遗有田业、房屋,膝下一子尚幼,兼之身成笃疾,以故家中一切事务,多属长女婿张星五为之经理。宣统二年四月,因病重需用,特将已当出二浪披之住房议价加卖,得银后,以起居不便,遂移依张星五居住,以便有人服侍,所有田业契纸亦一并寄在张星五处。本年四月,因岳婿意见不合,王张氏乃移依次女婿梁明轩居住,因向张星五索取契券不获,呈诉到厅。讯明前情,应即据理判决。

(证明曲直及判决之理由:)查此案王张氏所请求于张星五者,在

收还当日寄存之契纸。虽张星五庭供并无推诿揩契情事,要使尽如所供,则王张氏与张星五谊属岳婿,何至辄行具诉,其为藉词粉饰,已可概见。总之,契纸既为王姓所有,而膝下又有承继之子,是张星五虽属至亲,断不能干涉王姓家事。即断令张星五将当日收存王张氏之契纸,照数具状交还,由王张氏及其委任人梁明轩具领。讼费照非因财产而起诉者,征收银四两二钱,本应由张星五一人承缴,姑念甫经到庭,即供认交还,尚非始终狡赖者可比,酌令该原、被告平均分缴,各缴银二两一钱。此判。

考察此一案件,是岳婿之间关于返还占有田业契纸的争执,由于契纸乃所有权的凭证,故该案实际上是一个确认所有权的诉讼,应属于民事案件中的确认之诉的范畴,编辑者将之归入诉讼门可能是片面考虑到审判厅在征收讼费时所用"非因财产而起诉"的字样才将之归入诉讼门的,而按照判词的性质,将之归入田宅门更妥,不应归入诉讼门。因此,诉讼门类的案件大致可以归入刑事案件的范畴。

就市廛门所属案件而言,共8个案件,其中以判断罪之有无结案的有4个案子,以判断理之曲直,责令理曲一方赔偿的有4个案件,即刑事、民事案件各4个。所谓"市廛","廛"者,是公家所建供商人储存货物的房舍,《礼记·王制》曰:"市,廛而不税。"郑玄注云:"廛,市物邸舍,税其舍,不税其物。"① 归入市廛门中的案件即是扰乱市场交易秩序的案件。判决此类案件是否应该科刑,并无明确的标准,全靠法官的自由裁量。这是晚清规定新设立的审判厅继续适用基本沿袭《大清律例》的《现行刑律》的必然结果。时任直隶清苑初级审判厅推事王志新曾因"宪政编查馆进呈现行刑律时附片奏明户役、田宅、婚姻、钱债各条应属民事者,毋再科刑等因。虽于去年四月间奏请刊印颁行时加以引申,惟各该律例条理复杂,亦未从事删改,每于引用时,究竟某者照罚、某者不科,仍无绝对之标准,分道扬镳,不能京外一致"的问题致函就教于京师法学会,而法学会的答复则是"(此说)系为纯粹民事,毋庸问拟罪名者言之,若干犯法纪,如原奏所指各条,则已入

---

① 《十三经注疏·礼记正义》标点本,北京大学出版社1999年12月版,第394页。

刑事范围,不在毋再科刑之列,是在权衡轻重,随宜制裁,自能殊途同归,有条不紊矣。"① 所以,就这类案件而言,明确区分民事和刑事案件在各级审判厅没有能够得到很好的解决。

再来考察杂犯门。杂犯门共有案件28个,其中有13个案件是以判断罪之有无结案的,属于刑事案件,有15个案件是以判断理之曲直结案的,属于民事案件。所以将其归入杂犯门,就在于将这些案件归入其他的门类皆不妥。故该门之中的案件包含民刑两类案件就不足为怪。

在西方法学传统中,私法与公法的区分在罗马法中就逐渐形成了各种学说体系,并且在此后一直是西方法律体系化的基础。随着西方近代民族国家的形成,私法和公法观念中的不同特点因国家观念的实体化而更为凸显,"在私法中,国家的出现只是作为它的一个国民与另一国民之间所存在的权利义务关系的公断人。在公法中,国家就不仅是公断人,而且还是有利害关系当事人之一"②。作为实体法的刑法和民法分别是公法和私法的最重要部分,运用这些实体法裁判的案件因为公法和私法的不同性质和特点而加以区分就是理所当然的事情了。所以,在西方法律传统中区分刑事案件和民事案件基本上与西方法律传统一样古老,随着公私法理论的发展和司法审判实践的创新,关于这两类案件的审理分别发展出了两套区别明显的程序,如民事审判中的当事人主义、举证原则等等,刑事审判中的检察官起诉主义等等。所以,刑事案件和民事案件的划分并分别适用不同的程序和实体法是西方法律体系的一个基本原则。晚清法律改革以西方为模式,修订法律者在制定《大清刑事民事诉讼律》草案的时候已经认识到这个问题,但因为传统势力的阻碍而不能正式施行。直至晚清覆亡,对两类案件的划分虽然在《各级审判厅试办章程》和《法院编制法》中提及,但没有正式的诉讼法加以确认和细化,一直未能充分实现,故有民国元年编纂的《各省审判厅判牍》中仍然

---

① 《答王君志新书》,见《法学会杂志》第一年第四期,宣统三年七月发行。
② 转引自〔奥〕凯尔森:《法与国家的一般理论》,中国大百科全书出版社1996年版,第227页。

以《现行刑律》中的门类整理判词。虽然由于晚清各级审判厅判决案件的主要正式法源是《现行刑律》，将判词如此归类存在相当大的合理性，但杂犯门中所归入案件根本不能反映案件的性质，暴露了传统司法中民刑不分观念的巨大影响和不能适应变化了的现实的问题，各级审判厅判决案件适用《现行刑律》的暂时性质得到了充分的凸显。

附表二以"判断罪之有无和理之曲直"为标准将《判牍》中的判词进行刑事和民事的分类，根据表中的数据统计，在该判词所属的这195个案件里面，有78个案件可以归之于民事范畴，剩下的117个案件则属于刑事案件。民事案件占40%，刑事案件占60%。

2. 刑事判词的法源问题——以《现行刑律》为核心

《判牍》共辑录刑事判词117则，包含了117个刑事案件。在这117个刑事案件里面，其中初级审判厅审理的案件有10个，地方审判厅审理的案件有89个，高等审判厅或分厅审理的案件有16个，还有两个案件审理的审判厅不详，所以这些案件是以地方审判厅管辖的案件为主的。就判词反映的审理案件所适用的法源来看，这些案件大致可以分为六类：第一类在事实清楚的基础上直接引用《现行刑律》的相关规定定罪量刑的案件，共有89个，案件数量占整个刑事案件数的76.1%。第二类是通过解释《现行刑律》的相关条款进行审理的案件，共有5个，其系属审判厅多为高等审判厅，此种解释有据立法者原意所作的解释，有对律注的解释等等，其主要意图是指出下级审判厅的引律错误，属于法律审的范畴。第三类是比附援引，此类案件共5个，其中既有比附律条，也有比附例文的。由于律条有限，社会情状无穷，为处理二者之间的紧张关系，比附援引是一个方法，但这个方法在中国传统礼法一元化的特殊政治环境里，容易招致君主和裁判官的擅断和恣意，无异于立法惩治范围的扩大，与近代刑法中的罪行法定思想矛盾。光绪三十四年(1908)四月，清朝廷颁行的《违警律》第二条曾规定："凡本律所未载者，不得比附援引"，沈家本就认为，"违警律与刑法草案互相衔接，违警律已奉旨颁行，则刑律草案不便更有异议,致法典不能统一。"① 因此,在《大清新刑律》草案中就明确规定了罪行法定的原则。新成立的各级审判厅,所录用的法官大都经过考试,具有西方法学知识,在审理案件时仍然比附援引,这种悖论出现的主要原因在于《现行刑律》中的条文多继承于《大清律例》,其立法水平和技术仍然比较原始,反映到具体的法条上,集中于具体的描述而少抽象的概括,其系统化程度较低,因此其所能涵盖的犯罪种类的事实较少,遇到法条没有明确规定的案件,必然会借助比附援引。② 第四类案件是法官意识到应该应用"新法"来审判案件,共3个案件。但由于"新法"有的尚未制定,有的虽然已经制定,但尚未生效,故最后援引《现行刑律》的相关条款来裁判案件。这些"新法",判词中出现的有《法官惩戒章程》和《大清新刑律》。第五类案件是运用晚清法律改革中颁布的单行法律和暂行章程,如《公司律》、《禁烟条例》和《报律》等,共5个案件。第六类案件是利用情理来裁判案件。共9个案件。运用情理裁判案件的分析,将在民事案件的审理中加以分析,这里从略。

通过对以上六类案件的分析发现,前四类案件都与《现行刑律》有直接或间接的关系,它们最主要的法源都是《现行刑律》,前四类共有案件102个,占全部刑事案件的87%。而前面所说的《大清新刑律》草案在判词中提到的只有一次③,而且因其尚未生效,法官没有加以采用。各级审判厅的法官们没有采用《新刑律》的条文及其精神来

---

① 冈田朝太郎编:《大清违警律》,上海有正书局,光绪三十四年版。
② 关于晚清法律改革中关于比附援引与罪刑法定思想的论争见黄源盛:《传统中国"罪刑法定"的历史发展》,见台湾《东海法学研究》第十一期,1996年版。
③ 此案系属于芜湖地方审判厅,名称为私装电灯,其判词中的判决之理由如下:"查盗罪客体之财物以有体物为限,但其为固体、流动体、瓦斯体不须区别。电气非瓦斯体即不能称为有体物,特属于无体之力耳。故其侵夺须有专条,考之日本旧刑法亦无明文规定,致启学者争议,遇有盗电之案,裁判官各执一说,莫宗其是。后经大审院保学说以为判决,认电为有体物,科以盗罪,遂援为例,改正案始订正条。现在我中国用电之风气尚未大开,故盗电之案亦不多觏,即或偶一发现,无例可援,故刑草特设专条,凡窃取电气者准盗论。然未经颁布之律,效力难及。依然难于遵行援照。兹查奉抚宪批准遵行之省城电灯厂章程第十八款:凡装灯之户私行接线加灯者,如系十六枝,光罚洋拾元,按灯计算。第十九款:凡私行装换电灯之户,查出后除罚款外,按月照所按光数加收灯费,不准商减。据此合即援用。兹茂盛馆偷点已退之灯十盏,与日本窃电之第二情形相类,除赔偿公司损失壹百二十五元,并照省章罚洋壹百元以示薄惩外,以后即照十八盏包纳灯费,不得商减。又讼费六元五角均着茂盛办馆于一月内照缴完案。再此案因新律未颁,暂由民庭审理,合并宣示。"此处"刑草"即为《大清新刑律》草案。

判决案件,其主要原因在于《新刑律》本身把传统中国数千年来的传统精神进行了根本的修正,从而与当时普遍的社会道德观念发生了严重的冲突。① 而且大部分的案件都可以在《现行刑律》中找到据以判决的法条,在有正式法条的情况下,各级审判厅的推事不可能再根据其他的法源来进行判决。据此,尽管晚清各级审判厅审理案件的法源具有多样性的特征,但最主要的法源则是《现行刑律》,而对民国颇有影响的《大清新刑律》草案则基本没有什么影响,其背后所蕴涵的刑法理论在审判实际中也鲜有提及并加以运用的。

前面提到的朝廷命令修订法律大臣按照《新刑律》编辑判决例,对照各级审判厅对刑事案件的审理实践,只能是朝廷的预期。因为很少有法官运用新刑律背后所体现的法理来裁决案件,编辑相关的判决例则不可能。如果更以此作为《新刑律》在晚清各级审判厅曾经适用过的根据,就更与实际情况相悖。

3. 民事判词所反映的法源多元化问题

《判牍》中所收录的判词中,属于民事的案件共 78 个,下面将考察其法源。根据所适用的法源,大致可以将这些民事案件分为以下四类:

第一,情理。这些民事判词里面按照情理进行判决的案件有 33 个,占所有民事案件的 42.3%。以情理作为法源来裁判案件,不仅见于民事案件,在刑事案件中,如在前面提到的,也存在,只不过比例没有这么高。可见,以情理为法源裁判案件是各级审判厅审理案件的一个重要特点。日本学者滋贺秀三在考察作为清代诉讼制度的民事法源的情理时认为,欲对情理的性质有所认识,必须从分析审判的性质入手。在滋贺看来,审判是依照某些普遍性的判断标准对案件进行裁决,具体到中国传统社会的审判,则是一种教谕式的调解(didactic conciliation),然后把这些原则运用到中国传统司法判词里面进行分析,发现情理"大约只能理解为一种社会生活中健全的价值判断,

---

① 王伯琦:《近代法律思潮与中国固有文化》,第 17—18 页。

特别是一种衡平的感觉"①。在传统司法审判官看来,情理是一种以"中人"的感觉为内核的价值判断原则,可以全面调整社会关系,而单纯利用法律规范只能调整所规范的对象,而不能从根本上修复并维系人与人之间的友好和谐关系。所以对无礼的当事人不要将之逼上绝境,应该对其要求给予稍许的满足;对于富人和穷人之间发生的诉讼,总是要求富人作出一定程度的让步,即所说的"请让"。这是传统社会中民事判词的常见做法。下面是一则具有代表性的各级审判厅判词。

判词八　伪骗管业

澄海初级审判厅案

缘教民黄彦卿系澄海县人,现充浸信宣道会乐调教习,伊父黄宝山奉教多年,于光绪十九年正月初九日向美国耶士摩教士领仰照一张,租地一块,阔四丈四尺五寸八分,起盖瓦铺一间,坐落汕埠新潮兴街,每丈地租银叁元,合计年纳租银拾叁元肆角,嗣因该铺买婢为娼,经揭阳县讯明移请澄海县查封在案。光绪二十六年监生郭秀湛备价银八十元,赴县将该铺承领,经前署澄海县方于七月二十七日发给执照,注明准该监生永远管业。宣统元年黄彦卿以郭锦炳、郭秀湛之子伪骗管业等情赴汕埠警局具控,经迭次质讯,郭锦炳卒不遵断,旋被押追。八月二十八日判令黄彦卿出银一百五十元赔补修葺费,限次年六月初一日将铺交清,两造具结,随将郭锦炳保释。九月初三日,郭锦炳缴执照到局,并具状领回银一百五十元。至十一月郭锦炳因之病故,宣统二年六月朔,郭刘氏延不搬移,警局以该氏夫亡子幼,情有可矜,复判令黄彦卿格外给银六十元以示体恤,又展限九月初十日将铺交清,来局领银,届期安居如故,迭饬区所巡警督迁均归无效,警局复禀请惠潮嘉道吴札饬澄海县究追,随将全案移县,尚未传讯。本年六月初十日黄彦卿复据情呈诉到厅,十四日庭讯,据黄彦卿则又伊父仰照租折为凭,据郭刘氏则以阿翁执照为凭,两造各执一词,未便

---

① 滋贺秀三:《清代诉讼制度之民事法源的概括性考察》。滋贺教授把中国传统司法审判注重情理与西方司法审判注重法律进行对比所作的比喻也具有较大的启发意义,"中国传统司法审判中所运用的法律如情理的大海上时而可见的漂浮的冰山,而西方传统的法秩序却总是意图以冰覆盖整个大海,当铺满的冰面上出现洞穴的时候,则试图通过条理来扩张冰面,以覆盖这些洞穴。"

臆断。二十二日覆讯,各供如前,嗣移文澄海县专差送卷到厅,闰六月十六日复传集两造讯明各情,案悬三载,未便听其拖延,应即判决。查黄姓之铺虽领有美教士仰照,既经澄海县查封,该铺即归官有,无论何人皆得备价承领,郭秀湛缴银捌拾元,由澄海县发给执照,永远管业,照内并无准予黄姓赎回字样,则此铺之应归郭姓毫无疑义,细阅黄彦卿租折,情词支离,诸多疑实,其为捏造可知。如果当日郭秀湛愿立租折,黄宝山自应追回执照,呈请地方官更换自己姓名,照契管业,方不至节外生枝,何以迟至十年之久?黄宝山与郭秀湛均已物故,黄彦卿始赴警局具控,殊属不合。访诸舆论,佥言此案被冤。无怪郭刘氏三次赴庭辄泪涔涔下也,若照原判执行,则寡妇孤儿何处觅栖身之所,既违公理,复戾人情,实不足以昭折服。本厅准情酌法,断令郭刘氏将该故夫所领银一百五十元尅日料办,如数呈缴到厅,转给黄彦卿具领,其执照仍发还该氏收存,至年纳美教士地租应归郭姓永远负担,讼费银叁两原被告各出一两五钱。

该判除指出黄彦卿租折属捏造的理由外,最重要的一点就在于"若照原判执行,则寡妇孤儿何处觅栖身之所,既违公理,复戾人情,实不足以昭折服"。这与传统司法判决所用的手法不存在根本上的差别。其原因可能在于:其一是晚清地方司法改革是传统包围之中的改革。司法改革前后的社会情形,尤其是人们的观念没有显著的变化。从制判主体而言,各级审判厅的法官虽然大都经过考试,但绝大多数人要么是出身于传统的刑名师爷,有的功名在身,没有功名的也曾熟读儒家经典;从案件的事实本身而言,和传统社会不存在任何较大的差异,隐含于其中的关系也没有什么质的变化。因此,不可能指望各级审判厅的判词所适用的法源和传统有根本的差异。其二是晚清没有专门的民事法典,司法官员审理民事案件所适用的规则则是《现行刑律》中的相关条款,而《现行刑律》中的民事条款[①] 又是非

---

① 说它们是民事条款比较牵强,只是具有民事性质的条款,这些条款主要是指宪政编查馆所指出的"《现行刑律》户役内承继、分产以及男女婚姻、典卖田宅、钱债、违约各条",说它具有民事特征就在于"毋庸再科罪刑"。宪政编查馆也意识到此乃"折衷新旧"的过渡办法。见《宪政编查馆咨法部通行京外审判及问刑衙门遇有民事案件须遵奏定各节办理文》,《宪政编查馆会奏进呈现行刑律黄册定本折》,载《大清宣统新法令》第19册。

常有限的,根本不能适用于很多类型的民事案件。由于在具体的民事案件中缺乏具体的法律规则可以援引,司法官员遂返身回传统,自然找到了"情理",然后借助于"情理"这个万能条款,在查明案件事实真相的基础上运用"中人"的感觉对案件进行裁决。所以,对于相当部分民事判词,不太容易找到判决的法律根据,其原因就在于此。这些判词遂多以"情理"作为法源。

第二,《现行刑律》中的民事条款。引用这些民事条款作为判决案件的主要法源在各级审判厅制作的判词里面也是常见的。据我统计,此类案件共有14个,占整个民事案件的18%。引用《现行刑律》中的民事条款作为主要的法律根据判决民事案件这一点不难理解,因为《现行刑律》中的民事条款是晚清各级审判厅所能运用的惟一有效成文法规。但必须注意,运用其作为法源来决定判决的民事案件并不是最主要的。这个事实启发我们:虽然司法审判方式的真正革新离不开完备的法典体系,但司法审判方式的革新则可以推进法律的生成。这个事实本身也隐含了社会对民事法规的饥渴。民国时期民法典的迅速出台与社会潜藏的这种需要是有关系的。

第三,习惯。运用习惯作为判决的主要法源的案件在各级审判厅判词里面也有一部分。此类案件共有11个,占整个民事案件的14%。这些习惯,既包括民间惯习,也包括商业习惯,既有在一定范围内存在的习惯,也有在较大范围内乃至全国存在的习惯。滋贺先生在研究传统中国的作为民事诉讼法源的习惯时指出,习惯本身并不构成单独的法源,它们都能够归结到"情理"这一具有普遍意义的词语中去。滋贺先生的观点对于解释晚清各级审判厅的判决欠缺说服力,利用习惯或者单独、或者与情理一起作为法源的例子并不少见。①而其运用习惯作为法源的做法渊源于传统司法审判中则没有疑

---

① 《各级审判厅判牍》中的"户婚门"有云南地方审判厅审理的"娶娼为妻套良作妾"一案,其判词为:"为判决事。据胡少臣呈诉严永阁娶娼为妻套良作妾一案。讯得原告胡少臣年二十三岁,昆明人,住内南区小火巷,读书。被告严永阁,年三十一岁,四川人,住外南区新城铺前,当铁路通译。据胡少臣供:去年二月,张丁氏、刘刘氏来生家声称,严永阁在铁路就事,人极诚实,愿为生胞妹作伐。刘刘氏并言在伊家完姻,生当发一草八字,收到玉镯一双,比时言明,俟访查实在,再行过礼订庚,嗣于腊月初一日,张丁氏来约订庚,并说喜期订是月二十日,在新城铺王大脚家完姻。生邀亲友查明王大脚系著名娼家,严永阁在伊家

义。另外,以习惯作为法源判决民事案件的比例不是太大,因为习惯就性质而言,其确定性程度不如成文法,判决所确立的一个重要价值就是其确定性,所以可以作为法源的习惯更多的是以"法谚"①的形式表现出来,如典当中的"值十当五"等等。所以,著名的比较法学家儒勒·达维德关于习惯法在中国法源中地位的认识也存在严重的偏差。②

第四,民法法理。晚清政府在调查民事习惯的基础上,有日本修律顾问的帮助,编纂了《大清民律》草案,其前三编曾于宣统三年九月颁行。草案所包含的民法法理对各级审判厅判决民事案件产生了一定的影响。由于该草案作为一基本没能真正施行的法规,其效力上的欠缺使得各级审判厅的推事们只能将之作为法理加以采纳,充当判决案件的法源。用民法法理作为法源进行判决的案件有8个,占民事案件总数的10.3%。尽管比例不是太大,但其涉及的民法法理的范围较广,如契约的成立要件之一的合意、继承的意思表示、所有权、地役权、权利义务的对等等诸多方面。这些判词是与传统判词在内容上完全的创新,对于新兴于近代中国的民法观念和学说的传播和被接受具有十分重要的意义。鉴于其重要意义,试举其中几个适用

住已久,并闻早成夫妇,是以不愿结亲,求作主。质之严永阁,供称:王大脚经客民二哥娶他为妻已有四年,去年二月,客民与胡少臣接亲,去玉镯一双。伊出一草八字,本言在刘刘氏家完姻,自八月后,客民赋闲在二嫂王大脚家住,故接亲亦拟办在他家各等供。据此,查定婚应立婚书,普通习惯,婚书用红绿庚帖将男女八字分写于其上。此案严永阁与胡少臣联姻仅有一草八字,并未立有婚书,安得以此为凭而欲偕百年之好?此按之法律而难合者也。又婚姻必须两家情愿,胡少臣身列胶庠,自闻严永阁住于名娼王大脚家,即耻与联婚,以致纳采之礼之门外也。况吴越之势既成,则朱陈之谊难强。此揆诸情理而难合者也。且王大脚既系著名娼家,严永阁住于斯,食于斯,以娼为家,秽声早播于通衢,以良女而与娼族为偶,本非夭桃秾李之匹,若勉为伉俪之好,必生瓜李之嫌,此衡之事势而难合者也。有此数端,万难强合。判令胡少臣为其妹另择佳婿,并饬备银圆二十元作还严永阁议婚酒食之费,其玉镯、针线悉数退还。永断葛藤。各具遵结完案。本案讼费归两造分担缴纳。"此案就以普遍习惯"婚书用红绿庚帖将男女八字分写于其上"作为法源,认定胡少臣之妹与严永阁的婚姻不成立而判决解除婚约。

① 谚语以一种机智而又容易理解的形式把社会生活中的知识凝缩在短短而又上口的句子里。那些具有权利义务性含义的社会规范通过谚语的形式表达出来就是法谚,它在一定程度上具有将习惯确定化的作用。参考滋贺秀三:《清代民事诉讼制度之民事法源的考察——作为法源的习惯》。

② 达维德指出,"中国法的基本法源是习惯",其理由在于"只有习惯才与民众的感觉一致,根据习惯能够按照万物自然的秩序确定各人的权利与义务。"转引自滋贺秀三:《清代民事诉讼制度之民事法源的考察——作为法源的习惯》。

民法原理作为法源进行判决的判词。

判词九　江苏高等审判厅判决的夫妻分析财产案

判决文主：庞元阶上诉理由不充,应仍照地方审判厅原判饬令同居,由庞元阶移至庞张氏现租宅内居住。

呈诉事实：略

判断理由：查夫妻财产关系,东西各国之民法有共产制与分产之别。要之,无论法定制度如何,苟双方有协定之契约时,仍受契约之支配,为各国共通之原则。今吾国尚无民法规定,自应援据当事者之契约以为判断之基础。此案庞元阶自父母故后,嫖赌嗜烟,浪费无度,所有家产,业与其妻张氏分析,由元阶书有笔据载明,嗣后所余产业衣饰等项均归张氏执管,与己无涉等语。既有此书面契约,足征夫妻财产确已分离。庞元阶何得因已分财产消耗殆尽,遂复生觊觎之心,甚至诬以吞产殴夫,尤属非是。(下略)

判词十　宁波地方审判厅判决的争继案

案件事实(略)

判决理由：查此案始终可分为三说,最初为遵守遗命立同瑞一人,系公亲张寿镛等所主张。次议以和霭与同瑞并继,则公亲与房族调和之策。三议以和霭、和霖、和霄三人并继,则房族蔡丕恒等所主张,变幻什奇,莫可究诘。夫立继原为死者起见,则定一抉择之标准,自必以死者之意思为前提,就理论以推测死者之意思,必欲择一能保守财产之人,且必欲以财产归与最亲爱之人,是可断言。遗命为死者意思之徵表,亲族合议亦不过补充死者之意思。(后略)

判决主文：蔡帼青无子,着以堂侄和霄为嗣子,以胞侄和霖子为兼祧孙,所有一切遗产,除蔡钱氏旧有衣饰仍行归还外,馀悉归二人受管。又此案蔡开崧以宗长名义为原告,张寿镛以公亲名义为被告,均非为自己诉讼。其印花费三百五十五元,应于遗产项下支销。此判。

判词十一　钱塘初级审判厅判决的互争公用之井案

呈诉事实(略)

证明曲直之理由：此案王绅锡荣承买田姓基地内有食井一口载

明契上。此次拟欲按基圈井,本属所有者应得之权利。惟查该井向归公用,即从兵燹后计算,迄今已有四十余年之久。邻近居民日常汲水者不下数百户,是汲水地役权早因时效而取得者也。该基地虽经田姓转售王姓,然该基地上之食井一口向供众用,则王绅锡荣理不得独自主张其所有权而置此地役权于不顾,此法律上习惯上之通例。我国民法虽未颁布,而习惯即为立法之基础,又为立宪时代之国民共当遵守。兹据王绅锡荣诉称将该井圈入墙内,愿于西角基地上另开一井以供众用,亦明明知地役权在所有权范围以内,不得不互为兼顾,足见深明法理,不独热心公益已也,殊堪嘉许。(以下略)

　　判词九和十两个案件是单独运用民法法理裁决的,判词十一是运用习惯和法理结合来裁判的案件。民法法理都是这三个案件的主要法源。这些民法原理在《大清民律》草案中有相应的条文。法官对于某个法律的起草及其某种法学学术观点因为职业的原因是相当敏感的,而且《大清民律》草案蕴涵的民法法理对于案件判决的正当性是有帮助的,是法官在制作判词时能够而且应该考虑到的因素。故可以推定,这些法理的直接来源就是《大清民律》草案。

　　《大清民律》草案的立法方式,是以抽象概括的原则,运用严密的逻辑体系,因此其文字比较专业,当民法法理以法律条文的面目出现时,难免会包含许多专业术语,如上述判词中的共产与分产、所有权、地役权等。既然是专业术语,就很难为普通人所掌握和理解。另一方面,《大清民律》草案就其性质而言,应该属于继受法而非固有法的范畴,所以承载法律的法条所表达的实际内容是传统的观念意识以外的新东西,更不易为普通民众所接受。法官们将这些抽象的名词用于具体的案件判决里,人们可以利用上下文之间的关联和具体场景来理解这些抽象的名词。如判词十一中的所有权和地役权,尤其是地役权一词,本非中国传统所固有,单从字面也难以推出其法学上的含义,但法官在判决时利用公众取水和王锡荣买井地两件具体的事情来解释抽象的地役权和所有权,即王锡荣花钱买地获得了对井的所有权,而民众在其买地之前在此取水,现在也有取水的权利,这种权利获得的根据就是相对于王锡荣所有权的地役权。这样就将抽象的法学名词具体化了,也就易于理解和接受了。通过审判厅的具体判决,对源于异质文化里的法理在移植地区的生根是有利的。

各级审判厅的推事们在判决案件的时候还有意地总结出一些在内容上蕴涵丰富法理和原则、形式简短的话语,如判词九的"吾国尚无民法规定,自应援据当事者之契约以为判断之基础"、判词十的"夫立继必以死者之意思为前提……遗命为死者意思之微表,亲族合议亦不过补充死者之意思"、判词十一"不得独自主张其所有权而置此地役权于不顾,此法律上习惯上之通例。我国民法虽未颁布,而习惯即为立法之基础,又为立宪时代之国民共当遵守"。这些法理或原则,对于以后审理类似的案件在民事成文法欠缺的情况下是一个重要的参照。这些推事们酌采民法法理,参照中国习惯,或者以习惯来阐释西方民法法理,作出合乎情理的判决,虽然开始只是解决司法实际困难的权宜之计,但其影响往往会超出制判主体的意料。

晚清移植的西方法,尤其是民法,是远远超前于当时社会情形的,在判决中,推事们是倾向于迁就社会现实而把法律条文视为具文还是利用法律条文来逐步改造社会现实呢?从上述判词可以看出,他们基本是采用后一种方法,而且是以渐进的方式采用第二种办法,即选择中国固有习惯或其中一部分来解释西方法理之后形成较易接受的语言,在此基础上进行判决。如果长期坚持下去,这种办法对于我国民法典体系的建构乃至整个法律体系的近代化是非常有益的。民初大理院所走的就是这个路子。①

综合各级审判厅的刑事和民事判词的考察,就内容而言,整体上对传统的因袭成分较多,这在刑事案件的判决上最为凸显。相对于传统判词,各级审判厅的判词在内容上的创新主要体现在民事判词上,民事案件又集中于那些利用民法原理作为判决主要法源的判词里面。因此,晚清法律修订,就实体法言之,两个最重要的成果是《大清新刑律》和《大清民律》草案,但它们对各级审判厅判词的影响是不同的。《大清新刑律》所蕴涵的刑法法理在判词中基本没有发现,可

---

① 参见黄源盛:《大理院司法档案的典藏整理与研究》。

以确定其对晚清各级审判厅的刑事审判基本没有产生影响。而《大清民律》草案则不同,尽管不是太多,但在判词中能够发现某些该草案蕴涵的民法法理,可以推定其对晚清各级审判厅的民事审判产生了一定的影响,而且晚清各级审判厅司法判词在内容上的创新就与其影响分不开。① 它在客观上启发了民初大理院的判决风格和方法,是中国司法近代化的开端。

---

① 二者产生不同影响的主要原因是两个领域司法审判可以适用的成文法的完备情况的区别。创新和法学理论的运用更多地集中在那些法律空隙之处。

第六章　各级审判厅所遭遇的困境

设立各级审判厅是司法独立观念制度化的产物,故可以以司法独立从观念到制度的演变过程这个角度来检讨晚清各级审判厅的设立及其运作。各级审判厅的设立并进行民事、刑事案件的审理,改变了传统中国的行政化审判方式,司法独立从一种渊源于西方的学说在近代中国经历了激烈的争论以后第一次得以实施。在这里,观念演变成制度,并作为一种重要的价值取向得到了广泛的传播。某种新的价值取向的确立对社会进程的影响是超乎我们所估计的,因为"单靠事实绝不能定是非,但是如果在什么合理、什么正确和什么有益的问题上认识有误,却会改变事实和我们生活于其中的环境,甚至有可能毁灭已经得到发展的个人、建筑、艺术和城市(我们早就知道,在各种类型的道德观念和意识形态的破坏性力量面前,它们是十分脆弱的),并且会毁灭各种传统、制度和相互关系,而离了这些东西,几乎不可能出现以上成就,或使它们得到恢复。"[1] 当我们回顾推行司法独立的动议提出之初,反对之声势大且猛,就是那位洋务运动后期主要代表、被中外视为开明官僚典型的张之洞提出了有代表性的反对观点,"(推行司法独立)乃出自东洋学生二三人偏见,袭取日本成式,不问中国情形"的做法,如果真正要实行司法独立,必将是"州县不审判,则爱民治民之实政皆无所施"[2],因此万万不可。不及数年,司法独立在中央和地方逐渐相继推行。尽管其最主要的动机在于外力的迫压,不是时人主动选择的结果,但这种司法独立从观念到制度的演变从客观方面传达了独立开展的司法在获得司法公正方面比传统的司法行政合一制度有效得多,从而成为近代继续进行司法改革的选择导向。所以在民国,尽管在司法革新方面存在诸多曲折,

---

[1] (英)哈耶克:《致命的自负》,中国社会科学出版社 2000 年版,第 2 页。
[2] 张之洞:《张文襄公全集》卷 197,河北人民出版社 1998 年版。

如县知事兼理司法等类似制度的相对普遍推行①,但司法独立的价值一直得到了社会的肯定并成为改革司法的努力方向。民国时期法律制度的逐渐完善和法学研究的深入展开就与肯定司法独立的价值大有关联。司法独立在晚清各级审判厅的设立和运作之中充分体现了其承先启后的过渡性质,既然为过渡,就难免面临诸多困境。各级审判厅能否顺利运作,以司法独立为导向的司法改革能否继续深入下去,就与能否克服此困境大有关系。

晚清主张推行司法独立最强有力的理由是它对于收回领事裁判权具有重要意义,但反对者的理由却不在于此。在反对者看来,最重要的是推行司法独立与中国国情相悖,如果强制推行,其结果只能是未见其利,先见其害。针对此点,除了沈家本先生以其著作《历代刑官考》等论证司法独立在古代中国也有类似的制度,并不是完全不符合中国国情,时任掌京畿道监察御史、后曾任奉天提法使的吴钫于光绪三十二年(1906)《上厘定外省官制请将行政司法严定区别折》中也是主张在当时中国推行司法独立符合中国国情的重要论述。关于反对推行司法独立的意见,吴氏将之归为三点:"一曰国民程度之未及,一曰审判人才之不足,一曰行政官权力之浸微。"对此,吴氏以为是"绳墨之吏安其所习,蔽于其所希闻,或为种种疑似之谈"②,并一一进行了有力的反驳。③虽然吴氏奏折中的论述是"如此清晰而有力,即使

---

① 县知事兼理司法等类似制度的相对普遍推行的理由只是中国现实方面的原因而实行的权益之计,就审判方式而言,独立司法机构进行审判优越于传统的行政衙门兼理司法事务的价值观念从反面得到了肯定。
② 见《筹备立宪档案史料》下册,第822页。
③ 其反驳的原文为:"夫以中国人民为不应受独立法院之审判者,此不通事理之言也。至内地通商口岸各国租界,群行其领事裁判之权,未闻以华民程度太低致生异议。彼方用其审判于中国人民,而我转谓本国人民不应受独立法院之审判,臣诚痛之。至嫌审判人才之不足,其说似矣,然昔日之州县吏不外科举、劳绩、捐纳三途,未必素习审判之事,一旦身任行政官,遂举一切民刑诉讼付之审判而不疑。今若行政与审判分离,向之以两事责一人者,今惟以一人专一事,夫兼营旁骛,上智犹苦其难,用志不纷,中材亦堪自勉,而转虑人才之不足,此又臣之所未喻也。至谓行政官权力浸微,而犹属一偏之见,夫官吏所以有行政权者,乃国家予之也,权之所在,虽以督抚大员,不必亲身断狱而权自尊。若夫假审判之权以自便其作威作福之私,而肆其武健严酷之手段,此正盛世所不容,而宜加屏斥者也。臣考东西各国古制,其行政司法初亦不分,迨后法理日精,渐图分立。行政官得尽心于教养,而无滥用权力之事,故民事日新。司法官得以法律保障人民,故狱无冤滞。倘法权独立果有妨行政官之权力,则彼各国何不守其自古相传之旧俗,而好为是纷纷也。且使行政

在今天读来仍然是很有力量的"①,但反对一方所持的理由绝对不会因为一篇文章而消失,这些因素仍然对晚清各级审判厅独立审判案件产生了巨大的阻碍力量。本章将对与此有关的晚清各级审判厅面临困境的问题作一分析。

第一节　行政干预对各级审判厅的影响

晚清各省城商埠各级审判厅成立以后,按照法令的规定,在省城商埠各级审判厅成立以后,该管辖区域的案件由原来的各级行政衙门移交给各级审判厅来审理。绝大多数地方的官府还是基本上做到了这一点,但他们所代表的行政权力对独立司法的干预则一直存在。这种干预既有积极主动的干预,也有消极的干预,即主观上没有干预的意图,但客观上产生了干预之效果。

先来谈来自行政衙门的积极干预。此种积极的干预大致可以分为三个方面:一是经费方面的干预;二是用人方面的干预;三是对具体案件的干预。

审判厅开办之初,首先就面临经济窘迫的问题。各级审判厅开办伊始,其衙署就是一个问题。按照晚清预备立宪清单的规定,创设各级审判厅由地方督抚督同提法使负责。但很多地方大员本身对推行司法独立、创设各级审判厅就不以为然,但又不能公然抗命,遂敷衍塞责。针对这种情况,法部上奏朝廷,鉴于"司法独立特为宪政之纲维,审判厅即其精神之所寄也。乃或过持减糜之义,意存敷衍。其甚者至欲以地方官署为审判厅,即以地方官兼充推事,于司法行政分离之意实大相径庭。况省城为郡邑楷模,商埠系中外观听,前所以定分年筹备之制者,正欲令财力杼缓,得以布置从容",因此要求各地方大员严格执行法部的规定。这是筹设各级审判厅开始出现的情况,后来因为朝廷的督促,审判厅衙署的问题基本解决。在审判厅正式

司法并为一官,而无害于长治久安之计,故不妨置为缓图,乃臣熟查世界各国之情形与夫内地民生之疾苦,窃以为司法分立,关乎时局安危者甚大,而有万不可以再迟者。"见吴钫:《厘定外省官制请将行政司法严定区别折》。

① 贺卫方:《司法独立在近代中国的展开》,第56页。

运作以后，审判厅的经费又受到了行政衙门的制约或潜在制约。因为在晚清，审判厅的经费虽然在各地都有一个预算，姑且不谈这种预算的合理性，就是此种预算款项能否实际到位就存在很大的问题。晚清的财政来源在很大程度上是地方自主，从而给地方行政衙门利用财权干涉各级审判厅开了方便之门。在设立审判厅较早的奉天省，提法使与高等审检两厅因俸给发生冲突，"按照《法部奏定司法划一经费表》规定，奉天、吉林、黑龙江等省生活程度较高，得照现定经费数目酌加五成，而提法司于司中经费，悉遵法部规定，统加五成，厅中仅将各厅长加足五成，至推检以下及书记官莫不随意减少，显分轩轾。"此乃提法使利用职权在经费方面为难审判厅；在湖北，司法经费原列预算二十六万，经部院一再核减，仅存十五万余两，故省城及汉口、宜昌、沙市三商埠各级审判厅，经济极为困难。推事和检察官的俸薪，皆不能照章支发。列在预算内的司法经费，有汉口、宜昌两关认解银三万二千五百两一项，因为奉度支部电令停止拨付；还有谳捐局认解银一万三千两一项，因彩票减额，盈余无多，奉文减解。这是预算认定的款项，因种种情况，忽然少了四万五千余两。审判厅将此情况反映到湖广总督处，该督饬令藩司另外筹款补足，而该司以"藩库异常支绌、实无的款可拨"为由，一直没有拨付。这种情况导致湖北全省省城商埠各级审判厅、检察厅无钱按时发薪，遂用罚款解决眉燃之急。① 类似情况在全国都不同程度的存在，其对审判厅审理案件的影响显然。

行政官署还在人事方面干预审判厅的运作。即使财政方面的问题能够得到较好的解决，各级审判厅的衙署规模宏大、气象不凡，法官等办事人员的薪金能够按时到位，且其数目足以养廉，如果是由那些没有经过近代法学教育的熏陶，从而对近代西方法理念没有什么理解的法官侧身其中，那再漂亮的衙署也将流于虚文，财政的丰盈只是腐败泛滥的温床。人事选拔方面的重要性于此可见。在《法院编制法》颁布的同时，清廷还颁布了《法官考试任用暂行章程》，其中第

---

① 参见《法政杂志》第四期，宣统三年六月。

十一条对任用法官的程序和权限作了有一些规定:"京师暨直省高等审判检察厅推事、检察官如现无法院编制法第一百十八条之资格人员应补者,京师由法部,外省由提法司呈请法部按照第十一条办理。"该章程第十一条规定:"第二次考试合格者,照章作为候补,先补各初级审判厅、检察厅之缺。但开办之初,在高等以下审判厅、检察厅学习者,暂以考试成绩最优者分别酌补高等以下审判厅、检察厅之缺。"① 而法官考试成绩最优者人数比高等审判厅、检察厅的推事、检察官缺多得多,如果照此规定,提法使对于本省高等审判检察厅推事、检察官的任命有相当大的自由权限,容易给提法使在任命法官问题上干预审判厅的独立司法裁判。上面所讲的是严格遵循规定可能出现的情况,如果提法使超越规定任命法官,问题估计就更为严重。当时的刊物就记载过这方面的情况,如奉天提法使与高等审检两厅因用人发生冲突。事情的起因是提法使没有严格执行《法部原定京外各级审判检察厅办事章程》第二十二条和二十四条关于用人的规定,以己意升调人员,两厅以为越权。② 这是人事任用方面出现的情况。在法官的惩罚方面,由于晚清没有专门的法官惩戒章程,所以握有一省最高权力的督抚在这方面有很大的权力。如果法官判案没有满足其要求,就可能被督抚找一些冠冕堂皇的借口予以惩戒乃至免职。《各省审判厅判牍》中收录的凤池庵案就是一个例子。江苏地方审判厅的判决结果与高等审判厅的判决结果多不相同,高等审判厅遂借凤池庵狱及严办茶房恃势诈赃两案,与地方审判厅大起冲突。经高审厅厅丞郑言将地方审判厅长杨元勋纠举,而时任江苏巡抚的程德全以命案旁证请求用刑任意妄为等词,将承办是案之刑科庭长姚生范撤差,民科庭长杨年记过,厅丞亦严札申饬。③ 尽管不能准确考证这方面的比例究竟有多高,但不可否认,行政衙门在用人方面通过任命和惩戒法官两种途径在不同程度上干预了审判厅独立审理案件。

---

① 《法官考试任用暂行章程》,见《大清法规大全》卷四"法律部之司法权限"。
② 《法政杂志》第五期,宣统三年(1911)六月。
③ 同上。

在晚清，各级审判厅对具体案件的审判有时也受到来自行政衙门的干预。就原则上而言，审判厅审理案件，是在事实认定的基础上，运用相关的法律规则，来独立作出自己的裁决。这与中国传统行政官署运用情理法三者结合审理案件不同。一个重要的表现就是审判厅运用法律规则裁判案件，其裁决有时与普通民众的情感存在一定程度的背离。在西方，司法独立的含义之一就是法官不受舆论的左右，根据法律规则和自己的理性判断对案件进行独立的裁决，社会也给这些法官提供了一个较大的空间。在晚清情况则不同，以西方法为模式进行的改革刚刚起步，只不过引入了西方的法典，而对于法典背后的伦理价值和思想观念则没有也不可能继受，更谈不上对国民性的改造，使西方法律条文背后的法律意识渗透到日常的社会生活中去，所以整个社会的法意识形态基本上还停留在传统阶段，对具体案件的审理所追求的重点还在于实质正义，对形式正义则没有什么体认。一旦出现某个案件的审理结果与民众的普遍情感大相径庭而有骚乱的可能时，这必定会给守土有责的地方官有意无意留下干预法官独立审理案件的机会。浙江的"方得胜案"就是一个典型的例子。事情的经过是这样的：宣统三年五月初一日上午十时，泾县城内巡警第一区，解送拿获现行白昼抢夺犯方得胜到宁波地方检察厅，接着事主向该检察厅告诉了案情事实，因此该检察厅口头起诉至宁波地方审判厅，该审判厅刑庭预审。之后开庭公判，该犯并非现充营兵，照律拟绞立决。但在该犯解往检察厅之时，即有游手好闲之徒，跟从而至，要求即行正法。该检察厅以"方得胜虽系游勇，并未啸聚渊泽、抗拒官兵，照章不能就地正法，业已按例判决，应候核覆执行"，而围观者不仅不听理喻，反而任意滋闹，经该检察厅一再催商巡防队调兵弹压，初次只派到八名，二次又派八名，复不能实力弹压，致人数愈聚愈众，竟将该厅大门内揭示场、二门检察厅收状处、录事室、巡官室、检察长检察官室门窗什物并大小轿四乘，一律捣毁。该厅遂将该犯照章送寄县监，该人众才散开。第二天上午八点钟，宁绍台道会督宁波知府、陉县县令、左路防营常统领，将该犯方得胜提讯，立予正法，而且没有知照该检察厅。按照规定，执行刑罚是在判决确定以后由该检察厅执行,乃检察厅的权限所在。这种由行政衙门的直接正法,不仅侵犯了检察厅的职权,损害了独立司法机关的威信,而且为无知民众和行政衙门干预审判厅对案件的独立审理开了方便之门。鉴于此,审检两厅联名向浙江巡抚反映情况,虽以全体辞职相威胁,仍未能达到目的。该巡抚的批文为:"该道等将游勇方得胜正法,虽为维持地方权宜起见,事前并不知照审判厅,殊属非是……仍弹压地面,务保治安"①。即行政衙门虽然处理不当,但该巡抚肯定了他们是为维持地方权宜,并要求他们仍然弹压地面,务保治安,也没有对这些违反规定的行政官进行处罚,无形中会助长其干预审判检察厅的职权。这是一个在全国影响比较大的案件,当时的许多报刊都报道了此案件。这是行政衙门通过对具体案件审理结果的干预来影响审判厅独立行使职权。又如"江宁审判厅自开办以来,于新律上应行罚款之事件,每为舆论所恣议,尤于奸情案内,议罚奸夫一节,大为本夫所不服。江督有鉴于斯,故饬元宁两县,仍旧收词,以辅审判厅之不足。新旧并行,久以喧传人口"②。类似这样的行政衙门利用自己的权力直接剥夺审判厅对案件的专有管辖权,其性质就更为严重。

　　来自行政衙门对审判厅独立审理案件的消极干预主要有两方面:一是在案件的受理方面,二是行政衙门对于审判厅的协助要求消极不作为。下面试作分析。

　　传统中国由皇帝委派的行政官员负责司法审判方面的工作,对其治下的子民而言,行政官员所在的衙署是代表了官方,是惟一合法的权威来源。如果民间有什么纠纷,就自然而然地到这些行政衙门去寻求官方的救济。晚清虽然移植了一部分西方法典,设立了独立的审判厅,但民众的法律意识没有什么大的变化。所以,在省城商埠各级审判厅已经设立并开始运作的地区,很多当事人仍然倾向于到行政衙门告状,而按照规定,该行政衙门是不能受理案件的,一般的做法是行政衙门告诉当事人到该管辖审判厅或检察厅起诉。在这种情况下,民众对于各该级审判厅、检察厅能否有权力解决问题持怀疑

---

① 《法政杂志》第四期,宣统三年六月。
② 《法政杂志》第三期,宣统三年四月发行。

态度,有的害怕手续之繁复,因此,很多当事人就因此打消了起诉的念头。如"河南审判厅设立以来,愚民无知,多仍往县署控案,县署循例不收。执拗之徒,有隐忍息讼,坚不往审判厅呈控者,因之讼案颇减。"① 这种案件的"消弭"使得由国家权力的救济所能够获得的公正不复存在,各级审判厅在确保公正司法方面的能力必然遭到损害,进而引发民众对审判厅存在合理性的质疑。

晚清各级审判检察厅甫经成立开始运作之时,在很多方面都需要行政衙署的配合。各级审判检察厅成立以后,由于上面提到的传统观念的影响,在普通民众的心目中,各级行政官厅仍然是皇权在地方的惟一代表,审判检察厅威信的维护在很大程度上依赖于行政衙署的积极配合。如果行政衙署采取消极不作为,睁一只眼闭一只眼,则审判厅要完成对案件的审理以及检察厅调查证据、执行判决就存在相当大的困难。如江苏江宁地方监狱中死了一名罪犯,该地方检察厅苍验之时,所需各物,无人预备,出现了所谓呼应不灵的情况,往返两次,才完成检验之任务。更甚者是扛夫无县署差条,不肯抬送尸体到善堂;善堂无县署戳记,不肯付给收据。这种情况,当时的报刊在登载此事时,发出"种种掣肘,不一而足"② 的感叹。这种审判检察厅的无奈情况,在审判厅制作的判决书里也有体现。在安徽高等审判厅审理的"殴伤检察官程德庄上诉不服安庆地方审判厅判决"一案里,针对上诉人认为怀宁初级检察厅的检察官非本属官长的意见,该高审厅在判决书中不厌其烦地指出,"现在司法与行政分权并重,查现行例诉讼门所云,'本管'二字之意义,原不限于管理行政事件之本府州县,在未设审检厅之处,行政、司法概由府、州、县管理,府、州、县自为全部之本管官厅;在已设审检厅之处,府、州、县为行政本管官厅,各级审检厅为司法本管官厅。厅属与府、州、县属无异,即厅属之诉讼人民,其对于本管之审检官与对于本管之府州县官亦无异。况恭绎《钦定宪法大纲》:载司法权总揽于君上,委任于审判衙门。其责

---

① 《法政杂志》第三期,宣统三年四月发行。
② 同上。

任何等重大!该革生竟谓不得与本属州县同其尊崇,殊属荒谬。"①正是民众不把审判厅看成与行政衙门并重的机关,审判厅的威信得不到与行政衙门同等的尊重,给了行政衙门以消极不作为妨碍审判厅对案件进行独立审理的机会。

关于行政衙门对各级审判厅独立行使司法权力的干预这个问题,在各直省省城商埠各级审判厅普遍设立之前的宣统元年底,即《法院编制法》颁行的同时,法部就预见到了,并发布《行政官不得侵越司法权限文》,指出:"直省创设各级审判厅,凡属司法行政监督权限,一以法院编制法为准绳,其余行政各官,事权概不相统属,即不得互相侵越。倘有故违本法者,由法部查明,据实纠参,请旨办理。"②规定不可谓不严密,但实际情况则是行政衙门利用自己的权力和长期在社会里形成的权威,既有积极有意干预审判厅对案件的审理,也有以消极不作为的方式间接给审判厅审理案件制造障碍。行政衙门的干预严重影响了各级审判厅独立行使对案件的管辖和审理。司法独立在近代中国展开最主要的表现是独立审判衙门的生成和运作,如果不能彻底排除行政衙门的干涉③,这种运作是很难有显著成效的,由司法独立所期待的更高程度的司法公正也不能落到实处。所以晚清设立的各级审判厅尽管有一新耳目的影响,但与其意欲达致的目的相比存在相当大的距离,来自当时国内的主要障碍当属行政衙门的干预。

---

① 《各省审判厅判牍》判牍八之"斗殴门"。
② 《法部咨行政官不得侵越司法权限文》,见《大清法规大全》法律部卷三"司法权限"。
③ 行政衙门对审判厅的干预不能简单归之于具体行政官僚素质的低下,更大的原因还在于我们几千年来行政司法合一的审判传统所形成的法意识形态的影响。如果没有法律意识的改变,则司法方面的改革必将陷入苏子瞻所说的那样:"天下之祸,莫大于上作而下不应。上作而下不应,则上亦将穷而自止。"(转引自严复:《严复文选——社会剧变与规范重建》,上海远东出版社1996年版,第15页)晚清乃至整个近代独立审判衙门的运行由此陷入了一个两难的困境:一方面审判衙门的权威需要行政衙门的有意识维护,另一方面又面临行政衙门对审判独立的干预。要最终解决此问题,不仅仅是需要移植西方先进的法律规定和相关的法律制度建构,更重要的是培育其背后的法律意识及其价值观念,这就需要长时期存在并发生作用的改革力量的支撑,即相对稳定的社会环境和国家最高权力的长期支持,直至整个社会的法意识形态初步完成从传统到现代的转型。晚清乃至整个近代社会根本无法做到这一点。

第二节　领事裁判权与各级审判厅的运作

领事裁判权的存在对清政府司法权力的侵蚀是筹设各级审判厅的主要原因。在省城商埠各级审判厅设立并正常运作之后,领事裁判权的存在影响了其独立进行的案件审理,这是各级审判厅运作过程中所遭遇的外在障碍。

天津自设立审判厅以来,司法主权因领事裁判权的存在而受损失之处甚多,如外国领事不过在旁观审,因审判官放弃权利,观审的范围因此扩大到讯问被告、调查证据等方面,一如审判官之所为,直与会审无异。直隶总督因此申明定章:凡外国领事,但有观审之权,而无讯问之权,将外国领事之坐席,移于审判官之后,不许其干涉裁判之事,并将其意见告知领事团,请其照办,而各领事援据中美条约第四条第二项之但书内容进行抵制,坚不承认。鉴于此,在宣统二年各直省省城商埠各级审判厅普遍设立以前,法部发布了《通咨各省维系审判厅法权文》,对于外国领事要求在各级审判厅提出的观审要求规定了统一答复的口径:

"惟今年系各省会及商埠审判厅成立之期,则凡从前行政官审理华洋互控之案,自不能不预为解决,近日谈外交者大都以光绪二年中英烟台会议第二端、六年中美续补条约第四款两次观审之说为拒绝会审之计。不知观审约内明明许其有逐细辩论之权,又许有查讯驳讯案中人之权,有此二权,名曰观审,与会审何异?我国司法独立现始创办,法官程度本不能齐,若移观审之制于审判厅,万一口实辩论,彼优我拙,其流弊必至名为观审,实为承审。此处失败,他处仿效,其流毒何可胜言?本部之意,不惟拒绝会审,且欲设法不令于审判厅行观审之事。盖改良审判,匪独为内治之所关,而与领事裁判权尤有密切之关系,造端伊始,若不将利害熟思详校,窃恐利未至而害已深。本部现拟定各省城与商埠审判厅对待华洋互控案件办法:凡已设审判厅之处,无论东西各国商民,如有来厅诉讼者,均照我审判厅新章办理,一切审判方法俱极文明,与待我国人民无异。其愿来厅旁听者,亦准其入厅旁听,但得坐于普通旁听席内,不得援观审之制。如外国人不愿来厅诉讼,则暂由行政官厅照观审条理办理。天下事固不能持保守主义而忘进取之方。惟事关全局,万不可于着手时轻忽相将,致贻后患。再会审制度本系混合裁判之变相,而上海会审公廨章程尤属损失主权……通咨各直省督抚,如有领事要求会审公廨者,当援照烟台条约及中美续补条约严词拒绝,毋稍迁就,庶防患于未然,免生交涉于事后,兹事为司法与外交最重大之问题。"①

尽管法部的意见主要是出于维护我国法权和各级审判厅独立审理案件的专有权,但是由于领事裁判权的存在,其所拟办法仍然有损各级审判厅的案件管辖权限,即"外国人不愿来厅诉讼,则暂由行政官厅照观审条例办理"一节,就剥夺了审判厅对于外国人的司法管辖权。宣统三年(1911)四月,英国驻重庆领事要求在重庆审判厅观审卜内门一案,重庆地方初级审判检察各厅以全体人员的名义发电给护理四川总督及提法司,请求他们转呈法部和外务部力拒英领事的要求。函电交驰,力争再四,最后两部电令仍然要遵照领事裁判权的相关条约办理,即将该案移送地方官审理。所以提法司只有命令重庆审判厅遵照办理,将该案移送巴县审讯。而"重庆审检各厅法官,以损失法权,莫此为甚,将以去就争之矣"②。尽管有法官们的抗议,甚至以辞职威胁,仍然不能改变领事裁判权的规定对各级审判厅司法权限的损害。在一些通商口岸,如果司法行政官厅采取图省事以免与洋人发生纠纷的态度,主动对法部的命令作扩大解释,其对各级审判厅司法权限的损失当更大。很明显,法部所规定的可以"暂由行政官厅照观审条理办理"的案件仅限于当事人不愿到审判厅诉讼的华洋互控案件,在湖北的通商口岸,鉴于原被告人如果均在各国租界之内,各级审判厅欲对他们或传或拘,先要照会各国领事签字,这本就违背了司法独立的权限,湖北提法使遂制定了一暂行章程,"讼案有在各国租界者,仍由各地方行政衙门审判,并先由行政衙门禀请提

---

① 《法部通咨各省维系审判厅法权文》,见《大清法规大全》法律部之司法权限卷四。
② 《法政杂志》第一年第三期,宣统三年四月发行。

法司,照会各国领事签字,转饬行政衙门拘传到案,以为特别审判"①,并将该章程的内容由湖广总督转呈法部,得到了法部的批准。综合上述情况发现,自各级审判厅开办以来,领事裁判权对各级审判厅的司法权限的侵蚀没有停止,而且有扩大的趋势。法部本意是"持保守主义而不忘进取之方",而结果却事与愿违,成为只有保守而无进取的局面。造成此不欲看到的结果的原因当然很多,但主要的一点是庚子一役,清政府的外交已注定是全盘失败,对于外国人在华领事裁判权的存在已经在事实上是无可奈何。而且到宣统年间,国内各种矛盾激化,朝廷已经是朝不保夕,更无法作稍微有力的抗争。到这里,似乎应了当年张之洞诸人所说的:单纯改良法律而没有国力的强大是不能收回领事裁判权的。

各级审判厅成立于各直省省城商埠,这些地方恰恰是外国人在华势力最集中的地方,故领事裁判权的存在必然会对各级审判厅的司法权力构成严重的侵蚀,此乃各级审判厅运作过程中所遭遇的来自外国的主要障碍。

第三节 各级审判厅所面临的经费和人才问题

一、各级审判厅的司法经费问题

晚清各直省省城商埠设立的各级审判厅所需经费主要来自各自省份的拨款,中央的法部和度支部一般而言只是起监督和检查的作用。清政府的中央财政主要依赖于各省的解款,其权力受到了地方的较大制约。为强化中央的权力,晚清新政在经济上的一个重大举措就是编制全国统一的预算和决算。按照光绪三十四年(1908)的《逐年筹备事宜清单》的规定:第六年试办全国预算,颁布会计法;第九年确定预算决算,制定第二年的预算决算案。② 后来预备立宪期限缩短后,改为在宣统三年厘定关于国家税和地方税的各项章程,宣统

---

① 《法政杂志》第一年第三期,宣统三年四月发行。
② 《清末筹备立宪档案史料》上册,第65—67页。

四年确定预算决算。所以就有了宣统三年(1911)的试办财政预算。根据学者的研究,宣统三年试办预算激化了中央与地方、部院与部院、地方与地方之间的矛盾,度支部的预算案遭到各省督抚的反对而不了了之,① 这说明整个晚清的财政实权仍然在地方督抚手中。辛丑条约议定后,鉴于赔款数额之庞大,"就中国目前财力而论,实属万不能堪。然和议已成,赔款已定,无论如何窘急,必须竭力支持"②,清政府遂只有把不足部分向各省摊派。自光绪三十一年(1905)立宪运动兴起后,清政府新政所需费用也开始大量向地方摊派,而地方本身还要改革官制、创办巡警、振兴实业、筹设谘议局和审判厅、试行地方自治等,无一不需花钱,这些项目所需的庞大经费早已经超出了各自省份所能承受的限度。而筹设各级审判厅在各地方的新政里面还不占最重要的地位,时任御史的陈善同的观点在晚清官僚的认识中具有广泛的代表性:"自治也、调查户口也、巡警也、审判也、教育也、实业也,何一非亟当筹备者?而按之于势,不能无缓急,即见之于新政,不能无先后。就各事言之,立国以民为本,民有所养而后国本不摇,是最急者莫如实业。实业既兴,必不可不为之轨物以范之,为之保障以卫之,而教育、自治、调查户口、巡警、审判以次兴焉。"③ 晚清财政本就非常困难,筹设审判厅又不是各省的首要任务,故各省在筹设各级审判厅并维持其正常运作方面的所需款项大多不能按照预定数目拨付,各级审判厅在经费方面处境艰难。作为全国司法行政最高机关的法部多次督促各省督抚不得克扣各级审判厅的经费。但是在清朝政治体制框架内,作为中央机构的法部与地方督抚在极端专制皇权下互相牵制,不存在隶属关系,因此法部的意见对督抚来讲并不是一定要接受的。督抚更多的考虑在于本省的实际情况,而审判厅又恰恰不是最重要的事情。

  早在京师地方审判厅设立的时候,经费短缺的问题就已经暴露出来。法部于宣统元年(1909)三月十八日会同内务府具奏,请将西

---

① 参考周育民:《晚清财政与社会变迁》,第415—418页。
② 《义和团档案史料续编》下册,中华书局1990年版,第1197—1198页。
③ 陈善同:《陈侍御奏议》卷一,转引自周育民:《晚清财政与社会变迁》,第399页。

长安门外制造库一所拨改地方审判厅,内务府派员移交法部查收。京城地方审判厅自光绪三十三年(1907)奏设以来,每月民刑案件平均计算,统在二百余起,系租赁民房,办公逼迫湫隘,窒碍良多。有了地址,必须尽快建筑,以便官民。法部确定了建筑准式,包括法庭、办公室、看守所、接待外人处所、诉讼人候质处所以及各庭两旁储存稿案并录事、书手缮稿写供等各处,经计算共需筑围墙一百一十五丈,建大小房屋二百七十余间,共需银七万两。法部专备建筑该厅的款项仅有上年节存开办审判厅经费及罚金余款约四万两,还差三万两,只有请求朝廷饬下度支部格外拨给。① 建设各级审判厅,京师的困难如此,则地方困难就更可想而知了。所以在省城商埠各级审判厅筹设以后,其正常运转所需经费经常到不了位。湖北司法经费短缺而以罚款暂时作为法官的正常薪金的情况就是一个例子。宣统元年六月初十日,山东巡抚袁树勋上折奏筹办审判厅并变通府县审判厅办法,其主要的考虑也是经费问题。袁树勋在其奏折里面讲:九年期限清单第四年筹办府厅州县城治各级审判厅,第五年筹办乡镇初级审判厅,是每府厅州县至少必设地方审判厅一所,初级审判厅一所,乡镇平均计算,每处必在四所以上,以此例推,则每一州县必有地方审判厅一所,初级审判厅五所。俸给太少则不足以养人之廉,即不能责人以事。若平均计算,俸薪一项,每一厅州县岁费已在二万两左右,加之典簿、录事、书记、承法吏、庭丁、检验吏各项俸薪与其他办公费用,至少亦须万金,是一厅州县当岁费三万两左右。总计全国二十二行省,各府厅州县计之,岁费约以五千万两计,而建筑等费尚不在内。国家断无此财力。变通之法,宜于府直隶州设立地方审判厅一所,而于有辖地之府及厅州县设立初级审判厅一所或二所。似此转移,于事实既无窒碍,而全国经费可锐减十分之九。但在宪政编查馆看来,袁树勋原奏持论,"鳃鳃然以官多费巨为虑","现在筹备宪政,凡百需财,若不斟酌时宜,自难免日形竭蹶。惟司法制度为人民休戚利害所关,直省筹办审判各厅,固不应多置冗员,致靡薪俸,亦未便过从省

---

① 《法部奏请拨地方审判厅公署经费折》,见《大清法规大全》法律部卷七之"审判"。

略,有碍推行。并要求法部迅速将直省应设高等以下各审判检察厅及分厅各应酌设推事、检察官、书记官等各若干员通盘筹划,奏定遵行,务以量事设官为主,不得于法定若干员以上过于冗滥,庶人才不虞消乏而要政可冀进行"。至于司法经费,宪政编查馆认为,这一项至关重要,现应分开办及常年二种。开办之费以建筑为大宗,常年之费以薪俸为大宗。然而建筑只不过一时筹拨,而薪俸则需要规划久远。后一项,应让法部"迅将全国应需司法经费咨查直省筹拟办法,统俟报到部后,即行按照度支部试办预算册式分类胪列,遵旨会同度支部妥筹规划,奏明办理"①。分析袁树勋与宪政编查馆观点的差异,主要在于前者侧重从节省经费这个角度考虑,后者则专从各级审判厅设立对于司法革新的重要性的角度立论。最后,法部虽然列出了司法经费预算表②,但徵之于晚清的财政情况,这种预算根本不可能落到实处。而清廷在宣统三年(1911)迅速灭亡,各府厅州县各级审判厅大多未设立。即使清廷有时间设立这些审判厅,设立之时必然是因陋就简,运作过程中也难有经费保障而处境艰难。所以财政的困难,是建立各级独立的审判厅和维持审判厅正常运作,保有其审判独立性的最难以克服的障碍。

二、各级审判厅的合格人员缺乏问题

晚清各直省省城商埠各级审判厅的普遍设立多在宣统二年法官考试以后③,而考试刚结束,法部就将考试合格人员分发各省地方以下的审判检察厅充任学习推事和检察官。此后不久,法部要求各省统计制做法官名录,详细记载各在职法官的学历和主要经历,以检查其是否符合《法官考试任用暂行章程的规定》。其结果就是宣统二年底三年初的法官名录,它所统计的法官包括河南、甘肃等十四个省份,具体统计参见附录表三。

---

① 《宪政编查馆会奏遵议变通府厅州县地方审判厅办法折》,见《大清法规大全》法律部卷五之"审判"。
② 详细情况参阅第一历史档案馆藏法部档案之《宣统三年司法费预算议案录要》(31930)。
③ 参考佚名辑:《清末职官表》,台北文海出版社有限公司1979年重印。

由于没有能够发现当时其他各省的法官官册,故其准确数字无从统计。但可以推测的是,上述十四省基本上包括了清政府统治的核心地区,其社会发展程度相对较高,设立各级审判厅的总体情况也较其他地方为理想,法官的总体水平也应该高于其他地方。观察表三中关于十四省法官统计数字,30 岁以下的法官人数与法官所受正规法政教育的人数出入不大,30 岁以上的法官人数则与没有受过正规法政教育的法官人数大致相当,因此可以断定 30 岁以下的法官基本上是受了正规的法政教育的。① 按照法官官册的记载,基本上全体法官都是通过了法官资格考试。此资格考试分为两种:一是针对在职法官的,一是针对社会应考人员的。② 可以想见,针对在职人员的考试相对后者来说更多的具有形式化特征,虽然也具有淘汰不称职法官的功能,但其主要目的则在于让那些在职法官的任职符合法部颁布的《法官考试任用暂行章程》的规定。③ 晚清设立省城商埠各级审判厅,共需要法官 666 人④,在所统计的十四省里,共有法官 397 人,约占全国法官数量的 60%,其中 234 人没有受过正规的法学教育,占所考察省份法官总数的 59%,有些个别省份情况则比例更大,如山东 20 名法官,有 18 人没有受过正规的法学教育,比例高达 90%;云南 47 名法官,有 41 名没有受过正规的法学教育,比例也达 87%以上。而在晚清光绪三十一年科举废除以后,法政之学成为"干禄之终南捷径",学习法政的人数相对比较庞大。⑤ 因此这里就存在一个问题:就是大量接受过专门法政学习的人没有从事法官职业,而相对的是法部和各地督抚却屡屡感到法官合格人员的奇缺,以至于

---

① 这可以从前述法官官册里发现这种一一对应关系。
② 具体内容参见本文晚清法官考试章节。
③ 法官考试是为了测量其法学知识和思维方式是否达到做法官的标准,而法学知识和思维方式的培养则主要来源于法学教育。清代的法学教育虽然诞生于 19 世纪六七十年代,则初步形成则要到 20 世纪初期清政府下令实行新政以后,而那些年过 35 岁以上的人,基本上没有机会在国内接受系统的法学教育。这些人仍然能够通过在职法官考试即说明此问题。
④ 综合《直省高等审判检察厅员额表》、《直省省城商埠地方审判检察厅员额表》和《直省省城商埠初级审判检察厅员额表》作出的统计数字,见《大清宣统新法令》第 27 册。
⑤ 参考李贵连:《二十世纪初期的中国法学》之"近代法学教育的开端",见李贵连主编:《二十世纪的中国法学》,北京大学出版社 1998 年版。

法部于宣统二年十一月甚至向朝廷提出"为考取法官不敷分布恳请暂将律学馆学员随时派往法庭"的建议。① 到底是那些接受过专门法政训练的人不愿从事法官职业还是他们没有机会从事该职业？主要的原因还是在于他们没有机会。尽管晚清各级审判厅经费困难，但法部和宪政编查馆都意识到"司法制度为人民休戚利害所关，直省筹办审判各厅，固不应多置冗员，致糜薪俸，亦未便过从省略，有碍推行……法官独立执法，责成甚重，限制复多，其考用之法既如是其严，则待遇之方即不宜过薄；应设员额固须多寡适中，而应须官俸亦应丰啬各当"②。法部最后确定直省高等审判厅普通推事每月薪金 160 元，地方审判厅推事每月薪金 140 元，初级审判厅推事每月薪金 100 元③，这高于同级行政官员的薪金，而晚清实业欠发达，社会并没有给那些受过法政专门训练的人员提供较多的就业机会，加之传统官本位价值观的影响，选择法官职业对于那些法政学校毕业生应该是比较理想的。而反观法官官册，一般而言，都是那些出身刑幕或拔贡或原是行政官员充任各级审判厅厅丞、庭长和推事的位置，间或也有从日本留学回国的法政毕业生充任，而那些正式通过法官考试的人一般只能充任学习推事。这难免使得那些毕业于国内正式法政学校的人员对选择法官职业缺乏信心。

从附录表三中也可以看出，各个省之间也存在相当的差距。如奉天、福建等省，由于审判厅开办时间较早，且本省有法政学堂，在各级审判厅推事中，法政毕业生占据相当大的比例。奉天全省 45 名推事，其中法政毕业生 37 人，其比例达 76％；福建各级审判厅共有推事 39 人，其中有法政毕业生 32 人，比例更高达将近 80％。因此，如果假以时日，随着法政教育的发展和法官考试制度的完善，逐渐以法政毕业生取代那些来自传统司法体系的人员，在晚清建立一个法官职业团体是有可能的。就是按照预备立宪清单所计划的那样设立府厅州

---

① 参见第一历史档案馆馆藏法部档案《法部奏为考取法官不敷分布恳请暂将律学馆学员随时派往法庭稿》，编号为 32089。
② 《宪政编查馆会奏遵议变通府厅州县地方审判厅办法折》。
③ 《清法部编订直省提法司署及审判各厅经费细数表》，见《各省审判厅判牍》之"附则"部分。

县各级审判厅,只要方法措施适宜,撒开财力因素不谈,单从人力因素考虑,还是有办法解决的。

综上所述,晚清各级审判厅运作确实存在合格司法人员短缺的问题,但是问题不在于社会没有此类资源,而在于资源的运用不善,传统司法体系中的人员充斥新的审判衙门是晚清各级审判厅在人力方面面临的主要障碍。和审判厅所面临的财政问题相比较,该问题还不是难以解决的。但不可否认,各级审判厅合格司法人员短缺的问题一直是审判厅顺利运行和推广审判厅筹设的一个重要理由。如山东巡抚袁树勋所上奏折认为应该变通设立府厅州县各级审判厅的理由之一就是"国家无此人才"。①曾任民国司法总长的许世英在检讨晚清地方司法时指出,"人才之销乏,财力之困难,实为一重大原因"②。民国学者楼桐孙在考察晚清法院时也认为,晚清新政中,与议会、警察等比较,当推法院成绩为优良,"然因经费及人才种种关系,以视欧西各国司法机关的组织相去甚远"③。曾在民国朝阳大学任刑事诉讼法教授的经家龄更指出,晚清各级审判厅面临的人力、财力困难跟晚清司法制度中的四级三审制大有关系,"前清法院编制法之四级三审制,即采用日本之二头二列三审制也。以统一解释法令之权,畀之于大理院、大理分院。此外则高等审判厅、高等审判分厅,明为大理院统一解释法令,而管辖上告审之机关有四。上告审之机关,又各有解释法令之权。于此而谓解释法令之统一,真可谓纸上空谈矣。日本以四级三审制之结果,乃有上告审之机关二,中国以设分院分厅之故,遂有上告审之机关四,是世界上二头二列三审制之外,有添一多头二列三审制矣。吾辈之学于日本者,不尝闻彼都学者倡二头二列三审制之不可用,而欲改为一头二列三审制乎?奈何为中国定经久之法制,竟扬其波以助之,改为多头二列三审制耶?此四级三审制,必宜改为三级三审制"。"中国地域如是其广大,以用四级三审制故,则县设初等审判厅,府设地方审判厅,省设高等审判厅,又大理分

---

① 《宪政编查馆会奏遵议变通府厅州县地方审判厅办法折》。
② 许世英:《司法计划书》,见《法政杂志》第2卷第6号。
③ 楼桐孙:《法学通论》,正中书局1940年版,第122页。

院,又高等审判分厅,一省之中,遂有此多数之审判厅,试问国家财政上之负担不嫌太多乎?一厅之中,有合议制,有折衷制,法官而外,书记官也、检察官也,中国法学人才,乃如是其多乎?故前清之分年筹备,财政则剜肉以补疮,用人则薰莸之杂进"①。经氏关于晚清各级审判厅人事和财力方面的障碍所下的结论比较准确,但其以为是四级三审制造成的结果则有些片面。晚清移植日本的四级三审制,鉴于中国幅员辽阔,为便民计,才设立各级分院、分厅。事实上,晚清设立的各级分院、分厅数量不多,不是各级审判厅发生财力和人力困难的主要原因。如果按照经氏所设想的三级三审,"另行划分司法区域,不以省府为界限",在晚清地方督抚权力坐大、自治之声雄起之际,又如何能够行得通?故晚清各级审判厅的人力和财力问题确实存在,是妨碍审判厅正常运作的重要因素。但财力问题更是一个难以逾越的障碍。

第四节 律师辩护和陪审制度的缺乏

一、律师辩护思想的输入和争论

在西方,律师制度的实行有悠久的历史,在古罗马共和国早期的"保护人"制度就具有了律师制度的某些特征。由于工商业的发展,法律规则日趋复杂,职业法律家或法学家阶层的出现并为政府所承认和鼓励,职业律师正式产生。此后,基本上一直成为西方法律传统中一项重要的制度。尤其在西方步入近代以后,资本主义迅速发展,法律规则复杂化和系统化程度提高,逐渐远离社会大众,普通人无法靠自己在法庭上较好地主张并维护其权利,日常生活中也需要法律专家提供法律意见,因此律师制度成为西方社会保障个人权利的不可或缺的制度建构。文明的法律体系中必定包含律师辩护成为西方社会普遍的价值判断。

传统中国社会有存在于民间而为官方所禁止的讼师和官方的代

---

① 经家龄:《改良司法制度商榷书》,见《法政杂志》第2卷第5号。

书,虽然他们都从事律师的某一项或几项工作,但与近代的律师制度存在根本性质的差异。近代中国的律师辩护思想和律师制度建设是从西方移植而来的。

西方律师辩护思想输入中国最早是与领事裁判权联系在一起的。外国领事法庭在中国设立之后,按照该国与清政府的条约规定,领事法庭适用的法律由被告的国籍确定,因此其律师制度自然运用于领事法庭。上海会审公廨设立后,由于其审理的案件多涉及外国人,应外国人的要求,逐渐运用律师制度。到19世纪70年代,会审公廨在审理纯属中国人之间的纠纷时也允许律师辩护。其结果是给会审公廨审理案件带来了便利,更有效地维护了当事人的权利,因为"律师于案中有关重要之节目自能提出,不必屡屡细陈,以费时间,且免使当事者商诸讼师,以增其虚伪"①。由于在中国享有领事裁判权的国家很多,这些国家的法律和律师制度又不尽相同,那些在会审公廨出庭的律师国别各异,而且没有一个律师公会对其进行约束,因此会审公廨所实行的律师制度的效果和西方相比已经走样。即便如此,它对于近代中国律师辩护思想的早期传播还是起了较大的作用。如"苏报案"中,清政府援请外国律师替政府辩护的事实本身就含有一些肯定律师制度的意味。

晚清政府内部关于改良法律是否需要引进律师制度的争议始于光绪三十二年的《大清刑事民事诉讼律》(草案)下发各督抚、将军和都统讨论之时。该草案的第四章"刑事民事通用规则"内的第一节即为"律师",负责制定该草案的修订法律大臣伍廷芳等在奏折里对律师制度及其设立的必要性作了重点说明:首先从律师的性质、执业范围的角度,暗示其与中国传统的讼师迥异,"律师,一名代言人,日本谓之辩护士。盖人因讼对簿公庭,惶悚之下,言语每多失措,故用律师代理一切质问、对诘、复问各事宜。各国俱以法律学堂毕业者,给予文凭,充补是职。若遇重大案件,则由国家发予律师。贫民或由救助会派律师,代伸权利,不取报酬,补助于公私之交,实非浅鲜"。接

---

① 王揖唐:《上海租界问题》中册,商务印书馆1924年版,第8页。

着从中国的现实情况入手来论证中国实行律师制度万不可缓,"中国近来通商各埠,已准外国律师辩案,甚至公署间亦引诸顾问之列。夫以华人讼案,藉外人辩护,已觉轩格不通。即使遇有交涉事件,请其伸诉,亦断无助他人而抑同类之理。且领事治外之权,因之更形滋蔓,后果何堪设想?"① 各地督抚虽然没有否定律师制度对于司法审判的重要性,也几乎没有人将之视为传统意义上的讼师,其反对施行的理由主要是法律人才的缺乏,如山西巡抚恩寿的奏折在这个问题上具有代表性,"惟中国当此预备之初,民间之知识未尽开通,新政之人才犹须培植,晋省地偏西北,近数年来,风气虽以渐开,地方士绅尚未有输入法律思想,而审判人员亦非能仓促养成"②。要揣测这些封疆大吏反对推行律师制度的动机比较困难,如果单纯从奏折上提出的理由来看,他们的意见还是有道理的,因为他们并不是从根本上反对律师制度,只是认为在当前预备立宪开始之际不能施行,他们的意见是要缓行而不是不行。

晚清司法方面的改革多借鉴日本的成功经验。在日本,律师制度是在法律和司法方面的改革发展到一定阶段才实行的。1872年,日本开始改革司法制度,确立了代言人制度。经过几年试行。由于没有一个门槛,所以代言人素质很差,社会地位也相当低下,因此很多法律素质或者人品极差的人都成了代言人。1876年,日本政府制定了《代言人规则》,确立了代言人的考试制度。主考官为本地地方官,考试科目为:民法与行政法概略;刑法概略;诉讼程序法概略;本人品行与履历。但通过考试的代言人职业限于一个府县裁判所,其在法庭上的发言,全部需要得到法官的批准;虽然准许代言人解释法令,但是涉及立法宗旨的论证,或者指责法令的言论,则一律不准,而且还不许发表指责法官的言论。到1880年,代言人规则得到了修改,具体内容如下:原来的地方考试改为司法卿命题、检察官主持的全国统一考试;可以在全国范围内执业,允许代言人加入代言人公会,必

---

① 《修律大臣伍廷芳等奏呈刑事民事诉讼法折》。
② 国立故宫博物院故宫文献编辑委员会编:《宫中档光绪朝奏折》,故宫文献特刊,台湾"国立"故宫博物院1975年版,第二十四辑。

须遵守其规则,此公会受当地检察官的全权监督;禁止代言人私自结社。1882年,日本政府公布了罪刑法定主义的《刑法》和《治罪法》,其中《治罪法》里明确规定了辩护制度,从此开始了日本的刑事辩护制度。1893年,日本政府颁布了《律师法》,其主要内容如下:由司法大臣对律师进行考试,明确规定了律师的职业道德和进行刑事辩护的权利。从1872年开始司法改革开始到1893年正式施行律师制度,整整经过了二十年时间。晚清司法改革伊始就实行律师制度难免操之过急。双方争论的结果是该草案被搁置,律师制度未能骤行。但关于是否实行律师制度的争议一直没有停止。

在光绪三十三年十月通过的《各级审判厅试办章程》对诉讼代理和代理人的权限作了规定,这是对传统司法审判中禁止讼棍代理诉讼的重大突破,为施行律师制度打开了一个缺口。到宣统元年年末颁布的《法院编制法》就正式规定了律师辩护制度。宣统二年,清廷派时任京师高等检察厅检察长的徐谦和奉天高等审判厅厅丞许世英出使欧洲考察各国司法制度,归国后,在其《考察司法制度报告书》的"审判制度"一章里重点介绍了律师制度:"欧美虽法派不同,要使两造各有律师,无力用律师者,法庭得助以国家之律师。盖世界法理日精,诉讼法之手续尤繁,断非常人所能周知,故以律师辩护,而后司法官不能以法律欺两造之无知。或谓我国讼师刁健,法律所禁,不知律师受教育,与司法官同一毕业于法律,其申辩时,凡业经证明事实,即不准妄为矫辩,是有律师,则一切狡供及妇女废疾之紊乱法庭秩序,在我国视为难处者,彼皆无之。因律师之辩护,而司法官非有学术及行公平之裁判,不足以资折服。是固有利无弊者也。"① 该报告书的观点总结起来就是律师辩护能够防止法官以法律欺两造之无知,乃有利无弊之举。到宣统三年,奉天高等审判厅正式向朝廷请求建立律师制度:

查审判制度,各国虽略有不同,而利用律师以保障诉讼之权利,征之东西各国,殆无不一致。我国省城及商埠审判厅业于年前次第

---

① 《各省审判厅判牍》之附则部分。

成立,自应及时筹设律师,以为人民辩护之资而补助检审之不逮。查宪政编查馆核该法院编制法第六十四、六十六、六十八各条,于律师之辩护案件及其处分、制服早经规定。又法部奏定实行筹备事宜清单内载:《律师注册章程》限于年内拟订,是律师之不可缓设,馆部均已先见及此。况奉省高等及省城地方初级各审判、检察厅开办之期,先于各省者已有三载,一切法制事事遵照馆部所颁实行,现均大致就绪。则律师项正宜及时试办,以为各省之向导而资改良之借镜。拟请详院咨请法部编订律师暂行试办各项章程,并请法部招集京师法律毕业学员考取律师,于本年秋初先行分发二十员来奉,以便任用。一俟分发人员到奉后,拟请司使,即将律师养成所成立,俾资练习,以三个月为期,满期即分派高等及省城地方初级各厅先行试办,办有成效,再以三个月推广各厅,以期画一。①

司法机关在请求建立律师制度的同时,民间也有人向官府请求设立,比较有代表性的是奉天府自治优等毕业学员黄金标、裴廉清等代表奉天全省各城镇乡地方全体自治毕业学生向东三省总督的请求:

今之环球各国,专重辩护士一科,小者辩护于一乡,大者辩护于国际,于惯习习惯之风,隐弊弊隐之处,就势发明,随的指陈,宿弊不生,利益无滞,商民得兴,国家则胜。当日之时局,藩篱大开,商埠林立,正值多事之秋,国际交征之际,任翩翩之逸少,矫矫之腐败,未选之先,情面相容;既选之后,假弊多生:设赌贩烟土者,使假纸币、银币者,及新生监工爆发者,携款潜逃者,革命之内而革命者。于去岁九月初九日,摄政公有曰:民财之取已多,而未办一利民之事。司法之诏屡下,而实无一守法之人,亦可见矣。现虽有报馆侧鼓旁吹,亦难为删锄之计,莫若仿照泰西各国,重中历代将兴之言官,直证以往将来之失,现时容隐回护之弊,以期清平。果任各都督之兵威,仅可维持其表,难澈清其里,可立见矣。禀恳辕下应天顺数,即时照准,饬分行各界实行共合,不假兵威,先重辩护,弊者有惊心,尊荣无尸位以得

---

① 《各省审判厅判牍》之"公牍类一"。

实利而收远效,理合禀恳督宪施行。

结果是所请不准,东三省总督认为,"辩护士为保障人民之诉讼,关系至重,未有此项专门人才,不能设立。来案文理尚未通顺,并不知辩护士之意义,牵行率请,殊属冒昧,又自称为全省自治代表,犹属荒谬。所请不准,并斥。"①

晚清各直省省城商埠各级审判厅设立之后,在正式生效的《法院编制法》中有律师辩护的规定,有些审判厅已经意识到设立律师制度的必要性,民间也有大量的要求施行律师制度的呼声并有人向官方请愿,到此时设立律师制度的时机应该比较成熟,为什么朝廷却对此不加理会,一味以人才不足相推脱?一直到清廷灭亡,律师制度也没有建立起来。到底人才不足是否真正是设立律师制度的主要障碍,下面拟作分析。

早在宣统二年法官考试之前,邮传部主事陈宗蕃就上折主张应该尽快设立律师制度,并驳斥了所谓借口人才问题而延缓设立律师制度的意见,"律师之用,所以宣达诉讼者之情,而与推事相对待,有推事而无律师,则推事之权横而恣。今推事设矣,而录用律师,必迟至一二年以后,则奚以故,或谓律师关系甚重,必待造就相当之人才,始可设立,否则弊与旧日之讼师等固也。然推事关系犹重于律师,奚为不待诸人才造就之后。或谓考试法官与考试律师同年并举,事务太繁,固不可不分年筹办。然法部所司为何,岂并此一请派考官预备试卷之劳,而亦靳之"②。且前面分析了各级审判厅面临的人才问题就得出并不是人才不足,而主要是有人而不能用造成了"人才不足"的假相,所以人才不足只是拒不建立律师制度的堂皇借口。真正的原因在于专制制度欲保持其对国家权力的垄断。虽然晚清迫于外力设立各级审判厅,实行司法权的独立,但各级审判厅只是受皇帝的委托行使司法审判大权,而律师在法庭上利用法律为当事人辩护,站在与作为皇帝代表行使司法权力的推事的对立面就理所当然地侵犯了

---

① 辽宁省档案馆馆藏奉天高等检察厅档案胶卷,第 3252—3253 页。
② 《邮传部主事陈宗蕃陈司法独立之始亟宜预防流弊以重宪政折》,见《清末筹备立宪档案史料》下册,第 882—883 页。

皇帝对权力的垄断。故当时就有人指出："泰西则务伸民气，谓人人有自主之权，彼此互争，专借律师为枢纽。苟有一端之善，一节之长，务当代为争辩。必至理屈词穷，智尽能索而后已。在承审、陪审者，转若置身事外，作壁上观。直待胜负既分，坐受其成而已。其不能不重用律师者，势也。然则中国之严禁，恶其挠上之权也。西国之重用，欲其伸民之权也。"① 正是这种君权与民权的对立是晚清律师制度不能设立的根本原因。

　　在西方的司法审判制度中，律师制度具有非常主要的意义。社会文明程度的加深，调整个人与个人之间、国家与个人之间的法律规则也随之复杂，诉讼当事人需要律师维护其权利，需要律师的意见去引导其行为，总之律师与个人的生活密不可分。律师与法官同作为法律职业共同体的成员，本着对法律规则的了解，相似的法律训练形成了共通的思维方式，双方在法庭上的对立和监督，可以防止法官的武断和恣意，确保案件的公平审理。所以，律师制度对于法院判决的公正性有很大的关系。律师产生于法律职业者阶层中，同时又对法律职业团体的巩固和影响的扩大有促进作用。在晚清，省城商埠各级审判厅开始运作，因为没有建立律师制度，且在法官的素质，尤其是职业道德水平不高的情况下，当事人受教育程度不高，容易给法官武断、恣意乃至营私舞弊的机会，此其一；独立的司法权力在中国这样一个具有高度专制传统的行政主导性国家里最容易受到行政权力的侵蚀，而抵御其侵蚀的力量之一就是法律职业共同体的集体努力，法律职业共同体的形成又离不开律师制度的建立和完善。法律职业共同体的力量主要还是来自律师界，律师在为当事人提供法律服务，为当事人信赖，并可能与当事人形成程度不同的亲善关系，而任何社会成员都是潜在的当事人，律师界的声音最有可能得到社会大众的响应和支持。因此，律师制度不仅可以防止法官的专断和恣意，也是司法独立的重要保障。晚清各级审判厅的运作没有律师制度的支撑是其遭遇的又一障碍。

---

　　① 顾家相：《中国严禁讼师外国重用状师名实异同辩》，见《皇朝经世文续编》卷四"法律"。

二、晚清的陪审思想

沈家本在《奏进呈诉讼法拟请先行试办折》中考察了陪审员制度在中国的起源,"考《周礼·秋官·司刺》掌三刺之法。三刺曰讯万民,万民必皆以为可杀,然后施上服、下服之刑。此法与孟子'国人杀之'之旨隐相吻合,实为陪审员之权舆……今东西各国行之,实与中国古法相近。"沈氏此说,乃是为在中国实行陪审制度减少阻力而发,政治上的考虑多于纯粹学术上的考察,《周礼》所记载的乃是一种理想化的政治构想,在周代乃至整个远古根本没有实行过,其中所记载的"三刺"最多只是陪审思想的萌芽,根本谈不上一种制度化的建构。陪审制度是西方的产物。关于陪审制度,学界有英国起源说,有日耳曼起源说,本书所论并不在此,但其起源于欧洲则无疑义。

陪审制度的英文译词为"Jury System",有广狭二义,广义上的陪审制度指的是非官吏的普通公民宣誓以后共同参与关于一定公务之事实的及法律的审判之制度;狭义上的陪审制度指的是非官吏的普通公民宣誓以后共同参与一定刑事审判中的事实之制度。本书主要谈的是狭义上的意义。

英国的陪审制度自大宪章确定英国臣民享有同辈审判的权利以后,逐渐发展出近代的陪审制度。英国的陪审分为起诉陪审和公判陪审,广泛运用于刑事和民事案件的审理。欧洲大陆国家的陪审制度起源于法国大革命之后,其动机则为政治的,一为保障人民权利自由,二为主权在民原则的影响,因此认为陪审员乃国民之代表。德国采用陪审制度的动机,一是由于法国的经验,二是由于旧司法制度继续施行存在困难。以后国家模仿实行陪审制度,政治考虑渐渐减少而社会因素的考虑越来越多。其后,陪审制度为欧洲大陆国家广泛采用。在日本明治四十二年(宣统元年)才有人提出采用陪审制度,而且直到清朝灭亡,日本也没有实行陪审制度,其一般的理由在于国民程度不高,因此选择合适的陪审员不易。

19世纪末20世纪初盛行于欧洲的陪审制度不只是具有纯粹司法方面的意义,而且具有重要的政治和社会意义。就司法审判上的意义而言，由于法官必须凭借其专门的知识和经验，解释适用法律，认定事实理由，并将它们作为审判案件的基础。但法官因职业的缘故，不能与一般人常为交际，有时且须规避与他人来往，对于社会上的世态人情，无接近了解的机会，因此不流于皮相，即入于迂阔，此其一；审理刑事案件的法官，长期与犯罪分子和犯罪事件打交道，容易产生先入为主的有罪判断，不免有好用严刑峻法的倾向。这两个方面，都是专业法官断案所容易引起的弊端。陪审制度的设立，就是为了防止这些弊端的。就政治意义而言，在西方国家，陪审制度与议会制度相呼应，两者都是该国民主与法治已达到什么程度的标志。其社会意义则在于陪审员系自民间选任，大多数必不能像法官一样为法学专家，他们缺乏法律的修养，虽然对审判手续、法律适用、判例意旨的解释等方面未必一一了解，但是对于时代精神，则每能把握。故于每一案件之事实问题，能本法律专门家以外之正义标准，而加以认定。可以救济顽固迷信法律成文者之失，同时也给了这些来自普通民众的陪审员以学习法律规则和审判程序的机会，有助于培育其法律意识。

中文陪审制度一词，是从英文 Jury System 翻译而来。该词最早出现于 1856 年在香港出版的名为《智环启蒙》的由英人编译的英汉对译教科书，其第一百四十六课，即是叙述陪审制度。[①] 该书于 1864 年再版。1865 年日本江户加以翻印，于是陪审一词，乃流于日本。东方关于欧西法律之名词翻译，大都先由日人译成，而后传入中国。而此陪审之名，则先译成中文，而后为日本采用。

与律师制度相似，陪审制度及其背后所体现的思想在近代中国的传播与领事裁判权在中国的存在也有相当大的关系。在上海公共

---

① 其英文原文是："Lesson 146. Trial by jury—Trial By Jury is an excellent institution of Britain. According to it, twelve of the people attend at the court with the judge, to determine whether prisoners are or are not guilty of crime. It is their business to hear the accusation, to listen to the witness, to attend to the defence, and to bring in the verdict, upon which the judge passes sentence according to the law." 中文译文："第一百四十六课：陪审听讼论——陪审听讼，乃不列颠之良法也。其例乃审司坐堂判事时，则有民间十二人，陪坐听审，以断被告之人有罪与否。其十二人，宜听讼辞、辨证据、察诉供，然后定拟其罪之有无，上告审司，于是审司照法定案。"转引自阮毅成：《陪审制度》，世界法政学社出版，世界书局 1933 年版。

租界的领事法庭审理重大刑事案件一般都选择陪审员进行陪审。陪审制度在近代中国的另一个传播途径是近代来华的外国人和到过西方的中国人在其著作里对陪审制度向国人进行了介绍。如佛兰雅在《佐治刍言》一书第九十三节对英国和法国实行的陪审制度作了简要介绍:"其审问时,必另派本处绅士十二人,与问官会审,其人有罪、无罪,必由十二人拟有定断,然后官可照办,但被告者若于十二人内指明何人与有仇隙,则问官必另派一人,盖必十二人俱为被告所佩服,方能会审。此律法已经行之数百余年,故国中从无冤抑不伸之事。后法国等处知其立法之善,亦欲令国中仿照英律办理。惜各处向无此风俗,人皆以为不便,其法卒不能行。"① 我国关于陪审制度之文字,以《法律周报》中的《陪审制度述略》一文为最早,但在当时被视为新奇之论。随时推移,陪审制度到20世纪初已经为很多国人所了解。

光绪三十二年(1906),伍廷芳起草《大清刑事民事诉讼律》,其第四章第二节有陪审员之规定,其内容受英国陪审制度的影响,不分民刑诉讼,一律援用。伍氏在其奏折中提议:"嗣后各省会并通商巨埠及会审公堂,应延访绅富商民人等,造具陪审员清册,遇有应陪审案件,依本法临时分别试办。如地方僻小,尚无合格之人,准其暂缓,俟教育普被,一体举行。庶裁判悉秉公理,轻重胥协舆评,自无枉纵深故之虞矣。"伍氏主张中国实行陪审制度最主要的理由就是陪审员会审案件,可以补法官之不足,"国家设立刑法,原欲保良善而警凶顽。然人情涛张为幻,司法者一人,知识有限,未易周知,宜赖众人为之听察,斯真伪易明。若不肖刑官,或有贿纵曲庇,任情判断及舞文诬陷等弊,尤宜纠察其是非。"② 设立陪审制度的主张遭到了强有力的反对,其理由就是中国人程度不够,骤然实行陪审制度,会造成不见其利,仅见其害的结果。③ 伍氏设立陪审制度的主张因此受挫。该草案

---

① 《佐治刍言》,上海书店出版社2002年版,第37—38页。
② 《修律大臣伍廷芳等奏呈刑事民事诉讼法折》。
③ 如时任湖广总督的张之洞在《遵旨核议新编刑事民事诉讼法折》中指出:"自承审官、陪审员以致律师证人等,无专门学问,无公共道德,骤欲行此规模外人貌合神离之法,势必良懦冤抑,强暴纵恣,盗已起而莫惩,案久悬而莫结。此臣所谓难挽法权而转滋狱讼者也。"见李贵连:《沈家本年谱长编》,第166页。

第二百零八条所定陪审员之职务,是"助公堂秉公行法",似乎陪审员可以干涉法官适用法律的职权,已经类似于参审了,失去了英国创制陪审制度的精义。该草案对陪审员资格的限制,也比法国的宽。对于那些玩忽职守的陪审员的罚款,没有法国的再犯加重的处置。因此,对于伍廷芳设计的陪审制度,能否达到预期的效果值得怀疑。但是他规定陪审制度的初衷,还是出于与世界接轨从而收回领事裁判权的需要,是值得肯定的。

徐谦和许世英等撰的《考察司法制度报告书》也介绍了西方各国的陪审制度,并把陪审制度与检察制度放在一起,盖其所指的陪审乃俗称为大陪审的起诉陪审,"各国有并用检察及陪审官者,法、德、奥、义、俄是也。有专用陪审官者,英、美是也。有专用检察官者,荷兰、日本及我国今制是也。陪审之制,以司法独立,法官之权过大,故裁判之事实点必须陪审官断定之。法官只定其法律点而已。此制发源于英。而裁判绝无枉滥,固其效也"①。他们认为,我国采用检察制度,当务之急是使司法者确知检察之为用,遂暗示在中国设立陪审制度乃可行可不行之事。

关于在中国是否采用陪审制度,除了在讨论《刑事民事诉讼律》草案发生争议外,晚清再没有为此发生大的争议,这一点与律师制度在晚清的一直发生争议不同。其原因在于,陪审制度虽然是法良意美,但是晚清并不存在实行陪审制度的条件。

陪审制度最大的优点在于陪审员决定事实问题,足以抵抗政府侵犯人民权利的专横与武断,并为保障人民自由之利器。陪审员来自民间,不若司法官头脑凝结、易有成见。陪审员当庭聆悉案情,其所决定者,自属无偏无党,相对公平。通常司法官即于合议庭之时,人数亦不过三五人,而陪审员则例为十二人,为一人数较多之团体。此多人各有各的品格与见解,可将各种理由,均行容纳。而有如此多的人参与司法权的行使,更可使大多数人民借以了解民刑法之知识,有利于法律教育的普及。但当时的社会情况,则与此相冲突。

---

① 《考察司法制度报告书》。

第一,中国是一个特别讲究人情和面子的社会①,选任出来的陪审员有权力决定案件的事实,则请托、情面等都可能使案件的裁判有失公平。第二,在晚清,地方豪绅具有相当大的势力,如果由来自民间的陪审员决定由豪绅充任当事人的案件事实问题,如果一秉自己的判断而不答应豪绅的要求,陪审员岂不担心豪绅及其党羽的报复? 如此,陪审极有可能为豪绅操纵而反失公平之司法审判。第三,参与陪审,充任陪审员乃属于公务之范围,陪审制度的成功需要有热心公务的公民。而我国民众在长期的专制压迫之下,相对缺乏公益观念,因此要他们担负义务经常出入法庭,则避之犹恐不及。即便以处罚加之于后,则亦是勉强从事,能达到陪审之目的吗? 第四,传统中国是一个官本位社会,普通百姓见官则恐惧莫名。如果让普通齐民充任陪审员,既无法律知识,又有畏官心理,很少不为法官所操纵,也不能起到陪审之作用,反而可能劳民伤财。当时主张实行陪审的一个重要理由是:若不实行陪审制度,就没有与世界接轨,就不能收回领事裁判权。而日本在1899年收回领事裁判权之时就没有实行陪审制度,所以该论点也失去了其说服力。这种种原因交织在一起,导致了晚清陪审制度终未能实行。

晚清各级审判厅在筹设和运行过程中遭遇了巨大的障碍,主要来自四个方面:行政干预妨碍独立审判;财力的困难;人才利用不当导致人才的相对匮乏、法官素质偏低;与司法审判密切相关的律师制度等配套制度建设未能到位。这四个方面,任何一个都足以使各级审判厅对案件的审理陷入困境,何况这四个因素一起发生作用。但由于收回领事裁判权的动力之下,法官们的努力以及朝廷的相对重视,各级审判厅对案件的审理质量大为提高,并制作了一大批具有创新意义,在今天看来质量都很高的判决书,其成就显然。其在司法审判方面的开创意义应该得到后代的肯定。它为民国司法审判方面的改革奠定了基础。

---

① 林语堂先生曾阐述了这个问题。参考林语堂著、郝志东和沈益宏译:《中国人》,学林出版社1994年版。

结　语

晚清政府基于收回领事裁判权的需要进行了司法改革,各级审判厅的设立并进行民刑案件的分庭审理是其地方司法改革最重要的事情。各级审判厅的设立由于人力、物力以及整个社会情况的制约,基本只限于省城商埠及其部分近郊地区,但其成果是及其显著的。关于此点,通过与先于各级审判厅设立的作为中央司法改革举措的大理院相比则更为明显。

有关清末大理院实际运作资料的保存甚至不如各级审判厅的相关资料完整,这也是研究清末大理院面临的一个困难。有关清末大理院的资料,除了当时大理院推事的回忆文章之外,相对比较集中的是第一历史档案馆馆藏的晚清法部档案中的大理院部分,但其数量极其有限。① 考察相关档案,我发现其判决与传统的由法部相关部门制作的《刑案汇览》三编等司法文件在风格和内容上都没有太大的差异。而相反,各级审判厅制作的判决书与原有的行政主官制作的判词比较,所体现的风格、结构和内容诸多方面有重大变化。通过这种同阶位的比较则可以得出结论,即地方各级审判厅的改革所取得的成就远较大理院大。本书通过对各级审判厅的研究,以为至少存在两个原因:首先,晚清的法官考试制度的确立,天津的法官试验、奉天和京师的法官考试都只限于各级审判厅,而宣统二年京师所举行的全国性法官考试所录取的法官一般都分发到地方和初级审判检察厅,所以通过法官考试制度选拔的新式法官基本上和大理院的人事没有关系,与各级审判厅不同,大理院基本上为守旧人事把持,即使有部分留学外国的法政毕业生侧身其间,在守旧的氛围中也难以施展才华。大理院的推事都是五品以上的官员,位高则顾虑多,即使想

---

① 该馆馆藏大理院档案序号为法部档案案卷目录31。

革新也难免勇气不足。此其一。还有一点就是与大理院所管辖的案件有关系，在各级审判厅成立之前，大理院管辖的案件是官犯、国事犯、京控以及会同宗人府审理的重罪案件，而最主要的工作还是承担传统司法体制内刑部作为天下刑名总汇的职责。在各级审判厅成立以后，虽然也要审理不服高等审判厅的上诉案件，但是由于各级审判厅管辖的区域相对于仍旧按照传统司法体制运作的地区毕竟只占很小的一部分，所以由于主要管辖案件的性质所限，在创新的路上不可能走得太远。

设立全国各级审判厅作为预备立宪的一项重要工作，晚清政府鉴于对国家基本情况的考虑，拟分三步：设立省城商埠各级审判厅只是第一步，接下来是筹设府厅州县城治各级审判厅，最后是设立乡镇初级审判厅。由于清政府于宣统三年迅速灭亡，只完成了筹设审判厅工作的第一步。按照晚清政府的实力，完成筹设省城商埠各级审判厅就比较勉强。在清政府行将灭亡之前，要求各省督抚计划筹设府厅州县城治各级审判厅和乡镇初级审判厅，各省督抚大多感到力不从心，其中山东巡抚袁树勋上奏朝廷，按照朝廷计划，每一府厅州县须设立一地方审判厅和一初级审判厅和三四个乡镇初级审判厅，就每年所需薪金，每一府厅州县当在三万两以上，全国则须五千万两，而且还不包括建筑费用。因此，"既虑国家无此人才，抑亦断无此财力"，只能寻求变通办法，即"府直隶州设立地方审判厅一所，而于有辖地之府及厅州县设立初级审判厅一所或二所"①。清廷迅速灭亡，此问题留给了民国政府。民国政府也没有能力解决此人力和财力问题，因此在民国三年针对晚清没有设立审判厅的地方颁布了《县知事兼理司法事务暂行章程》和《审理诉讼暂行章程》，使行政官兼理司法事务及其程序成为合法现象。当时并不一定要求必须设立承审员，刑名师爷在实际上可以代替承审员审理案件。民国六年颁行《县司法公署组织暂行章程》，目的是减少县知事兼理司法的现象，并希望县司法公署成为筹设地方法院的基础。民国二十五年（1936）南京

---

① 《宪政编查馆会奏遵议变通府厅州县地方审判厅办法折》，见《大清法规大全》，法律部之审判，卷八。

政府颁布的《县司法处暂行条例》，就性质而言，与《县司法公署组织暂行章程》有相似之处。虽然南京政府在司法改革方面比较重视，也花费了很大的精力，但整个民国时期，法院并没有在全国完全建立起来。所以在中国这样一个幅员辽阔、人口众多且受教育程度低的国家全面建立正规的法院面临很大的困难。中华人民共和国成立之初，在全国所有的地方都建立了各级法院，而当时的法学教育以及法律人才皆不如民国时期，故法官的质量理所当然迅速降低。这种情况到现在仍然继续着。所以，在中国法律近代化过程中建立普遍的各级法院存在两种办法，一是考虑才力和人力的具体情况，到条件成熟之后分地区筹建，此为渐进式的法院筹设方式；一是在全国范围内以运动的方式普遍设立，然后在设立过程中逐渐改良，此为急进式的法院筹设方式。历史帮助我们选择了急进式的法院筹设方式。这种方式就决定了法官队伍建设的极端重要性。而建国以来几十年从整体上来讲，由于司法不被重视，法官队伍建设也殊少实质性进步。所幸的是近年已经意识到这个问题的重要性。欲获得公正的司法保障，完成司法推动立法甚至法律体系乃至整个社会进步的功能，其前提是存在一个高度专业化基础之上的高素质法官队伍。当然，欲造就一个高素质的法官队伍，有很多因素在中间起作用，但严格的法官选拔制度不可或缺，而晚清的法官考试制度的确立及其实际操作当不无借鉴。

中国传统司法中的案件审理民刑不分的现象在各级审判厅的制度建构和审理实践中得到了根本的改变。就各级审判厅对案件的审理情况而言，在法规相对健全的情况下，其推事们基本上还是严格依照成文法规的规定审理案件，这主要体现于刑事案件的领域。在民事领域，由于成文法规缺乏，或者是现存的成文法条因与社会情况滞后，而大规模的新立法又因为种种因素无法生效的时候，各级审判厅的推事们抓住了历史赋予他们的机会，开始采用西方法理来裁判案件，进而完成逐步改良法制和社会的目标。这一点，与英国光荣革命前后司法部门的举措类似。英国当时的改革，用立法和行政的程序少，而采用司法裁判的多，其好处就在于"避免以通令的形式，强迫一体照办,而系针对真人实事,在法律的面前,按公平的原则斟酌取舍,然后积少成多,造成系统"①。这种做法为民初的大理院所继承并发展。民初大理院以创新规范、阐释法律和漏洞补充等形式,在立法作用有限的情况下,"肩负起'司法兼营立法'性质的双重任务,不仅维护了法制变更的过渡,而且推动了中国法制的前进"②,进而在一定程度上改造了社会。如果说,民初大理院的判决例对于民国民法典的制定和民法体系的建构有重要作用的话,那晚清各级审判厅在这方面进行的尝试和开创性工作则不应抹杀。

司法独立在西方先是一种反对专制制度下法官专断恣意的思想观念,随后落实到制度,是西方近现代司法的一项基本原则,成为西方法律近代化的重要标志。为了保障司法独立能够落到实处,西方还建立起了一套比较完整和可行的保障机制,如严格的法官任用制、法官的不可更换制、法官专职及中立制、法官的高薪制和退休制、法官不受民事起诉的豁免权、自由心证制和法官惩戒制等。③ 在中国法律近代化的过程中,司法独立先是作为一种思想观念进入的,并逐渐在统治集团内部渐占上风,到大理院和法部的设立,司法独立作为思想观念初步演变成一种制度,随后各级审判厅的设立则是此种制度的深化。尽管像西方那样的保障司法独立的配套机制由于时间紧迫的关系未能全部建立起来,法官独立审判案件仍然会受到行政权力的干预,但不管是与各级审判厅设立之前的中国行政官员兼理司法制度,还是与各级审判厅同时的全国其他广大地区依然保留的传统司法制度比较,其审判案件的质量明显提高,从事实方面肯定了司法独立的价值。民国以后司法独立的观念基本成为司法方面的主要法意识形态。不管是民初的县知事兼理司法,还是县司法公署以及南京政府的县司法处的设立及其运作,从现象而言,和各级审判厅比较,似乎是历史的退却,但在此种制度设立之时,制度的设计者已经

---

① 黄仁宇:《放宽历史的视界》,中国社会科学出版社1998年版,第242页。
② 黄源盛:《大理院司法档案的典藏整理与研究》,见氏著《民初法律变迁与裁判(1912—1928)》,第121页。
③ 谭世贵:《论司法独立》,载《政法论坛》1997年第1期。

意识到那是暂时不得已之举,已经从另一方面肯定了司法独立的价值。县知事兼理司法这个词出现的本身就是对司法独立的肯定。在传统观念里,知县理刑乃天经地义的事情,此时还要用"兼",其反面是"不兼",这表明行政和司法是两件事,是分开的。建国前后,新政权虽然对国民政府的六法全书作了彻底的否定,但司法独立的观念在某种程度上延续下来,成为"独立司法"或"独立审判"。在中国法律近代化过程中,司法独立观念和制度建构产生了重要的积极作用,并且还会影响今天及以后的中国法律的发展。

晚清筹设各级审判厅和维持其正常运作遇到了来自领事裁判权、财力、人力、思想观念等诸多方面的障碍。在如许沉重的障碍面前,作为中国开天辟地的尝试,其能取得如此成绩,当十分不易。民国政府也长期受这些内外障碍的制约。抗战结束后,领事裁判权对司法改革的负面影响没有了。但似乎没有了外在的压力,我们自己好像也失去了改革的动力和紧迫感,这是历史的悲哀。建国后,我们一方面面临专业法学人才的缺乏和财力薄弱的问题;另一方面受阶级斗争意识形态的影响,司法一度长期被忽视,以致法院曾一度被取消。幸而今,我们终于意识到过去的荒唐,司法独立和司法改革被越来越多的谈及,法官、律师和法学研究人员的社会地位逐渐提高,法官考试制度已经确立等等。这些现象是整个社会的法意识形态逐渐走向正规的表现。现在国家经过二十多年的稳定发展,财力相对雄厚,由于教育政策的宽松,法学人才的培育正在走向成熟,其质量和数量都在快速增长。所以,晚清设立各级审判厅的内外障碍都基本克服,如果我们还是在没有压力就没有动力的情况下保持原地踏步的姿态而不能真正促进中国司法审判的现代化,那我们将愧对一百年以前的先人,只能为后人耻笑!

尽管本书对各级审判厅进行了初步研究,但各级审判厅所进行的司法判决的执行情况若何,本书没有能够进行深入考察,虽然作者意识到了这个问题。之所以如此,除了资料的搜集困难之外,我以为,一方面这涉及一个更基本的问题,即筹设各级审判厅是属于学习西方法律文明的范畴。而近代中国学习西方法律文明的惟一经过详密论证的正当性理由是来自西方的威胁而对我们的刺激,先是"船坚炮利",后是政治法律制度,具体到司法,则是领事裁判权的存在。但对于来自不同文化背景之中的法意识及相关的制度建构能否被我们所接受等诸如此类的问题在整个近现代中国的法学界乃至整个思想界都没有能够进行充分的思考和论证。还可以追问,如果承认外在的刺激乃近现代中国学习西方的惟一正当性根据,那无异肯定了"强权即是公理"和合理性,这将从根本上否定了法自身。产生这种荒谬推论的直接原因是缺乏对学习西方法正当性缜密论证,这种缜密论证的缺乏又是对中国自身的法律文明和西方法律文明没有深入把握和理解的结果。此种情况所造成的后果是对西方法律文明的机械移植,遂产生更严重的消化不良现象,甚而可能出现巨大的反动和制度的"虚置"等问题。费孝通等老一辈社会学家早意识到这个问题在司法审判方面的反映,"中国正处在从乡土社会蜕变的构成中,原有对诉讼的观念还是很坚固的存留在广大的民间,也因之使现代的司法不能彻底推行",其理由在于"现行法里的原则是从西洋搬过来的,和旧有的伦常观念差异极大"。具体说来,就是"在中国传统的差序格局里,原本不承认有可以施行于一切人的统一规则,而现行法确是采用个人平等主义的。这一套已经使普通老百姓不明白,在司法制度的程序上又是隔膜到不知怎么利用。在乡间普通人还是怕打官司的,但是新的司法制度却已推行下乡了"①。尽管费氏说的是民国四十年代的事情,但所反映的问题自中国学习西方审判制度以来一直存在。鉴于各级审判厅判决的执行情况对于研究各级审判厅具有重大的学术意义,且其可能牵涉到的问题对于我现今的学养来讲力所未逮,当是以后研究的着力所在。

---

① 费孝通:《乡土中国·生育制度》,北京大学出版社1998年版,第57页。

参 考 书 目

一、原始文献[①]

1. (清)朱梅臣辑:《驳案汇编》,光绪九年图书局铅印本。
2. 《大公报》,宣统三年九月。
3. 《大理院档案》,中国第一历史档案馆馆藏档案。
4. 《大理院统计表》,光绪三十二年铅印本。
5. (清)政学社编:《大清法规大全(光绪二十七年至宣统元年)》,政学社石印本。
6. 《大清光绪新法令》,宣统元年商务印书馆。
7. 《大清会典》。
8. 《大清律例》之诉讼、断狱两门。
9. 杨立新点校:《大清民律草案·民国民律草案》,吉林人民出版社2002年版。
10. 沈家本等编:《大清民事诉讼律(草案)》,修订法律馆铅印本,宣统三年版。
11. 修订法律馆纂修:《大清现行刑律》,宣统二年官印本。
12. 沈家本等编:《大清刑事诉讼律(草案)》,修订法律馆铅印本,宣统三年版。
13. 《大清宣统新法令》,商务印书馆1912年版。
14. 谢怀拭译:《德意志联邦共和国民事诉讼法》,中国法制出版社2001年版。
15. 《调查日本裁判监狱报告书》,北京农工商部印刷科,光绪丁未年五月。
16. 《法部档案》,中国第一历史档案馆馆藏档案。
17. 《法部审定法制汇编》,宣统二年法部律学馆石印本。
18. 《法部奏定考试法官主要科应用法律章程》。
19. 郭云观编:《法官采证准绳》上编,序聚珍仿宋印本,1920年版。
20. 上海政学社编:《法官须知》,1912年版。
21. 印铸局官书科编:《法令辑览》第六册之"司法"、第九册之"行政审判及诉愿"、第十册之"统计与附录",北京印铸局经理科印行,1917年版。
22. 《丰城县熊陈氏控陈致辉等逼令伊夫熊临祥投水身死案卷稿本》,北京大学图书馆藏。

[①] 以书名排序。

23. 奉天法政学堂编:《奉天法政学堂讲义》,宣统元年至三年,奉天法政学堂铅印本。
24. 《奉天高等审判所承德地方审判所民刑事案》,宣统三年钞本。
25. 司法部编印:《改订司法例规》,1922年版。
26. 《各省审判厅判牍》,上海法学编译社1912年版。
27. 《光绪朝东华录》。
28. 《广州地方审判厅冤陷之判词:邓酉舫诬控滥权案》,1912年铅印本。
29. 《河南各属讼决公布施行事件》,宣统元年石印本。
30. 《吉林提法司第一次报告书》,宣统元年,五卷,见中国科学院图书馆藏《续修四库全书》稿本。
31. 《京津时报》,宣统三年五—九月。
32. 《京内外各级审判厅官制》,光绪三十三年刊本。
33. 《考试法官必要》。
34. 《六部处分则例》。
35. 张篁溪编订:《律师甄别章程》,民初油印本。
36. 《美国刑律》,修订法律馆铅印本。
37. 《民国经世文编(法律)》,台湾文海出版社印行。
38. 张伟仁主编:《明清档案》,台湾"中央"研究院历史语言研究所,1986年版。
39. 《内阁刑科题本》,中国第一历史档案馆馆藏档案。
40. 《清朝续文献通考》之"宪政考"。
41. 《清代巴县档案汇编(乾隆卷)》,档案出版社1991年版。
42. 《清末筹备立宪档案史料》,中华书局1979年版。
43. 《清史稿校注》第五册之"职官志与刑法志",台湾国史馆,1986年版。
44. 《日本政法考察记——晚清东游日记汇编》,上海古籍出版社2002年版。
45. 《儒胥必知》,《续修四库全书》稿本。
46. 《山西高等检察厅司法纪实》,1914年铅印本。
47. 黄庆澜:《上海地方审判厅司法实纪》,上海中国图书公司1912年铅印本。
48. 《申报》,宣统三年八月—九月。
49. 马得润撰:《审判上应采宣誓制案》,民初油印本。
50. 邓炬撰:《署理江宁府句容县事公牍存稿》,清光绪年间活字本。
51. 中国司法部总务厅第五科编:《司法部民事统计年报》,第一次至第十次,1914年到1923年版。
52. 中国司法部总务厅第五科编:《司法部刑事统计年报》,第一次至第十次,1914

年到 1923 年版。
53. 商务印书馆编译所编辑：《司法法令（现行）》，上海商务印书馆 1914 年版。
54. 张篁溪参定：《司法会议议案》，1913 年油印本。
55. 直隶高等检察厅书记室编：《司法纪实》，第一期上、下编，天津华新印书局铅印本，1914 年版。
56. 《司法经费概算表》，1914 年油印本。
57. 司法部编印：《司法例规第二次补编》，1919 年版。
58. 司法部编印：《司法例规第三次补编》，1920 年版。
59. 《司法判词（最新）》，上海商务印书馆，1914 年版。
60. 黄庆澜编：《司法实记》，中国图书公司铅印本，1912 年版。
61. 商务印书馆编译所编：《诉讼须知》，上海商务印书馆 1915 年版。
62. 孙鑫源编：《现行律令判牍成案汇览》，上海文明书局石印本，1915 年版。
63. 《新疆审判厅筹办处司法报告书》，宣统三年铅印本。
64. （清）潘文舫等辑：《新增刑案汇览三编》，光绪十六年刊本。
65. （清）祝庆祺、鲍芸兰编：《刑案汇览》，道光十四年刊本。
66. 赵尔巽汇辑：《刑案新编》，清光绪二十八年兰州官书局排印本。
67. 童振海：《刑民工商事调解法规汇解（现行）》，上海广益，1931 年版。
68. 唐慎坊著：《䚒庐判状随录》，商务印书馆铅印本，1918 年版。
69. 北京市档案馆编：《杨度日记》，新华出版社 2001 年版。
70. 《征集司法经验录文件》，1932 年铅印本。
71. 《整顿中国条议》，《续修四库全书》稿本。
72. 《直省省城商埠各级厅厅数庭数员额表》，清末民初钞本。
73. 许世英：《治闽公牍》，民初铅印本。
74. 施沛生等纂：《中国民事习惯大全》，广益书局石印本，1924 年版。
75. 《中华民国史事纪要》（初稿），民国纪元前四年、前三年、前二年、前一年及中华民国元年五卷，黎明文化事业股份有限公司出版。

二、学术专著①

1. ［英］P. S. 阿蒂亚：《法律与现代社会》，辽宁教育出版社、牛津大学出版社 1998 年版。
2. 柏桦：《明清州县官群体》，天津人民出版社 2003 年版。

---

① 以作者、编者排序，作者相同，则以时间先后排序。

3. 〔美〕哈罗德·J.伯尔曼:《法律与革命——西方法律传统的形成》,中国大百科全书出版社 1993 年版。
4. 蔡枢衡:《中国法理自觉的发展》,河北第一监狱发行,1947 年版。
5. 陈承泽编:《法院编制法讲义》,商务印书馆,宣统二年版。
6. 陈承泽校订、陶希圣改订:《改订诉讼须知》,商务印书馆 1927 年版。
7. 崔运武:《中国早期现代化中的地方督抚》,中国社会科学出版社 1998 年版。
8. 〔美〕D.布迪、C.莫里斯著,朱勇译:《中华帝国的法律》,江苏人民出版社 1998 年版。
9. 〔美〕杜赞奇:《文化、权力与国家——1900—1942 年的华北农村》,江苏人民出版社 1996 年版。
10. 高道蕴、高鸿钧、贺卫方编:《美国学者论中国法律传统》,中国政法大学出版社 1994 年版。
11. 〔日〕高木丰三著、陈与年译:《民事诉讼法论纲》,上海商务印书馆,宣统二年版。
12. 耿文田:《中国之司法》,1932 年版。
13. 〔英〕弗里德利希·冯·哈耶克:《法律、立法与自由》,中国大百科全书出版社 1993 年版。
14. 〔日〕河谷弘之著、康树华译:《律师职业》,法律出版社 1987 年版。
15. 华友根:《薛允升的古律研究与改革——中国近代修订新律的先导》,上海社会科学院出版社 1999 年版。
16. 黄仁宇:《放宽历史的视界》,中国社会科学出版社 1998 年版。
17. 黄仁宇:《十六世纪明代中国之财政与税收》,三联书店 2001 年版。
18. 黄右昌讲演,李毓民、马澎之笔记:《法律的农民化》,1928 年中华初版,北京大学复校运动委员会学术讲演集之一。
19. 黄源盛:《民初法律变迁与裁判(1912—1928)》,台湾"国立"政治大学法学丛书,2000 年版。
20. 黄宗智:《清代的法律、社会与文化:民法的表达与实践》,上海书店出版社 2001 年版。
21. 吉同钧:《审判要略》,宣统二年法部律学馆石印本。
22. 〔美〕柯文:《在中国发现历史——中国中心观在美国的兴起》,中华书局 2002 年版。
23. 雷禄庆:《中国法制史》,台湾商务印书馆 1972 年版。
24. 李贵连:《沈家本与中国法律现代化》,光明日报出版社 1989 年版。

25. 李贵连：《沈家本年谱长编》，台湾成文出版社1992年版。
26. 李贵连：《沈家本传》，法律出版社2000年版。
27. 李贵连：《近代中国法制与法学》，北京大学出版社2002年版。
28. 李剑农：《中国近百年政治史(1840—1926年)》，复旦大学出版社2002年版。
29. 李穆等编：《民事诉讼法》，天津丙午社，光绪三十三年版。
30. 林端：《儒家伦理与法律文化——社会学观点的探索》，中国政法大学出版社2002年版。
31. 〔美〕罗斯科·庞德：《普通法的精神》，法律出版社2001年版。
32. 〔美〕罗斯科·庞德：《法律史解释》，中国法制出版社2002年版。
33. 罗志渊：《近代中国法制演变研究》，正中书局1974年版。
34. 孟森编：《(新编)法学通论》，商务印书馆，宣统三年铅印本。
35. 那思陆：《清代州县衙门审判制度》，文史哲出版社1982年版。
36. 那思陆：《清代中央司法审判制度》，文史哲出版社1992年版。
37. 欧阳葆真等编：《民事诉讼法》，湖北法政编辑社，光绪三十二年版。
38. 潘吉星编：《李约瑟集》，天津人民出版社1998年版。
39. 〔美〕任达：《新政革命与日本——中国,1898—1912》之第十章"中国的法律、司法与宪政改革：日本的蓝图和顾问"，江苏人民出版社1998年版。
40. 容闳著，沈潜、杨增麒评注：《西学东渐记》，中州古籍出版社1998年版。
41. 阮毅成：《陪审制度》，世界法政学社1933年版。
42. 〔英〕S.斯普林克尔：《清代法制导论：从社会学角度加以分析》，中国政法大学出版社2000年版。
43. 〔德〕萨维尼：《论立法与法学的当代使命》，中国法制出版社2001年版。
44. 沈家彝等编：《考察司法记》，1924年版。
45. 〔日〕松室致著、陈时夏译：《刑事诉讼法论》，商务印书馆宣统二年版。
46. 宋冰编：《读本：美国与德国的司法制度及司法程序》，中国政法大学出版社1998年版。
47. 苏萍：《谣言与近代教案》，上海远东出版社2001年版。
48. 苏亦工：《明清律典与条例》，中国政法大学出版社2000年版。
49. 孙晓楼：《法律教育》，中国政法大学出版社1997年版。
50. 谭春霖：《广州公行时代对外人之裁判权》，燕京大学,1936年版。
51. 陶希圣：《清代州县衙门刑事审判制度及其程序》，食货出版社有限公司1972年版。
52. 〔法〕托克维尔：《旧制度与大革命》，商务印书馆1997年版。

53. 汪世荣:《中国古代判词研究》,中国政法大学出版社1997年版。
54. 王伯琦:《近代法律思潮与中国固有文化》,出版时日不详。
55. 王伯琦:《王伯琦法学论著集》,台湾三民书局1999年版。
56. 王健:《中国近代的法律教育》,中国政法大学出版社2001年版。
57. 王健编:《西法东渐——外国人与中国法的近代变革》,中国政法大学出版社2001年
58. 王亚南:《中国官僚政治研究》,中国社会科学出版社1981年版。
59. 吴柏年编译:《裁判所构成法丛编》,湖北法政编辑社,光绪三十一年初版。
60. 吴吉远:《清代地方政府的司法职能研究》,中国社会科学出版社1998年版。
61. 吴经熊:《法律哲学研究》,上海会文堂1933年版。
62. 吴经熊、黄公觉:《中国制宪史》,商务印书馆1937年版。
63. 吴经熊:《超越东西方》,社会科学文献出版社2002年版。
64. 谢德化藏书:《法院组织法》,北京中国大学聚魁堂装订讲义书局1932年版。
65. 熊月之:《中国近代民主思想史》,上海社会科学出版社2002年版。
66. 徐朝阳著:《中国古代诉讼法》,商务印书馆1927年版。
67. 杨鸿烈:《中国法律思想史》,商务印书馆1998年版。
68. 殷海光:《中国文化的展望》,上海三联书店2002年版。
69. 展恒举:《中国近代法制史》,台湾商务印书馆1973年版。
70. 张礼垣:《从西方到东方——伍廷芳与中国近代社会的演进》,商务印书馆2002年版。
71. 张伟仁辑著:《清代法制研究》,台湾"中央"研究院历史语言研究所,1983年版。
72. 张一鹏编:《刑事诉讼法》,天津丙午社,光绪三十三年版。
73. 张仲礼:《中国绅士——关于其在19世纪中国社会中作用的研究》之第一章"19世纪中国绅士之构成和特征的考察",上海社会科学院出版社1991年版。
74. 赵晓华:《晚清讼狱制度的社会考察》,中国人民大学出版社2001年版。
75. 郑秦:《清代司法审判制度研究》,湖南教育出版社1988年版。
76. 郑秦:《清代法律制度研究》,中国政法大学出版社2000年版。
77. 〔日〕织田万著、陈与年译:《清国行政法》,上海广智书局,光绪三十二年版。
78. 周育民:《晚清财政与社会变迁》,上海人民出版社2000年版。
79. 朱勇:《清代宗族法研究》,湖南教育出版社1987年版。
80. 〔日〕滋贺秀三著、王亚新译:《明清时期的民事审判与民间契约》,法律出版

社1998年版。

81. 〔日〕滋贺秀三著、张建国和李力译:《中国家族法原理》,法律出版社2003年版。

82. 邹麟书编:《刑事诉讼法》,湖北法政编辑社,光绪三十二年版。

三、学术论文

1. 安新予:《清末民初法政专科学校教育》,中山大学孙中山研究所编:《孙中山与近代中国的改革》,中山大学出版社1999年版。
2. 曹培:《清代州县民事诉讼程序初探》,《中国法学》1984年第2期。
3. 陈景良:《讼学与讼师:宋代司法传统的诠释》,中南财经政法大学法律史研究所编:《中西法律传统》第一卷,中国政法大学出版社2001年版。
4. 程漫红:《西学东渐与近代中国思想》,北京大学哲学系学位论文。
5. 迟云飞:《清季主张立宪的官员对宪政的体认》,《清史研究》2000年第1期。
6. 邓智旺:《旧桂系时期广西审判制度述评》,《南宁师范高等专科学校学报》2000年第1期。
7. 〔日〕宫崎市定:《清代的胥吏与幕友》,《日本学者研究中国近代史论著选译》之第六卷明清,中华书局1992年版。
8. 〔日〕谷口安平:《程序公正》,见宋冰编:《程序、正义与现代化——外国法学家在华演讲录》,中国政法大学出版社1998年版。
9. 韩秀桃:《清末官制改革中的大理院》,《法商研究》2000年第6期。
10. 何家弘:《陪审制度纵横论》,《法学家》1999年第3期。
11. 贺卫方:《中国的司法传统及其近代化》,《20世纪的中国:学术与社会·法学卷》,山东人民出版社2000年版。
12. 〔德〕傅德(Eberhard Foth):《德国的司法职业与司法独立》,见宋冰编:《程序、正义与现代化——外国法学家在华演讲录》,中国政法大学出版社1998年版。
13. 黄源盛:《传统中国"罪行法定"的历史发展》,《东海法学研究》第十一期。
14. 黄源盛:《帝制中国最后一部传统刑法典》,见《甘添贵教授六秩祝寿论文集——刑事法学之理想与探索》,台北学林出版社2002年版。
15. 黄源盛:《清末民初近代刑法的启蒙者——冈田朝太郎》,见《黄宗乐教授六秩祝贺》,抽印本,2002年版。
16. 黄源盛:《民国初期的民事审判与民间习惯(1912—1928)——以大理院裁判史料为中心的考察》,见台湾研究院史语所编:《第二届国际汉学会议论文集)。

17. 季卫东:《法律编纂的试行——在事实与规范之间的反思机制》、《法治秩序的建构》,中国政法大学出版社1999年版。
18. 强世功:《法律移植、公共领域与合法性——国家转型中的法律(1840—1980)》,载《20世纪的中国:学术与社会·法学卷》,山东人民出版社2000年版。
19. 金圣海:《晚清司法独立思想的传播与实践》,北京大学法学院学位论文。
20. 孔庆平:《蔡枢衡学术思想研究——兼论中国现代法学研究兴起》,北京大学法学院学位论文。
21. 李贵连:《二十世纪初期的中国法学》,李贵连主编:《二十世纪的中国法学》,北京大学出版社1998年版。
22. 李贵连:《中国近现代法学的百年历程(1840—1949)》,《20世纪的中国:学术与社会·法学卷》,山东人民出版社2000年版。
23. 李荣忠:《清代巴县衙门与书吏》,载《历史档案》1989年第1期。
24. 李守孔:《民初之国会与党争》,《中国近百余年大事述评——中国近代史现代史论文集》,台湾学生书局。
25. 李新成:《清末民初的法律教育》,北京大学法学院学位论文。
26. 李秀清:《法律移植与中国刑法的近代化——以〈大清新刑律〉为中心》,载《法制与社会发展》2002年第3期。
27. 廖海:《美国司法独立争论的历史考察》,载《法律科学》1999年第1期。
28. 罗昶、高其才:《近代中国的司法改革思想》,载《现代法学》1999年第6期。
29. 罗昶、高其才:《庞德对20世纪中叶中国司法制度改革的意见》,载《司法改革评论》第二辑,中国法制出版社2002年版。
30. 马志刚:《近代中国法官制度》,见中国政法大学科研处编:《政法评论》2001年卷。
31. 梅仲协:《欧洲近百年来法律思想之演变》,见梅仲协主编:《二十世纪之科学》第三辑法律学卷,北京大学图书馆藏书。
32. 〔美〕庞德:《中国法律教育的问题及其变革的方向》,载贺卫方编:《中国法律教育之路》,中国政法大学出版社1997年版。
33. 阙庵:《近十年来中国政治通览》之司法篇,载《东方杂志》第九卷第七号,第75页。
34. 屈春海:《清末司法改革对皇族司法制度之影响》,载《历史档案》2001年第2期。

35. 盛振为：《十九年来之东吴法律教育》，载孙晓楼：《法律教育》，中国政法大学出版社 1997 年版。
36. 王伯琦：《习惯在法律上地位的演变》，见梅仲协主编：《二十世纪之科学》，第三辑法律学卷，北京大学图书馆藏书。
37. 王利明：《我国陪审制度研究》，人民大学复印资料之《诉讼法学·司法制度》2000 年第 3 期。
38. 王士花：《沟口雄三与中国近代思想史研究》，李学勤主编：《国际汉学漫步》（下卷），河北教育出版社 1996 年版。
39. 徐家力：《论民国初期律师制度的建立及特点》，载《中外法学》1997 年第 2 期。
40. 徐家力：《民国律师制度得失论》，载《政法论坛》1997 年第 2 期。
41. 徐家力：《领事裁判权与清末律师制度的产生》，载《河北法学》1997 年第 3 期。
42. 杨林生：《中国近代律师制度由来探析》，载《中国矿业大学学报》（社科版）2002 年第 1 期。
43. 杨亚菲：《陪审制的理念、结构和代价》，见江平主编：《比较法在中国》第一卷，法律出版社 2001 年版。
44. 杨兆龙：《美国之司法制度》、《欧美司法制度的新趋势及我国今后应有的觉悟》、《司法改革中应注意之基本问题》，见《杨兆龙法学文选》，中国政法大学出版社 2000 年版。
45. 佚名：《论陪审制度之可否行于吾国》，见《民国经世文编·法律（二）》，文海出版社第 1950—1954 页。
46. 张伟仁：《清代的法学教育》，载贺卫方编：《中国法律教育之路》，中国政法大学出版社 1997 年版。
47. 张玉法：《民国初年的国会（1912—1913）》，台湾研究院编《近代史研究所集刊》第十三期。
48. 张志铭、张志越：《20 世纪的中国律师业》，载《20 世纪的中国：学术与社会·法学卷》，山东人民出版社 2000 年版。
49. 郑天挺：《清代的幕府》，《中国社会科学》1980 年第 6 期。
50. 〔日〕滋贺秀三：《清代州县衙门诉讼的若干研究心得》，《日本学者研究中国近代史论著选译》之第八卷法律制度，中华书局 1992 年版。

四、国外学术专著和论文

1. Bradly W. Reed. 1995. "Money and Justice: Clerks, Runners, and the Magis-

trate's Court in Late Imperial Sichuan", *Modern China*, Volume 21, Issue 3, 345—382.
2. Cyrus H. Peake. 1937. "Recent Studies on Chinese Law", *Political Science Quarterly*, Volume 52, Issue 1, 117—138.
3. David C. Buxbaum. 1971. "Some Aspects of Civil Procedure and Practice at the Trial Level in Tanshui and Hsinchu from 1789 to 1895", *Journal of Asian Studies*, Volume 30, Issue 2, 255—279.
4. Guangyuan Zhou. 1993. "Illusion and Reality in the Law of the Late Qing: A Sichuan Case Study", *Modern China*, Volume 19, Issue 4, 427—456.
5. Harold Scott Quigley. 1923. "The Political System of Imperial China", *The American Political Science Review*, Volume 17, Issue 4, 551—566.
6. J.K. Fairbank; S.Y. Teng. 1940. "On the Types and Uses of Ch'ing Documents", *Harvard Journal of Asiatic Studies*, Volume 5, Issue 1, 1—71.
7. James H. Cole, 1980. "The Shaoxing Connection: A Vertical Administrative Clique in Late Qing China", *Modern China*, Volume 6, Issue 3, 317—326.
8. Joan Judge. 1994. "Public Opinion and the New Politics of Contestation in the Late Qing, 1904—1911", *Modern China*, Volume 20, Issue 1, 64—91.
9. Joanna Waley-Cohen. 1993. "Politics and the Supernatural in Mid-Qing Legal Culture", *Modern China*, Volume 19, Issue 3, 330—353.
10. Matthew H. Sommer. 1997. "The Penetrated Male in Late Imperial China: Judicial Constructions and Social Stigma", *Modern China*, Volume 23, Issue 2, 140—180.
11. Odoric Y.K. Won. 1974. "The District Magistrate Profession in the Early Republican Period: Occupational, Recruitment, Training and Mobility", *Modern Asian Studies*, Volume 8, Issue 2, 217—245.
12. Philip C.C. Huang. 1991. "The Paradigmatic Crisis in Chinese Studies: Paradoxes in Social and Economic History", *Modern China*, Volume 17, Issue 3, 299—341.
13. Philip C.C. Huang. 1993. "Public Sphere"/"Civil Society" in China?: The Third Realm between State and Society, *Modern China*, Volume 19, Issue 2, *Symposium*: "*Public Sphere*"/"*Civil Society*" *in China? Paradigmatic Issues in Chinese Studies* Ⅲ, 216—240.
14. Philip C.C. Huang. 1993. "Between Informal Mediation and Formal Adjudica-

tion: The Third Realm of Qing Civil Justice", *Modern China*, Volume 19, Issue 3, 251—298.

15. Pound, Roscoe, 1948. *Some problems of the administration of justice in China*, National Chengchi University.

16. Prasenjit Duara. 1987. "State Involution: A Study of Local Finances in North China, 1911—1935", *Comparative Studies in Society and History*, Volume 29, Issue 1, 132—161.

17. Ronald C. Brown, Boston. c1997. *Understanding Chinese courts and legal process: law with Chinese characteristics*, Kluwer Law International.

18. Thómas D. Reins. 1991. "Reform, Nationalism and Internationalism: The Opium Suppression Movement in China and the Anglo-American Influence, 1900—1908", *Modern Asian Studies*, Volume 25, Issue 1, 101—142.

19. W. Allyn Rickett. 1971. "Voluntary Surrender and Confession in Chinese Law: The Problem of Continuity", *Jourial of Asian Studies*, Volume 30, Issue 4, 797—814.

20. Werner Levi. 1945. "The Family in Modern China Law", *The Far Eastern Quarterly*, Volume 4, Issue 3, 263—273.

21. William P. Alford. 1997. "Law, Law, What Law?: Why Western Scholars of Chinese History and Society Have Not Had to Say its Law", *Modern China*, Volume 23, Issue 4, 398—419.

22. William T. Rowe. "The Problem of 'Civil Society' in Late Imperial China", *Modern China*, Volume 19, Issue 2, Symposium: "Public Sphere"/"Civil Society" in China? Paradigmatic Issues in Chinese Studies Ⅲ, 139—157.

23. William T. Rowe. 1998. "Ancestral Rites and Political Authority in Late Imperial China: Chen Hongmou in Jiangxi", *Modern China*, Volume 24, Issue 4, 378—407.

24. Xu Xiaoqun 1997. "The Fate of Judicial Independence in Republican China, 1912—1937", *China Quarterly*, Volume 8, Issue 149, 1—28.

附录

表一 直省省城商埠各级审判厅一览表[①]

省份	高等审判厅	成立时间	高等审判厅厅丞	地方审判厅	初级审判厅
京师	京师	光绪三十年(1904)冬	奎绵	内城地方审判厅	
奉天	奉天	光绪三十四年(1905)九月	许世英	奉天府	承德县第一
					承德县第二
					承德县第三
				营口商埠	营口商埠
				新民府商埠	新民府商埠
				安东县商埠	安东县商埠
				辽阳州商埠	辽阳州商埠
				铁岭县商埠	铁岭县商埠
				抚顺县商埠(地方分厅)	抚顺县商埠
吉林	吉林	宣统元年(1909)十一月	饶宗昌	吉林府	吉林府第一
					吉林府第二
				长春府商埠	长春府商埠
				延吉府商埠	延吉府局子街商埠
					六道沟
					外六道沟
					头道沟商埠
					汪清沟商埠
					和龙县
					珲春厅

[①] 参考《直省省城商埠地方审判检察厅员额表》、《直省省城商埠初级审判检察厅员额表》,见《各省审判厅判牍》;《职官表(清末)》;《直省省城商埠各级庭数表》(见《大清宣统新法令》,第27册)。统计成立时间一律以本省高等审判厅的成立时间为准。本统计表的截止时间为宣统三年六月。

(续表)

省份	高等审判厅	成立时间	高等审判厅厅丞	地方审判厅	初级审判厅
				宾州府	宾州府
				农安县	农安县
				滨江府商埠	滨江府
				绥芬府	绥芬府
				依兰府	依兰府
黑龙江	黑龙江	宣统二年(1910)九月	赵俨葳	龙江府	龙江府
直隶	直隶	宣统二年十一月	俞纪琦	保定府	清苑县
	直隶天津高等分厅			天津府	天津县第一
					天津县第二
					天津县第三
					天津县第四
	直隶承德高等分厅			承德府	承德府
				张家口商埠地方审判分厅	张家口商埠
江苏	江苏	宣统二年十一月	郑言	苏州府	长洲县
					元和县
					吴县
					上元县
				江宁府	江宁县
				镇江府商埠	丹徒县商埠
				上海县商埠	上海县商埠
安徽	安徽	宣统二年六月	沈金鑑	安庆府	怀宁县
				芜湖县商埠	芜湖县商埠
山东	山东	宣统二年十一月	龚积炳	济南府	历城县
					济南城外商埠
				烟台商埠	烟台商埠
山西	山西	宣统二年九月	谢恒武	太原府	阳曲县
河南	河南	宣统二年十一月	怡龄	开封府	祥符县

(续表)

省份	高等审判厅	成立时间	高等审判厅厅丞	地方审判厅	初级审判厅
陕西	陕西	宣统二年九月	徐德修	西安府	长安县
					咸宁县
甘肃	甘肃			兰州府	皋兰县第一
					皋兰县第二
新疆	新疆	宣统二年十一月	郭鹏	迪化府	迪化县
				塔城商埠	塔城商埠
				宁远县商埠	宁远县商埠
				疏附县商埠	疏附县商埠
福建	福建	宣统二年十一月	梁冠澄	福州府	闽县
					侯官县
				南台商埠地方审判分厅	南台商埠
				厦门厅商埠	厦门商埠
浙江	浙江	宣统二年十月	章樾	杭州府	仁和县
					钱塘县
					拱宸桥商埠
				宁波府商埠	鄞县商埠
				温州府商埠	永嘉县商埠
江西	江西	宣统二年十一月	江峰青	南昌府	南昌县
					新建县
				九江府商埠	德化县商埠
湖北	湖北	宣统二年十一月	梅光羲	武昌府	江夏县
				汉口商埠	汉口商埠
				宜昌府商埠	东湖县商埠
				沙市商埠	沙市商埠
湖南	湖南	不详	不详	长沙府	长沙县
					善化县
四川	四川	宣统二年十一月	武瀛	成都府	成都县
					华阳县
				重庆府商埠	巴县商埠

(续表)

省份	高等审判厅	成立时间	高等审判厅厅丞	地方审判厅	初级审判厅
广东	广东	宣统二年十一月	史绪任	广州府	南海县
					番禺县
				新会县商埠地方审判分厅	新会县商埠
				三水县商埠地方审判分厅	三水县商埠
				澄海县商埠	澄海县商埠
				合浦县商埠	和浦县商埠
				琼山县商埠	琼山县商埠
广西	广西	宣统二年十一月	俞树棠	桂林府	临桂县第一
					临桂县第二
				梧州府商埠	苍梧县商埠
云南	云南	宣统二年十一月	王耒	云南府	昆明县
贵州	贵州	宣统二年十一月	朱兴芬	贵阳府	贵筑县第一
					贵筑县第二

表二 《各级审判厅判牍》中的判决书一览表

案件序列号	案件名称(包含案件争点)	案件所属类别	管辖案件的审判厅	所适用的法律	判决结果
1	有妻更娶	民事(户婚门)	安庆地方审判厅	《现行刑律》：有妻更娶妻者,处九等罚。后娶之妻离异归宗。不应为而为,事理重者,处八等罚。	两被告照例分别处九等、八等罚,分纳赎银。
2	因贫卖妻	民事(户婚门)	南昌地方审判厅	《大清会典》的规定。律所主张者经也,会典之所主张者,权也。反经而道为权,自足补律所未备。	维持南昌初级审判厅原判。
3	娶妾退妾	民事(户婚门)	云南高等审判厅	根据情理判决。	推翻地方审判厅判决,准离异。
4	背夫改嫁	民事(户婚门)	云南高等审判厅	《现行刑律》：妻背夫在逃徒二年,因逃而改嫁者加二等。注云：无主婚人不成婚礼者,以和奸论。又：和奸有夫者处九等罚。奸妇给付本夫,听其离异。	改变地方审判厅判决,背夫改嫁为和奸,奸妇处九等罚。
5	娶娼为妻,套良作妾	民事(户婚门)	云南地方审判厅	习惯：定婚应立婚书,普通习惯,婚书用红绿庚帖将男女八字分写于其上。	婚姻不成立,双方永断葛藤。
6	妻背夫在逃	民事(户婚门)	保定地方审判厅	《现行刑律》：妻背夫在逃者,徒二年。窝主同罪。	妻徒二年,缴罚银。
7	背夫在逃因而改嫁	民事(户婚门)	保定地方审判厅	《现行刑律》：妻背夫在逃者,徒二年。因而改嫁者,加二等。知情娶者同罪。	妻徒三年,缴罚银。
8	夫妻分析财产	民事(户婚门)	江苏高等审判厅	法理：夫妻财产关系,东西各国之民法有共产制与分产之别。要之,无论法定制度如何,苟双方有协定之契约时,仍受契约之支配,为各国共通之原则。今吾国尚无民法规定,自应援据当事者之契约以为判断之基础。	维持地方审判厅原判。

(续表)

案件序列号	案件名称(包含案件争点)	案件所属类别	管辖案件的审判厅	所适用的法律	判决结果
9	卖女与人作使女	民事(户婚门)	云南高等审判厅	《现行刑律》：1. 诬告人流徒罪，加所诬罪三等，罪止流三千里。2. 因贫而卖子女者，处七等罚，买者处八等罚，身价入官，人口交亲属领回。3. 二罪俱发，以重者论。	此案李应昌价买周金品次女小文为婢，事在现行刑律颁降之后，维持地方审判厅。
10	婢女播弄是非	民事(户婚门)	贵阳地方审判厅	情理。	双方言归于好。
11	捏称无夫自行骗嫁	民事(户婚门)	杭州地方审判厅	《现行刑律》：1. 凡将妻妾作姊妹及将亲女并姊妹卖与人作妻妾使女名色，骗财之后设词托故，公然领去者，照本律加一等徒一年。赃重仍从重论。2. 局骗人财者，亦计赃准窃盗论。窃盗一百两流二千里。3. 二罪俱发从重者论。4. 断罪无正条，援引他律比附定拟。	遍查律例，无捏称无夫自行骗嫁作何治罪明文，自应比附从重问拟。
12	因贫不能养赡将胞侄媳改嫁他人	民事(户婚门)	安庆地方审判厅	《现行刑律》：1. 孀妇自愿守志，其有服尊属长如并非为图财产起见，但因家贫不能养赡或虑不能终守，辄行强嫁者，夫之祖父母、父母及亲属人等仍照强嫁本律治罪。2. 夫丧服满，妻妾果愿守志而夫家祖父母父母强嫁之者，处八等罚。期亲加一等。妇人及娶者俱不坐。3. 断罪无正条援引他例比附加减定拟。	因遍查律例并无恰合专条，自应比例问拟。将女交给前夫。
12	生衅离婚	民事(户婚门)	贵阳地方审判厅	情理：离之则双美，合之则双伤。	解除婚姻关系。

(续表)

案件序列号	案件名称(包含案件争点)	案件所属类别	管辖案件的审判厅	所适用的法律	判决结果
13	孀妇自愿守志,图财抢嫁,妇女不甘失节因而自尽	刑事(户婚门)	新民地方审判厅	《现行刑律》:1.夫丧服满,果愿守志夫家之祖父母、父母强嫁之者,处八等罚。期亲加一等。大功以下又加一等。2.孀妇自愿守志,图财抢嫁,倘妇女不甘失节,因而自尽者,不论已未被污,有服尊属家长照强嫁本律加三等问拟。娶主知情同抢者,减正犯罪一等。	照律例定拟。
14	因贫卖女及价买人女为伩媳	刑事(户婚门)	江宁地方审判厅	《现行刑律》:因贫而卖子女者处七等罚,买者处八等罚。	按照定例问拟。
15	谋产捏控	民事(田宅门)	云南高等审判厅	情理:两造所争在契不在业。	改变地方审判厅判决。
16	妄控狡猂谋业	民事(田宅门)	云南高等审判厅	情理:批驳上诉人八点不合理之处。反对直接援引外国法:微论亲族相续等法中外大略相同,且一国自有一国之法律。	维持地方审判厅原判。
17	异姓乱宗霸业	民事(田宅门)	云南地方审判厅	《现行刑律》:收养三岁以下遗弃小儿依律即从其姓,但不得以无子遂以为词,仍酌分给财产,俱不必勒令归宗。	所控不成立。
18	强占农地	民事(田宅门)	云南地方审判厅	按照契据的真伪判决。情理:周恤穷人。	维持初级审判厅判决。
19	捏称侵占基址	民事(田宅门)	云南地方审判厅	按照契据内容判决。	变更初级审判厅判决。
20	伪造契纸,互占久荒地址	民事(田宅门)	云南初级审判厅	情理和常识。	从权办理,久荒地归被告花银价买。
21	取偿典屋不交	民事(田宅门)	云南初级审判厅	该厅刑庭对于另一案件判决之结果和常识。	令被告交出房屋。
22	互争田园,不服地方初级地方两厅判决	民事(田宅门)	安徽高等审判厅	情理:勘验结果和契据对照。	维持地方、初级判决。
23	争执坟地	民事(田宅门)	安庆地方审判厅	常识推理。	据理判决。

(续表)

案件序列号	案件名称(包含案件争点)	案件所属类别	管辖案件的审判厅	所适用的法律	判决结果
24	托词盘踞霸占洋棚	民事(田宅门)	安庆地方审判厅	情理和习惯。法理:双方合意,契约不得认为无效。	准情酌理,缺席判决。
25	互争坟地,不服地方厅判决	民事(田宅门)	安庆高等审判厅	习惯:昭穆先后,下不凌上。	维持原判。
26	互争公用之井	民事(田宅门)	钱塘初级审判厅	法理:如果地役权的存在在获得所有权之前,则地役权在所有权范围内。习惯:我国民法虽未颁布,而习惯即为立法之基础,又为立宪时代之国民共当遵守。	将"惠民古井"改为"王氏惠民井",保护所有权界限和地役权的存在。
27	互争田园,不服初级判决上诉	民事(田宅门)	安庆地方审判厅	根据契据真伪判决。	维持怀宁初级厅判决。
28	强占山地	民事(田宅门)	安庆地方审判厅	情理:生前私顶之契据,何得日久未赎?	驳回起诉。
29	伪证霸占,不服初级判决上诉	民事(田宅门)	梧州地方审判厅	习惯与情理:按典当通例,当价可值卖价之半,该被告于光绪二十四年及三十三年两次将田割归李春林永远管业,何以均不索找卖价?	注销原判,重新判决。
30	典买田地不税契	民事(田宅门)	天津地方审判厅	《现行刑律》:凡典买田宅不税契者,将价一半入官。虽直省税契新章有光绪三十四年以后典契补税等语,然此乃指加价而言,非谓旧律可废也。习惯:荒地无粮,熟地有粮,有粮即有地,自应以完粮之亩数为断。	按照契据实际情况判决。
31	伪骗管业	民事(田宅门)	澄海初级审判厅	情理:若照原判执行,则寡妇孤儿何处觅栖身之所,既违公理,复戾人情,实不足以昭折服。	准情酌理判决。
32	恃强赎地	民事(田宅门)	抚顺地方审判厅	查控争地亩必以证据为凭,方足以辨虚实而别真伪。	维持初级厅原判。

(续表)

案件序列号	案件名称(包含案件争点)	案件所属类别	管辖案件的审判厅	所适用的法律	判决结果
33	奸媚霸产	民事(田宅门)	延吉地方审判厅	情理。	维持初级厅原判。
34	兄弟争产	民事(田宅门)	贵阳第一初级审判厅	习惯:父没析产,诸子平均分受。	平均分配其父遗下产业。
35	在服官省份强买民房	民事(田宅门)	清苑初级审判厅	习惯:要卖先赎典。既不应强赎,亦即不应出卖。	原告典限未满,照例不应强赎。
36	妄控措赎	民事(田宅门)	鄞县初级审判厅	情理。	原告所控不实,赔偿损害。
37	霸占住居	民事(田宅门)	安庆地方审判厅	情理:维诸子既系一父所生,骨肉之间总当原情衡断,不能使有集菀集枯之感。	两案合并判决,三股平均分担。
38	职官亏空公款,借债不偿	民事(钱债门)	梧州地方审判厅	法律为主,情理为辅。	被告按照原约本息银色限期清偿,以息讼端而全友谊。
39	亏欠巨款,破产还债	民事(钱债门)	新民地方审判厅	破产均分之习惯。当事人自治之法理。	四成均摊还债。
40	合股营业,耗欠巨款,按股勒追	民事(钱债门)	新民地方审判厅	欠债还钱之情理。	抵债不足之数由股东按股赔偿。
41	积欠货款,无力缴还,伺隙潜逃	民事(钱债门)	安庆地方审判厅	欠债还钱之情理。	被告家产抵债,不足之数按月偿还。
42	戚谊介绍借债	民事(钱债门)	天津高等审判分厅	以凭据之真伪判决。	原告所请驳回并具结悔过。
43	欠款,向退股旧东追偿无效	民事(钱债门)	宁波地方审判厅	习惯:查目今商界习惯,除公司有专章外,其余各种手续多未完备,如退股一事,逆料将来有纠葛而登报声明,间或有之,不数数觏。	原告不能向旧东追偿。

(续表)

案件序列号	案件名称(包含案件争点)	案件所属类别	管辖案件的审判厅	所适用的法律	判决结果
44	亲谊通财,后嗣不承认	民事(钱债门)	重庆地方审判厅	查亲谊通财,本人情之所常有。惟以出嫁之女与母家借垫银钱,亦应凭众算明书立约券,以作信据。	据理判决偿还。
45	亲谊通财,责令后人偿还	民事(钱债门)	重庆地方审判厅	查父债子还,天下公理,有账权者不应于姻亲尊长追索滋嫌。	判决七成偿还债务。
46	欠款纠葛	民事(钱债门)	安庆地方审判厅	诉讼期间:即以契据而言,距还清债款之期亦已逾十五六年之久。	原告起诉要求不予支持。
47	悬欠不偿	民事(钱债门)	安庆地方审判厅	情理。	缺席判决分期还债。
48	担任偿还欠款,希图卸责	民事(钱债门)	芜湖地方审判厅	民法法理:一方有担任偿还欠款之义务,相对方则有请求履行之权利。	规定期限还本付息。
49	追索欠款,不服初级厅判决	民事(钱债门)	芜湖地方审判厅	民法法理:一方有担任偿还欠款之义务,相对方则有请求履行之权利。	改变初级厅判决。
50	诱拐妇女,借银不偿	民事(钱债门)	宁波地方审判厅	据情理判决。	偿还欠款。
51	捏账磕骗	民事(钱债门)	云南高等审判厅	据情理判决。	改变地方初级厅判决,折半偿还。
52	捏造借券索银	民事(钱债门)	不详	情理:理之所不能强通,即为情之所不堪共信。况债账以证据确凿为凭,虽有借券,续有并未画押清文,执照又非印契可比。	不予支持原告追偿之请求。
53	父继子毁	民事(族制门)	安庆地方审判厅	《现行刑律》:1.无子者,许令同宗昭穆相当之侄承继,先尽同父周亲,次及大功、小功、缌麻,若立嗣之后,却生子,其家产与原立子均分。2.所养父母有亲生子及本生父母无子欲还者,听。习惯:乡间习惯,终以主祭非过继可比,沿袭已深。	判决家产按股均分。

(续表)

案件序列号	案件名称(包含案件争点)	案件所属类别	管辖案件的审判厅	所适用的法律	判决结果
54	绝灭之家无人承继	民事(族制门)	重庆地方审判厅	《现行刑律》：查绝灭之家无人承继例，应将其财产入官，不能听外人侵吞。	三年之后无消息充公。
55	异姓乱宗，争立构衅	民事(族制门)	贵阳地方审判厅	斟酌情法之平：以符定例而协人情。	判决均分遗产。
56	揹执谱饼不发及不允上谱	民事(族制门)	南昌地方审判厅	据情而判：生儿当喜欢，何妨具酒食以相宴乐？同宗贵敦睦，无为留芥蒂以贻子孙。	刘思胜之子应分谱饼，族人不得把持，而刘连生等勒索钱文，原情姑免处责。
57	争继	民事(族制门)	宁波地方审判厅	民法法理：立继原为死者起见，则定一抉择之标准，自必以死者之意为前提，就理论以推测死者之意思，必欲择一能保守财产之人，且必欲以财产归与最亲爱之人，是可断言。遗命为死者意思之微表，亲族合议亦不过补充死者之意思。	判决死者以自己指定之侄子为嗣，继承遗产。
58	立继嫌隙	民事(族制门)	杭州高等审判厅	《现行刑律》：无子立继，应继之人平日先有嫌隙，则于昭穆相当之内，择贤、择爱，听从其便，立以为嗣。	判决本案立继以爱。
59	局骗工资	民事(市廛门)	重庆地方审判厅	习惯：展转承包在商场已成习惯，当即质之日证人，均称实有其事，自属非虚。	据理判决，被告对原告从厚帮给。
60	将寄存货物抵债	民事(市廛门)	安庆地方审判厅	情理。	先行判决发还。
61	私装电灯	民事(市廛门)	芜湖地方审判厅	考之日本旧刑法亦无明文规定，致启学者争议，遇有盗电之案，裁判官各执一说，莫宗其是。后经大审院采学说以为判决，认电为有体物，科以盗罪，遂援为例，改正案始订专条。现在我中国用电之风气尚未大开，故盗电之案亦不多觏，即或	此案因新律未颁，暂由民庭审理，赔偿公司损失125元，罚款100元。

(续表)

案件序列号	案件名称(包含案件争点)	案件所属类别	管辖案件的审判厅	所适用的法律	判决结果
				偶一发现,无例可援,故刑草特设专条,凡窃取电气者准盗论。然未经颁布之律,效力难及。依然难于遵行援照。最后照抚宪批准遵行之省城电灯厂章程第十八款处理。	
62	藉词图赖保险银两	民事(市廛门)	宁波地方审判厅	惯例:查保险惯例,除被告之户查有作弊事情另行办理外,其余自应照原保银两之数任赔。	着该公司将所保之额如数补偿,以维信用而符惯例。
63	亏空款项,私取人财	刑事(市廛门)	江宁地方审判厅	《现行公司律》:一百廿九条:司事人等有亏空款项或冒骗人财者,除追缴外,依其事之轻重,监禁少至一月,多至三年。	追缴财产,监禁二月。
64	亏蚀巨款倒闭	刑事(市廛门)	营口地方审判厅	比例问拟:遍查例内并无外省行庄因存借银两聚积过多预先隐匿资财故为倒闭作何追办明文。	分别处以刑罚,收所习艺。
65	违禁私售彩票	刑事(市廛门)	清苑初级审判厅	《现行刑律》:凡违令者处五等罚。	没收彩票,交五等罚银二两五钱。
66	不给栈房饭资	民事(市廛门)	清苑初级审判厅	民法法理:按商家契约原由两方合意而定。	判决偿还欠款。
67	妻谋杀夫及听从谋杀女婿,吓逼己子加功	刑事(人命门)	保定地方审判厅	《现行刑律》:1. 妻谋杀夫者,斩。2. 谋杀人从而加功者,绞监候。3. 殴故杀人案内凶犯起意弃尸水中,其听从抬弃之人,无论在场有无伤人,俱照弃尸为从律,徒三年,不失尸减一等。	分别除以绞监候、图等刑罚。
68	李杰光故杀缌服兄李肇光	刑事(人命门)	梧州地方审判厅	《现行刑律》:幼殴本宗缌麻兄至死者,绞。又律注:殴本宗缌麻尊长至死,俱照常监候。	李杰光照卑幼殴本宗缌麻兄死者至绞律,处绞监候。

(续表)

案件序列号	案件名称(包含案件争点)	案件所属类别	管辖案件的审判厅	所适用的法律	判决结果
69	故杀	刑事(人命门)	保定地方审判厅	《现行刑律》：故杀者绞监候。	判决绞监候。
70	斗殴杀人	刑事(人命门)	芜湖地方审判厅	《现行刑律》：斗殴杀人者不问手足他物金刃并绞监候。	判决绞监候。
71	殴伤使女毙命	刑事(人命门)	南昌地方审判厅	援引《现行刑律》中的律例。	分别流刑，妇女收赎。
72	斗殴杀人	刑事(人命门)	奉天高等审判厅	《现行刑律》：戏杀意义，谓彼此所为之事皆知其足以相害，而两人情愿和同以为之，因而致伤人命，乃得谓之戏杀。律注以堪杀人之事为戏，如比较拳棒之类二语，其义自明。	维持辽阳地方审判厅原判。
73	炸药伤人致死	刑事(人命门)	奉天高等审判厅	查过失杀人之律，必系杀人之事实非意料所及，方能援引。	改变辽阳地方审判厅判决。
74	夫妻口角以致自尽	刑事(人命门)	新民地方审判厅	《现行刑律》：妻与夫口角以致自尽无伤痕者，照律勿论。	被告照律勿论。
75	凶恶蔑伦	刑事(人命门)	新民地方审判厅	《现行刑律》：1. 子殴父杀者斩立决。2. 期亲以下，有服尊长杀死有罪卑幼之案，如卑幼罪犯应死，为首之尊长照擅杀应死罪人律治罪。听从下手之犯，无论尊长、凡人，各减一等。3. 罪人本犯应死而擅杀处十等罚。	各处以刑罚，或罚金、或折工作。
76	职官妻妾致使家丁殴毙侍女	刑事(人命门)	南昌地方审判厅	《现行刑律》中相关的律例条文。	各处以刑罚，或交所习艺、或监禁。
77	因忿故杀幼女	刑事(人命门)	营口地方审判厅	《现行刑律》：1. 其子孙违犯教令而祖父母父母故杀者，杖六十、徒一年。注曰：无违犯教令之罪为故杀人，居父母丧而身自嫁娶者杖一百。2. 嫁娶违律，若由父母主婚者，独坐主婚。	按照律例规定判决。

(续表)

案件序列号	案件名称(包含案件争点)	案件所属类别	管辖案件的审判厅	所适用的法律	判决结果
78	听从母命,戕胞弟身死	刑事(人命门)	江宁地方审判厅	《现行刑律》相关律例条文。	依律例判决。
79	雇工人偷窃家主财物	刑事(盗窃门)	云南地方审判厅	《现行刑律》:1.雇工人偷窃家长财物者,准窃盗计赃治罪。窃盗赃一两至十两,工作四个月。2.盗仓库门等钥者,工作十个月。3.断罪无正条,援引比附加减定拟。	依律例判决。
80	独自抢夺过路人财物	刑事(盗窃门)	保定地方审判厅	查该犯一人持械抢夺,未经拒捕,例内并无作何治罪明文,应仍按本律问拟。	比照"白昼抢夺人财物"拟徒三年,遇赦援免。
81	抢夺财物,结伙三人以上,但未伤事主	刑事(盗窃门)	保定地方审判厅	《现行刑律》:抢夺之案结伙三人以上,持械未伤事主,从犯流三千里。	依律定拟入习艺所作苦工。
82	盗劫,听从在外接递财物	刑事(盗窃门)	不详	《现行刑律》:盗劫之案,听嘱在外接递财物,并未入室搜赃,亦无执持火器金刃,发遣新疆当差。	依律定拟。
83	拦路抢劫,得赃殴毙事主	刑事(盗窃门)	贵阳地方审判厅	《现行刑律》中强盗杀人绞立决例。	按例问拟。
84	执械行劫,拒伤事主	刑事(盗窃门)	贵阳地方审判厅	《现行刑律》:1.抢夺之案聚众不及十人而数在三人以上,但经持械殴伤事主者,为首及在场帮殴有伤之犯,照强盗律拟绞立决。2.强盗杀人斩立决。	按例问拟。
85	窝盗,不同行又不分赃	刑事(盗窃门)	梧州地方审判厅	《现行刑律》:1.强盗已行但得财者不分首从皆绞。2.强劫之案但有一人执持洋枪,在场者不论曾否伤人,不分首从,均斩立决。3.寻常盗劫之案其止听嘱在外瞭望接递财物,并未入室搜赃,亦无执持火器、金刃情凶势恶者,应免死减等,发遣新疆当差。	按律例定拟。

(续表)

案件序列号	案件名称(包含案件争点)	案件所属类别	管辖案件的审判厅	所适用的法律	判决结果
86	结伙三人以上,执械抢夺,未伤事主	刑事(盗窃门)	奉天高等审判厅	从立法者的原意来解释法律;然考立法者之深心,待质要义正恐因证据未确,事实大有错误,预备再审。观于限满始行发配,及发配后逸犯就获时无论限内限外俱提回质讯之文,盖可想见。	改变地方审判厅的判决。
87	结伙六人,执持洋枪抢夺,拒伤事主	刑事(盗窃门)	奉天高等审判厅	分析律文之原意:律贵诛心,人当行凶作恶之时,手持利器而不用以杀人,则其息息之微明亦可以量情原议。故斗殴律内以兵不用刃与刃伤人为杖徒之区分者,盖寓原心略迹而予人以向善之精意。	基本维持地方审判厅判决。
88	结伙三人以上抢夺,拒伤事主	刑事(盗窃门)	新民地方审判厅	《现行刑律》:抢夺之案结伙数在三人以上,但经持械殴伤事主者,不论伤之轻重,为首及在场帮殴有伤之犯照强盗律拟绞立决,其余从犯发烟瘴地方安置。	被告被判收所习艺。
89	白昼结伙抢夺,持械拒伤事主	刑事(盗窃门)	宁波地方审判厅	《现行刑律》:抢夺之案,结伙三人以上,但经持械殴伤事主,为首照强盗律拟绞立决。	被告拟绞立决。
90	强盗,奸污人妻	刑事(盗窃门)	宁波地方审判厅	《现行刑律》:强盗奸污人妻不分曾否得财,俱拟斩立决。	被告拟斩立决。
91	发冢	刑事(盗窃门)	天津地方审判厅	《现行刑律》例载:发年久穿陷之冢开棺见尸,为首一次者流三千里,为从一次者仍照杂犯流罪总徒四年。	按例定拟。
92	拐带人财物	刑事(盗窃门)	天津地方审判厅	《现行刑律》:1.拐带人财物者,亦计赃准窃盗论。2.窃盗赃一百一十两,流二千五百里。3.知窃盗赃而受寄,若银物坐赃至满数者,俱不分初犯再犯,徒一年。注云:受寄盗赃至一百两为满数。	按律例定拟。

(续表)

案件序列号	案件名称(包含案件争点)	案件所属类别	管辖案件的审判厅	所适用的法律	判决结果
93	恐吓取财	刑事(盗窃门)	南昌地方审判厅	《现行刑律》:1.凡恐吓取人财者,计赃准窃盗论加一等,其未得财者,亦准窃盗不得财罪上加等。2.凡窃盗已行而不得财,工作一个月。3.凡娼优买良人子女为娼优或乞养为子女者,处十等罚,媒合人减一等,子女归宗。	按律问拟。
94	收买赃物	刑事(盗窃门)	澄海商埠审判厅	《现行刑律》相关条文。	按律问拟。
95	偷窃洋银	刑事(盗窃门)	清苑初级审判厅	《现行刑律》:窃盗得财一两以上至一十两,工作四个月。	按律问拟。
96	七人合伙窃赃,逃逸被获	刑事(盗窃门)	江宁地方审判厅	《现行刑律》例载:窃盗纠伙三人以上,但有一人持械者,不计赃数次数,为从徒两年半。又:寻常行窃,但系执持洋枪之犯,虽未拒捕,发极边足四千里安置。	按例定拟。
97	书记因贫窃盗公款	刑事(盗窃门)	杭州地方审判厅	《现行刑律》:窃盗已行,但得财为坐主为重并赃论罪。又:五百两以上绞监候。又:不应为而为,事理重者,处八等罚。	被告处以绞监候。
98	因贫行窃绸货	刑事(盗窃门)	杭州地方审判厅	《现行刑律》:窃盗已行,但得财以一主为重并赃论罪,为从,减一等。又:窃盗赃七十两,徒二年。	按律定拟。
99	合伙十七人行劫	刑事(盗窃门)	杭州地方审判厅	《现行刑律》中的相关律文。	按律定拟。
100	恐吓取财	刑事附带民事(盗窃门)	天津地方审判厅	习惯:来往通融系属个人事件,究欠若干,应自行清理落实,算结清还,以全友谊。	判决被告恐吓取财之罪。
101	强盗抢劫放火	刑事(盗窃门)	江宁地方审判厅	《现行刑律》:1.强劫,放火烧人房屋,不分曾否得财,俱拟斩立决。2.强劫之案,但有一人执持洋枪,在场者不论曾否伤人,不分首	按律例定拟。

(续表)

案件序列号	案件名称(包含案件争点)	案件所属类别	管辖案件的审判厅	所适用的法律	判决结果
				从,均斩立决。3.寻常盗劫之案,行劫已至二次,仍照各本律例定拟。	
102	手足以他物殴人成伤	刑事(斗殴门)	云南高等审判厅	《现行刑律》:手足殴人成伤者,处三等罚,他物殴人成伤者,处四等罚。又:共犯罪者,随从减一等。又:十岁以上伤人者收赎。	改变地方审判厅判决。
103	殴伤检察官,程德庄上诉不服安庆地方审判厅判决	刑事(斗殴门)	安徽高等审判厅	按照《法部奏定分划司法区域章程》和《钦定宪法大纲》的立法原意定拟。并解释律文:现在司法与行政分权并重,查现行例诉讼门所云,"本管"二字之意义,原不限于管理行政事件之本府州县,在未设审检厅之处,行政、司法概由府、州、县管理,府、州、县自为全部之本管官厅;在已设审检厅之处,府、州、县为行政本管官厅,各级审检厅为司法本管官厅。厅属与府、州、县属无异,即厅属之诉讼人民,其对于本管之审检官与对于本管之府州县官亦无异。	维持地方审判厅判决。
104	恃众行凶	刑事(斗殴门)	不详	《现行刑律》:凡斗殴以他物殴人成伤者,处四等罚,伤人骨者,处十等罚。	按律定拟。
105	索欠口角,刀伤旁劝之人	刑事(斗殴门)	保定地方审判厅	《现行刑律》:刃伤人者,徒二年。又,手足殴人不成伤者,处二等罚。	按律定拟。
106	子误伤继母	刑事(斗殴门)	贵阳地方审判厅	《现行刑律》:子误伤母,律应绞决者,量减为绞监候。	被告被问拟绞监候。
107	兄弟逞忿殴击	刑事(斗殴门)	南昌地方审判厅	情理:本推事鉴尔愚忱,知为之兄者,实缘旁言之误听,为之弟者,不过肆应之无方,两非有意交攻,律可原情宥恕。	无罪释放。

（续表）

案件序列号	案件名称(包含案件争点)	案件所属类别	管辖案件的审判厅	所适用的法律	判决结果
108	凶器伤人	刑事（斗殴门）	新民地方审判厅	《现行刑律》例载：凶徒因事忿争，执持凶器，凡民间常用之刀，但伤人者，流二千五百里。又律载：他物伤人不成伤者，处三等罚。	按律例定拟。
109	故自残伤	刑事（斗殴门）	新民地方审判厅	《现行刑律》：故自残伤者，处八等罚。	被告处八等罚，罚银十两。
110	斗殴杀人	刑事（斗殴门）	新民地方审判厅	《现行刑律》：斗殴杀人者，不问手足他物金刃并绞监候。	被告处绞监候。
111	巡警因不服指挥,殴人成伤	刑事（斗殴门）	江宁地方审判厅	《现行刑律》：他物殴人成伤处四等罚。又，凡不应为而为之者，处四等罚。	按律问拟。
112	跌落手枪,误伤他人	刑事（斗殴门）	抚顺地方审判厅	《现行刑律》：1. 向有人居止宅舍，施放枪箭，打射禽兽，误伤人者，减汤火伤人律一等。又，汤火伤人者，处十等罚。2. 断罪无正条，援引他律比附，加减定拟。	遍查律例，并无作何治罪明文，自应比例问拟。
113	误动枪机,致伤他人身死	刑事（斗殴门）	抚顺地方审判厅	《现行刑律》：殴杀小功堂侄者，流三千里。又律注：过失杀者，准本条减二等论赎。	按律例问拟。
114	斗殴杀人	刑事（斗殴门）	营口地方审判厅	《现行刑律》：斗殴杀人者，不问手足、他物、金刃并绞监候。又例载：赌博之人各处十等罚。	按律例定拟。
115	误伤小功兄致死	刑事（斗殴门）	营口地方审判厅	《现行刑律》：卑幼殴小功兄至死者斩。又例载：殴死本宗期功尊长罪干斩决之案，若系情轻，该督抚按例定拟，将并非有心干犯各情节分晰叙明，夹签恭候钦定。	按律例定拟。
116	索欠、口角殴人成伤	刑事（斗殴门）	贵阳第一初级审判厅	《现行刑律》：以手足殴人成伤者，处三等罚。	按律定拟。

(续表)

案件序列号	案件名称(包含案件争点)	案件所属类别	管辖案件的审判厅	所适用的法律	判决结果
117	殴伤巡警	刑事(斗殴门)	清苑初级审判厅	《现行刑律》：制书有违者，处十等罚。	按律定拟。
118	殴吏撕票，咆哮法庭，辱骂法官	刑事(斗殴门)	云南地方审判厅	例无专条，引道光三年成案定拟。	被告拟徒三年，妇女收赎。
119	越诉	刑事(诉讼门)	京师高等审判厅	查奏定顺属清讼办法，须该本县已经判结，果有冤抑不服，方准来厅上诉。	被告被处以越诉之罪。
120	诬告	刑事(诉讼门)	保定地方审判厅	《现行刑律》：1. 诬告人罚金罪者，加所诬罪二等。2. 以妻作妾者，处十等罚。3. 抑勒乞养女与人通奸者，义父处十等罚，抑勒亲女与人通者，罪亦如之。	按律例定拟。
121	教唆词讼，诬告人致死(苏州凤池庵冤狱)	刑事(诉讼门)	江苏高等审判厅	《现行刑律》中的相关律文和例文。	按律例定拟。
122	非因财产而起诉	民事(诉讼门)	贵阳地方审判厅	情理和私法自治法理。	判令被告按照契纸交还财产。
123	诬轻为重及不应为	刑事(诉讼门)	贵阳地方审判厅	因《法官惩戒章程》没有颁布，故以《现行刑律》定罪。1. 州县官娶为事人女为妻妾，处十等罚。2. 诬轻为重未决，十等罚以下减一等。3. 不应为而为，事理轻者，处四等罚。	被告检察官处四等罚。
124	诬告反坐	刑事(诉讼门)	新民地方审判厅	《现行刑律》：诬告人死罪未决者，流三千里，加徒役三年。	原告被判以诬告罪。
125	诬告	刑事(诉讼门)	天津高等审判分厅	情理：例应反坐，姑念情出痛兄，怀疑具控，从宽免议。	原告免议。
126	因妻被抢，诬告他人	刑事(诉讼门)	安徽高等审判厅	情理：所称幼女被摔致毙，亦讯系事出有因，其余变更事实之处，均因添砌图准，尚与有心诬告不同，应从宽免予置议。	原告免议。

(续表)

案件序列号	案件名称(包含案件争点)	案件所属类别	管辖案件的审判厅	所适用的法律	判决结果
127	诬告人罚罪	刑事(诉讼门)	珲春初级审判厅	《现行刑律》：凡诬告人罚罪者，加所诬罪二等。	此案尚未将罪决定，从宽免议，以免拖累。
128	承发吏受贿延纵	刑事(赃私门)	贵阳地方审判厅	《现行刑律》：内外大小衙门蠹役恐吓索诈贫民者，计赃壹两至伍两，徒一年。又名例载：二罪俱发以重者论罪。	按例定拟。
129	诈欺官私,诓骗人财	刑事(赃私门)	安徽高等审判厅	《现行刑律》中的相关律例规定。	按律例定拟。
130	冒充庭丁,欺诈取财	刑事(赃私门)	江宁地方审判厅	《现行刑律》：1. 用计诈欺官私取财者，计赃准窃盗论。2. 窃盗赃壹两以上至拾两,工作四个月。3. 不应为而为，处四等罚。	按律例定拟。
131	有事以财求	刑事(赃私门)	江宁地方审判厅	《现行刑律》：有事以财求,计所与财坐赃论。又，坐赃致罪七十两，处九等罚。	按律文定拟。
132	以财求得枉法	刑事(赃私门)	新民地方审判厅	《现行刑律》中的相关律例条文。	按律例条文定拟。
133	许行彬行使伪印花	刑事(诈伪门)	浙江高等审判厅	未经法制院核议奏请颁布之先,单行法规尚为无效之法理。	按照《现行刑律》的相关规定处被告十等罚。
134	伪造假银	刑事(诈伪门)	保定地方审判厅	《现行刑律》：1. 用铜铅等物倾城锭锞,外用银皮包好,伪造银使用者,照伪造银例,分别首从拟徒。2. 伪造银者,徒三年,为从,减一等。	按律例定拟。
135	收买私铸银元攙和行使货买与人	刑事(诈伪门)	宁波地方审判厅	《现行刑律》：1. 收买私铸银元攙和行使及货买与人者,不计银数、次数,俱徒三年。2. 断罪无正条,援引他律比附定拟。	按律例定拟。
136	行使伪币	刑事(诈伪门)	抚顺地方审判厅	《现行刑律》：收买私铸银元行使与人者,不计银数、次数,俱徒三年。	按例定拟。

(续表)

案件序列号	案件名称(包含案件争点)	案件所属类别	管辖案件的审判厅	所适用的法律	判决结果
137	诈充法官骗取财物	刑事(诈伪门)	清苑初级审判厅	《现行刑律》:1.凡用计诈欺官私以取财物者,计赃准窃盗论。2.窃盗得财二十两,工作六个月。3.行窃六次以上同时并发者,并计各次赃数,折半科罪。	按照律例定拟。
138	行使伪印花	刑事(诈伪门)	杭州拱埠初级审判厅	现行律载:窃盗赃一两以上至十两,工作四个月。又,刑部奏定伪造邮票治罪章程摺载:伪造邮票者,计赃准窃盗论,知情行使者,减一等。又,法部奏定诉讼状纸通行章程内载:凡伪造状面及私售者,照伪造邮票章程,分别办理。又名例律载:若断罪无正条者,援引他律比附加减定拟。又,凡共犯者,以造意为首,随从者减一等。	被告被按照伪造邮票减等定拟。
139	行使伪印税	刑事(诈伪门)	杭州地方审判厅	情理。	照遗失物坐赃论,处以不应重罪。
140	图奸谋杀本夫,烧尸灭迹	刑事(奸拐门)	云南高等审判厅	《现行刑律》:妻因奸同谋,杀死亲夫者,斩。奸夫,绞监候。	按律定拟。
141	戳伤他人,自行投首	刑事(奸拐门)	云南地方审判厅	《现行刑律》:1.本妇殴伤图奸、强奸未成,罪人折伤以上者,无论登时事后概予勿论。2.断罪无正条,援引比附定拟。	按例定拟。
142	通奸盗产	刑事(奸拐门)	云南地方审判厅	《现行刑律》:1.军民相奸者,奸夫、奸妇各处十等罚。2.媒合容止,减犯人罪一等。3.赌博之人,各处十等罚。	按照律例定拟。
143	刁拐民妇	刑事(奸拐门)	云南地方审判厅	《现行刑律》:夫无愿离之情,妻辄背夫在逃者,徒二年。	按照律条定拟。

（续表）

案件序列号	案件名称(包含案件争点)	案件所属类别	管辖案件的审判厅	所适用的法律	判决结果
144	捏情妄控	刑事(奸拐门)	重庆地方审判厅	情理。	调解结案。
145	和诱知情	刑事(奸拐门)	保定地方审判厅	《现行刑律》：和诱知情之人为首，发极边足四千里安置。被诱之人减等满徒。	按律定拟。
146	诱拐妇人图卖未成	刑事(奸拐门)	保定地方审判厅	《现行刑律》：1. 诱拐妇人不分已卖、未卖，但诱取者，被诱之人若不知情，为首，拟绞监候。2. 受寄所卖人口之窝主不知情，处八等罚。	按照律例定拟。
147	收留他人逃妾，出卖未成	刑事(奸拐门)	芜湖地方审判厅	《现行刑律》：收留在逃子女不送官司而卖为妻妾者，徒二年。	按照本律定拟。
148	通奸和诱同逃	刑事(奸拐门)	南昌地方审判厅	现行刑律载：刁奸者处十等罚，男女同罪，容止人在家通奸者，各减犯人罪一等。又例载：凡诱拐妇人子女为妻者，其和诱知情之人，为首，发极边足四千里安置，为从及被诱之人俱减等满徒。又：宣统三年正月二十六日，法部奏案内开遣流以下人犯，果系众证确凿，即可照例定拟，更不必定取输服供词。	按照律例定拟。
149	妻允妾改嫁，复控诱拐	刑事(奸拐门)	梧州地方审判厅	民法契约之规定：财礼银两系二人契约行为，李氏既愿当庭将银给领，应准双方履行契约。	原告所控诱拐不成立。
150	妻背夫在逃，军民相奸	刑事(奸拐门)	奉天高等审判厅	现行刑律载：妻背夫在逃者，徒二年。又例载：军民相奸者，奸夫处十等罚。又律载：不应为而为，事理重者，处八等罚。	按照律例定拟。
151	奸缌麻亲	刑事(奸拐门)	新民地方审判厅	现行刑律载：奸内外缌麻以上亲，各徒三年。	按律问拟。
152	纵容妻妾与人通奸	刑事(奸拐门)	新民地方审判厅	现行刑律载：纵容妻妾与人通奸，本夫、奸妇各处九等罚。	按律问拟。

(续表)

案件序列号	案件名称(包含案件争点)	案件所属类别	管辖案件的审判厅	所适用的法律	判决结果
153	和诱知情	刑事(奸拐门)	新民地方审判厅	《现行刑律》例载:和诱知情之人为首,发极边足四千里安置;被诱之人减等满徒。	按例定拟。
154	职官奸占革员之妻	刑事(奸拐门)	安徽高等审判厅	情理:无辞以证事,既近于暧昧,法难过于深求。第参以安庆府原详,谓此事查已人言籍籍,徐秉钧本属职官,应如何力避嫌疑,束身自爱。	案无质证,据供判决。
155	诱拐妇女和诱知情	刑事(奸拐门)	天津地方审判厅	现行刑律例载:诱拐妇女者,其和诱知情为首,发极边足四千里安置。为从以及被诱之人俱减等满徒。	按例定拟。
156	妻因奸合谋杀死亲夫	刑事(奸拐门)	江宁地方审判厅	《现行刑律》:1.妻因奸同谋杀死亲夫者斩。2.奸夫起意杀死亲夫,绞立决。	按照律例问拟。
157	自愿为娼	刑事(奸拐门)	抚顺地方审判厅	按照法律原意判决:此案吕中国家无生计,伊妻于氏自愿来至千金寨下窑为娼,吕中同在该窑寄住,国家既收其捐,法律即为放任,似便与纵妻私自卖奸者同科罪刑。	改变初级厅判决,没有处以刑罚。
158	因奸情热,引诱同逃	刑事(奸拐门)	杭州地方审判厅	《现行刑律》中的相关条款。	按照律例定拟。
159	冒昧娶媳,致谢私逃	刑事(奸拐门)	江宁地方审判厅	情理:被告供明愿从前夫,可见其并无恋奸情节,实为因贫糊口起见,情尚可原。	被告无罪获释。
160	妇女诱拐妇女图卖未成	刑事(奸拐门)	江宁地方审判厅	《现行刑律》:1.诱拐妇人、女子不分已卖、未卖,但诱取者,和诱知情之人为首,发极边足四千里安置,被诱之人减等满徒。2.二罪俱发,从一科断。	按律科断。
161	通奸诱拐	刑事(奸拐门)	杭州地方审判厅	《现行刑律》中的相关条款。	按照律例定拟。

(续表)

案件序列号	案件名称(包含案件争点)	案件所属类别	管辖案件的审判厅	所适用的法律	判决结果
162	乘机诱拐图卖	刑事(奸拐门)	安庆地方审判厅	《现行刑律》:拐妇人子女,或典卖或为妻妾子孙者,不分已卖未卖,但诱取者,其和诱知情之人为首,发极边足四千里安置,为从及被诱之人俱减等满徒。	按例定拟。
163	假捏堕胎案	刑事(奸拐门)	宁波地方审判厅	判决之文略。	不详。
164	法官奸职官之妾	刑事(奸拐门)	贵州高等审判厅	比附:遍查律例,并无职官奸职官妾作何治罪专条,自应仍同凡论,比例问拟。	被告被处十等罚。
165	恃强逼迁	民事(杂犯门)	重庆地方审判厅	情理:惟淡泰丰源现因折本停贸,迭恳加补,其情亦属可矜,并饬信义堂念多年主客之谊,如淡泰丰源依限搬迁,格外帮给搬家银五十两,以敦情义。	原告支付被告银五十两。
166	恶佃朋凶	民事(杂犯门)	重庆地方审判厅	执行巴县官署的既定判决。	限十二日各具切结完案。
167	藐抗欺吞	民事(杂犯门)	重庆地方审判厅	主持调解。	调解成功。
168	赁屋设居聚赌	刑事(杂犯门)	保定地方审判厅	《现行刑律》:1. 偶然会聚开场窝赌,放头、抽头无多者,徒一年,赌博之人各处十等罚。2. 共犯罪者,随从减一等。	按照律例定拟。
169	私造洋枪	刑事(杂犯门)	保定地方审判厅	比附:查律例,并无私造洋枪作何治罪明文。惟洋枪与鸟枪无异,自应比例问拟。	被告徒一年半,解交保定习艺所依限工作。
170	堂兄弟负恩欺孤	民事(杂犯门)	芜湖地方审判厅	情理:昌言则学专法律,名列胶庠,彼既理屈词穷,业经折服。尔昔零丁孤苦,究属相依,道德之观念当存,刻薄之心肠宜戒,汪洋盛度,体昔贤弗为已甚之心,远大前程,懔古人尤而效之之戒,五六千虽无定数,五	被告付原告银五百两。

(续表)

案件序列号	案件名称(包含案件争点)	案件所属类别	管辖案件的审判厅	所适用的法律	判决结果
				百两确有成言,即定判词以芟讼蔓。	
171	子女雇与人服役,得钱还债	民事(杂犯门)	南昌地方审判厅	情理:原本推事廉得其情,虽不强运发以力所难免,亦未便听其置身事外,罗运发着将其母万氏经手偿债剩余之三十千尽数缴案。	被告付原告钱三十千。
172	兄弟不和睦,怂母呈诉	(民事)杂犯门	南昌地方审判厅	情理:妇人爱怜少子,容或稍偏,本厅察核实情,概勿深究,房屋四间,着即仍照原议,免致迭起衅端。	调解结案。
173	使用官银局假票,不知情	刑事(杂犯门)	江宁地方审判厅	《现行刑律》例载:不应为而为,事理重者,处八等罚。	按例问拟。
174	偶然会聚赌博	刑事(杂犯门)	奉天高等审判厅	分析律文原意:查开场窝赌之例,系指特设赌局纠人赌博藉以渔利而言。因有关风化,虽系偶然会聚,亦拟徒一年。	改变地方审判厅判决。
175	不应得为而为	刑事(杂犯门)	天津高等审判分厅	《现行刑律》:不应得为而为之,事理重者,处八等罚。	被告被处以八等罚。
176	开设花会	刑事(杂犯门)	宁波地方审判厅	《现行刑律》:花会案犯起意为首者,照造卖赌具例,流三千里。在场帮收钱文等犯,照为从例,徒三年。被诱入会之人,处十等罚。地保失于查察,比照造卖赌具保甲知而不首例,处十等罚。	按照律例定拟。
177	寺僧争充方丈	民事(杂犯门)	宁波地方审判厅	法理:天宁寺僧宝樟于戊申年三月十四日起在寺当家,寺例当家三年,则任方丈,盖以当家为义务,而方丈则其报酬之权利也。	原告按时接任方丈。
178	女看役失于防范,致令斩立决犯妇自缢	刑事(杂犯门)	江宁地方审判厅	《现行刑律》:失于检点防范致囚自尽者,役卒处六等罚。	援被告并非有意之情处五等罚。

(续表)

案件序列号	案件名称(包含案件争点)	案件所属类别	管辖案件的审判厅	所适用的法律	判决结果
179	武断乡曲,中饱巨款	民事(杂犯门)	抚顺地方审判厅	情理。	被告因年老免议,交出款项。
180	依恃洋势,寻事扰民	刑事(杂犯门)	抚顺地方审判厅	《现行刑律》:拿获绰号棍徒,如系屡次行凶滋事,即照棍徒扰害例,发极边足四千里安置。凡系一时一事确有凶恶实迹者,亦照例拟发。	按例问拟。
181	抽头聚赌	刑事(杂犯门)	珲春初级审判厅	《现行刑律》:凡赌博之人各处十等罚。偶然会聚开场窝赌及在家容留赌博,或将自己银钱放头、抽头无多者,各徒一年。	按律问拟。
182	无故扰害良人	刑事(杂犯门)	营口地方审判厅	《现行刑律》:凶恶棍徒无故扰害良人,人所共知,确有实据者,发极边足四千里安置。	按律问拟。
183	扯毁封条	刑事(杂犯门)	贵阳第一初级审判厅	《现行刑律》:弃毁官文书者,处十等罚。	被告处十等罚。
184	租船被溺	民事(杂犯门)	澄海商埠审判厅	情理:沈氏一家衣食全赖此船以为生活,黄桃盛又系殷实之家,若不酌量赔偿,情何以堪。	被告给付银150元予原告。
185	翻刻地图	民事(杂犯门)	澄海商埠审判厅	因无知识产权方面的法律,以情理调解。	调解结案。
186	捐给恤银	民事(杂犯门)	云南高等审判厅	原告起诉过诉讼期限,且误解路票之性质。	不予支持原告请求。
187	私当息折	民事(杂犯门)	云南高等审判厅	情理。	改变地方审判厅判决。
188	侵匿公款	民事(杂犯门)	云南地方审判厅	原告证据不合事实。	被告无侵匿公款情形。
189	侵蚀田业	民事(杂犯门)	贵阳地方审判厅	支持前县令之判决。	勒限执行。
190	侵吞捐职款项	民事(杂犯门)	宁波地方审判厅	情理。	被告分期偿还债务。

(续表)

案件序列号	案件名称(包含案件争点)	案件所属类别	管辖案件的审判厅	所适用的法律	判决结果
191	大江报淆乱政体	刑事(杂犯门)	汉口地方审判厅	《报律》:1.淆乱政体之语,报纸不得登载。2.违第十条登载第二款者,处编辑人以二年以下二月以上之监禁,并科二百元以下二十元以上之罚金,其印刷人实不知情者,免其处罚。	被告被判监禁一年半。
192	报馆损人名誉,有伤风化	刑事(杂犯门)	贵阳地方审判厅	《报律》:1.损害人名誉之语,报纸不能登载,但专为公益,不涉阴私者,不在此限。2.违第十一条,处该编辑人以二百圆以下二十圆以上之罚金,遇有前项情形,由被害人告诉乃治其罪。3.刑律自首减轻,再犯加重,数罪俱发从重之规定,于犯本律各条之规定者不适用之。	按律处被告以罚金。
193	自治调查员知法蔑法	刑事(禁烟门)	安庆地方审判厅	《禁烟条例》的相关规定。	按条例定拟。
194	兴贩烟土	刑事(禁烟门)	新民地方审判厅	《禁烟条例》:1.兴贩鸦片烟图利者,处四等有期徒刑。2.四等有期徒刑,三年未满一年以上。	被告处四等有期徒刑,收所习艺。
195	吸食洋烟	刑事(禁烟门)	杭州地方审判厅	《现行刑律》:凡不应得为而为之者,处四等罚。	按律问拟。

表三 法官情况统计表[①]

人数\省份	年龄			作法官前的主要经历	
	30岁以下	30—45岁间	45岁以上	法政学校毕业生	其他（如刑幕、拔贡和行政官员等）
河南	7	19	2	12	16
甘肃	0	39	4	3	40
陕西	8	14	0	6	16
山西	8	17	1	15	11
奉天	20	21	4	37	8
吉林	5	4	0	8	1
山东	4	12	4	2	18
湖南	0	6	0	2	4
福建	16	23	0	32	7
江西	6	19	2	5	22
江苏	27	20	0	21	26
广西	1	5	0	5	1
云南	13	32	2	6	41
贵州	11	20	1	9	23
总计14省	126	251	20	163	234

[①] 参考第一历史档案馆馆藏法部档案：《山西法官到省分厅委用薪金表册(31685)》、《广西、云南、贵州法官官册(31704)》、《河南、陕西、甘肃法官官册(31705)》、《奉天、吉林、山东、山西法官官册(31706)》、《江苏、江西、福建、湖南法官官册(31707)》和《法部官册(31709)》。根据笔者的统计，官册里的法官有97%以上通过了法部或其所在省份的法官考试。

后　记

即将离开北大了,非常留恋,留恋那湖光塔影,留恋那自由而浓厚的学术氛围,留恋那给我知识与愉悦的老师、同门和朋友……

三年前,蒙恩师不弃,收入门墙,我得有机会在中国的最高学府学习法律。这三年,可能是我一生中最幸福的时光。说实在话,在来北大之前,我对于学术虽然心向往之但不能窥其门而入。是先生的朝夕教诲使我得以近门,虽自身愚钝,对其教诲不能完全领会,不敢说已经入门,但较之三年前,在学问之路上自感还有所得。记得先生一次次地教我如何查阅资料,细心指出我写作中的缺点与不足。本书的写作,从选题到思路的整理,都离不开先生的指点。先生不仅在学问上教了我很多东西,先生的为人更让我钦佩,使我从中受益良多。所以,本书能够顺利完成,首先要感谢先生!

犹记三年前初见先生,适逢师母亦在场。道别之际,师母曾对我言:"大山里走出来的孩子不容易,你要好好珍惜学习机会,为山里人争光!"师母的鼓励和信任是我前进的重要动力,对我之恩,山高水长!

本书能够最终完成,其实得蒲坚、贺卫方、刘广安和张建国诸先生指点之力甚多,应该向这几位老师表示诚挚的谢意!

对于生我养我的父母,根本是无法用语言来感谢的。是他们因自身知识的贫乏而产生对知识的向往,在极端困难的情况下全力支持我念书,使我能够有机会走到今天——在北大完成学业!每当我夜深之时,在写作论文的休息间隙,看楼下民工冒着严寒忙碌的身影,我就想:微斯人,吾将做一民工而不能;京师之大,将无我容身之处!

犹记去年夏天,与俞江、瑞峰一起喝茶,谈论学问之道,其情其景,至今令我向往!所以,我要感谢诸位同门(章一、振国、庆平、卫国、远征、万枚、新宇、中郁、李敬和丽仙等），是你们给我带来快乐，与你们的交往增加了我的灵感！这三年里，结识聂鑫，其为学为人都让我尊重；认识李丹，其刻苦与聪颖给我留下了深刻的印象！

  本论文的写作以及最终能够在北大完成学业，是与妻子王蓉的陪伴和鞭策分不开的，她对父母的孝敬免去了我学习的心理负担！

  最后，我要对上苍虔敬，是她赐予了北大这一方热土——今生今世，我永远的精神家园！

李启成
2003 年 2 月 25 日凌晨于万柳寓所

法史论丛已出书目

- 晚清各级审判厅研究　　　　　　　　　　　　　　　　　　李启成　著
- 礼与法：法的历史连接　　　　　　　　　　　　　　　　　　马小红　著
- 清代中央司法审判制度　　　　　　　　　　　　　　　　　　那思陆　著
- 明代中央司法审判制度　　　　　　　　　　　　　　　　　　那思陆　著
- 民初立嗣问题的法律与裁判——以大理院民事裁判为中心（1912—1927）　卢静仪　著
- 唐代律令制研究　　　　　　　　　　　　　　　　　　　　　郑显文　著
- 民国时期契约制度研究　　　　　　　　　　　　　　　　　　李　倩　著
- 国际化与本土化——中国近代法律体系的形成　　　　　　　　曹全来　著
- 中国讼师文化——古代律师现象解读　　　　　　　　　　　　党江舟　著
- 中国传统法学述论——基于国学视角　　　　　俞荣根　龙大轩　吕志兴　编著
- 民国初年"契约自由"概念的诞生——以大理院的言说实践为中心　周伯峰　著
- 帝国之鞭与寡头之链——上海会审公廨权力关系变迁研究　　　杨湘钧　著